毛利嘉孝編
MOURI Yoshitaka

日　式　韓　流

『冬のソナタ』と日韓大衆文化の現在

毛利嘉孝
平田由紀江
李 智旻
岩渕功一
柳川素子
キム・ヒョンミ
パク・ソヨン
リー・ドンフー
梁 旭明

日式韓流　目次

日式韓流——『冬のソナタ』と日韓大衆文化の現在

序

毛利嘉孝

この数年の間に東アジア、とりわけ日本と韓国をめぐるメディアや大衆文化の関係は劇的に変化しつつある。韓国では、これまで制限されていた日本の大衆文化の開放が進む一方で、日本では『冬のソナタ』をはじめとする韓国のドラマが「韓流」と呼ばれ大ヒットしている。この文化変容は、日韓関係だけではなく、中国、香港、台湾から東南アジアにいたるまで広がっている。今では、メディアに韓国のドラマや俳優のニュースの流れない日はない。

いったい何が起こっているのだろうか。

本書はこの問いに答えようというものである。

ジャーナリズムの熱狂にもかかわらず、メディア研究、マス・コミュニケーション研究や大衆文化研究などアカデミックな領域では、これまでこの新しい現象はほとんど研究されてこなかった。

本書の寄稿者である岩渕功一の仕事は、おそらく唯一といってもいい例外である。岩渕はその著書『トランスナショナル・ジャパン』と編著『グローバル・プリズム』の二冊において、九〇年代に『東京ラブストーリー』をはじめとする日本のドラマが東アジアで受け入られ、固有の文脈に位置づけなおされ、消費される様子を分析した。本書は、ある意味で、岩渕の先駆的な作業の延長線上に位置づけられるだろう。

二〇〇〇年以降東アジアでは、九〇年代席巻した日本の大衆文化の影響が相対的に低下し、その代わりに韓国の大衆文化、特にドラマが熱狂的に受容されていく。日本における「韓流」ブームも、そうした東アジアの大きな過程のひとつとして理解することもできる。

だが、こうした動向を、日本や韓国、あるいは中国といった国家の枠組みをこれまでどおりに理解し、国家間の交流が深まってきたなどと捉えれば、それは誤りである。特に小泉政権発足以降の極端なアメリカ追従型外交は、東アジアにおいて危険な孤立主義を深めつつある。むしろ、国家間が政治的には深刻な分断状況に陥りつつある一方で、いささか皮肉なことに大衆文化の交流が進んでいるというべきかもしれない。

最近の文化交流を支えているのは、人びとの熱狂的なファン意識であり、観光や留学、そしてビジネスによって急増している人びとの往来である。そして、その下部構造としてグローバリゼーションと名づけられた経済環境の変化がある。

テレビドラマや映画、音楽などの大衆文化は、国家を越えた交流の新しい共通の基盤、文化圏を生みだしつつある。この数年、いろいろな場所でアジアの研究者や学生と話す機会が増えたが、その共通の話題が、『東京ラブストーリー』だったり、『冬のソナタ』だったり、金城武だったりするのに驚かされた。それは、おそらく以前であればビートルズだったり、ハリウッド映画だったり、欧米の作家だったりしたはずだ。

かつて、ベネディクト・アンダーソンは『想像の共同体』の中で、活字メディアと俗語の普及が「国民」という意識を形成したことを指摘した。それにならえば、テレビや衛星放送、ＣＤやＤＶＤ、そしてインターネットといった新しい視聴覚メディアは、いつのまにか「汎東アジア文化」とでも呼ぶべき層を生み出しているようにみえる。

しかし、この「汎東アジア文化」は、けっして均質で統一的な実態ではない。不可避に過去の歴史が書き込まれている。そこには、調和や愛情、友情や信頼もみられるが、一方で抗争や緊張、嫌悪や憎悪も含まれている。その文化も地域や世代、民族性やジェンダーによって異なる受容がなされているのだ。

本書は、日本と韓国を中心に、テレビドラマなどの大衆文化がどのように越境し、消費されているのかを見ていこうというものである。前半は、日本における韓国ドラマの受容、特に『冬のソナタ』を中心に議論がなされている。後半は、韓国における日本のドラマの受容、とりわけ、日本文化に対する制限がある中で日本のドラマがどのように消費されてきたかを考察している。ここでは、似たような題材を扱いながらも、異なる意見や見解を見ることができるだろう。

しかし、こう書いたからといって、それぞれの意見が国境を中心に分かれているわけではない。本書の執筆者には日本で研究している韓国人、韓国で研究している日本人が含まれている。アメリカやイギリス、オーストラリアなどアジア以外に居住し教育を受けた者も多い。通常交わされる議論は、日本語、韓国語、英語が混ざり合うハイブリッドなものであり、そもそもここで集められて論考のオリジナルもまた三つの言語からなる。本書はその成立からして雑種的な書物である。

本書の寄稿者は、いろいろな場所でしばしば顔を合わせ、意見を交している。本書はその成果の一部であるが、このこと自体新しい文化圏が生まれつつあることを示しているかもしれない。

必ずしも専門の研究者ではない読者も想定しつつ書かれた各論考について、ここで解説する必要はないだろう。しかし、「日本における韓国ドラマ」と「韓国における日本ドラマ」の間に挟まれた柳川素子のコラム「バイリンガルのラジオ番組を作ることの実験性」にだけ簡単に触れておきたい。というのも、この唯一ドラマを扱っていない短い論考が、しかし、本書を編集する際のひとつの動機と未来への提案をはらんでいるからである。

本書の編集に先立ち行われた日韓合同のワークショップの際に、私たちは福岡のコミュニティFMの協力を得て、日本のラジオ番組を制作した。柳川の論考はその時の経験に基づいている。

この序文も含め本書においても、「日本における韓国ドラマ」、「韓国における日本ドラマ」というように、私たちはいまでもまだ「日本」とか「韓国」という国家のカテゴリーに従って思考している。もちろん、言語という壁があり、さらにはどうしようもなく分断された歴史的な経験がある以上、安易に国家という枠組みを捨て去ることはできないだろう。

しかし、そのことを認めた上でも、なおかつ国家という枠組みを越えて、別の観点から今起こりつつある文化をなんとかして捉えることが必要である、と思う。なぜなら、そもそも国家に帰属する「文化」もあるが、そうではない広大な「文化」の領域も存在するからである。

大きな資本や制度、技術を必要とするテレビドラマに比べて、比較的低予算で手軽にできる音楽やラジオは、言語の壁も低く、その生産過程からアクセスしやすいメディアである。こうしたメディアにおいては、彼女が紹介したような新しい文化実践が生まれる環境は整いつつある。

そうした文化は、「日本文化」でも、「韓国文化」でも、「日韓共作文化」でもなく、その成立の起源からして「雑種的な文化」をつくっていくだろう。それは資本と市場のグローバリゼーションによって均質化し統一化されつつある「消費文化」でも、国家に帰属する偏狭な「国民文化」でもない、能動的な生産を中心とした「実践の文化」である。

本書のタイトル『日式韓流』（にっしきはんりゅう）は、この雑種的な実践の名前である。「日式」とは、韓国では日食と同じようにイルシクilshikと発音し、何よりも「日本料理」を連想させるが、同時に「日本の」という意味である。日本語でも韓国語でもなじみのない『日式韓流』という造語は、日本における韓国文化の流行や韓流を「食する」ニュアンスとともに、やはり韓流ドラマの一部に日本のドラマの影響がどこか混在していることを示そうともしている。本書を通じてこの雑種的な交流の一端を感じてほしい。

I

日本における韓国ドラマ

1

『冬のソナタ』と能動的ファンの文化実践

毛利嘉孝

1　はじめに

『冬のソナタ』（以下、日本の主流メディアにならって『冬ソナ』と表記）は、三つの意味で特別なドラマである。

まず、『冬ソナ』は日本と韓国の文化的な関係を考える上で決定的に重要な役割を果たした。たしかにサッカー・ワールドカップや最近の韓国映画ブーム、そして、すでに一部で始まっていた韓国ブーム（旅行やグルメ）によって、この十年間で日韓の距離はゆっくりと縮まりつつあった。しかし、『冬ソナ』と主演俳優のペ・ヨンジュンの人気は、これまでの韓国のイメージを一変した。

この変化はあまりに急激で、これまで日韓交流に関わってきた多くの人々は戸惑いを隠せずにいる。

この変化が表層的なものであり、一過性のものにすぎないのではないか、と危惧する人も少なくない。

実は、私自身、この急激な変化に戸惑っている者の一人である。この間、私は、これまで韓国にもトレンディ・ドラマにもほとんど興味を持ったことのない知人がつぎつぎと『冬ソナ』に「ハマって」いくのを目撃した。それはほとんど信じられない光景だった。

しかし、だからこそ、どうして『冬ソナ』が日本で大成功し、主演のペ・ヨンジュンが「ヨン様」として、多くの中高年の女性の心を捉えたのか、知りたい欲望に駆られた。これは単に『冬ソナ』の問題に留まらない。それは「韓国」という国の表象と分かちがたく結びついている。いったい今日本における韓国の表象に何が起こっているのだろうか。それは、今後どのような意味を持っているのだろうか。この疑問は、本稿を書く最大の動機である。

第二に『冬ソナ』が特別なのは、このドラマによって「中高年の女性ファン」という存在がクローズアップされたことである。「中高年の女性」という存在は、これまであまり文化の担い手として意識されることがなかった。第三章の李智旻が分析しているように、『冬ソナ』及びペ・ヨンジュンのファンの中心は三〇代から六〇代の女性である。この層は、これまで大衆文化を語る上で、不思議なほどにあまり取上げられることはなかった。

この現象は、テレビや週刊誌などのメディアの中でも、時におもしろおかしく、時にまじめに取上げられた。ペ・ヨンジュンの誕生日であり、焼肉の日であった八月二九日には、都内のいくつかの韓国レストランで、ペ・ヨンジュンの誕生会を開くファンたちの集いがテレビのワイドショーなどで報道されたが、これなどはペ・ヨンジュンの人気というよりも、そのファン現象が「事件」として扱われた好例である。その一方で、後で紹介するように、雑誌『アエラ』ではその読者層を意識しつつ、中高年女性がペ・ヨンジュンにはまっていく理由を視聴者に対する取材を通じて分析している。これなどはメディアの真剣な報道の一例だろう。

しかし、中高年女性の文化に対する無理解は、ジャーナリスティックなレベルだけではない。大衆文化研究というアカデミズムのレベルでもそうである。大衆文化研究で取上げられる文化の担い手は、しばしば「若者」のように特徴的な世代や集団であり、その文化とはサブカルチャーであり、周縁的な文化だった。

この若者文化偏重は、大衆文化研究一般だけではなく、レゲエやクラブ・ミュージック、インディーズや音楽産業などを分析対象としてきた私自身も自己批判すべきことである。いずれにしても、『冬ソナ』の成功は、あたかも中心であるかのように見られたために実質的に周縁化され、しばしば見逃されてきた文化の担い手としての中高年女性に目を向けさせることとなった。

三番目の特殊性は、この二つ目の特徴である文化の担い手というところに関係している。それは、『冬ソナ』が単にテレビドラマの枠に留まらず、それ以外の広範な日常生活の実践に広がりを見せていることである。インタビューに見られるように、『冬ソナ』のファンは、ドラマの視聴だけではなく、韓国文化全体に対する関心を示し、ファン・ミーティングを組織したり、韓国旅行（『冬ソナ』ツアー）に参加したり、そして果ては韓国語の勉強を始めたりと、活動を広げているのが、大きな特徴である。

こうした、日常生活の実践はドラマ視聴という行為をはるかに越えている。「『冬ソナ』で人生が変わった」というと大仰に聞こえるかもしれないが、視聴者たちのこうした活動の広がりを目のあたりにすると、あながち大げさな表現でもない気がしてくる。そしてこの関連する文化活動の広がりが『冬ソナ』を特別なものにしている。

こうした議論の中で私が想起しているのは、近年英米圏の文化研究やメディア研究の中で盛んなファン文化研究である。[1] ここでいうファン文化とは、単にメディアや文化産業に踊らされている受動的な存在ではない。メディアや産業に与えられる情報を積極的に読み替え、書き換えたりしながら、自分たちの文化を形成している複雑な存在である。

『冬ソナ』は、しばしば主流のメディアでは、メディアに踊らされる受動的な消費者としてのみ描かれることが多い。そして、このことによってどことなく蔑視的なまなざしをメディアの視聴者や場合によってはアカデミックな研究者までも、無批判に再生産している。しかし、ひとたび現実の視聴者行動を微視的に眺めてみると、そこにはいろいろな要素が複雑に絡まりあいつつファン意識を形成していることがみえてくる。私の関心の所在は、そうした能動的ともいえるファンの意識である。

本章では、この『冬ソナ』の三つの特殊性を中心に分析してみたい。しかし、ここで私が考えたいのは、「なぜ『冬ソナ』が流行ったのか」とか「『冬ソナ』の魅力とは何か」とかいう直接的な問いではない。こうしたことについては、すでにテレビのワイドショーや週刊誌、インターネットなどで十分に議論されているように思える。

ここで論じたいのは、むしろこうしたメディアの状況を受けて、「『冬ソナ』は視聴者にどのように視られてきたのか」、あるいは「『冬ソナ』の魅力をファンはどのように語っているのか」ということである。

このことを明らかにするために、私は、二〇〇四年八月から九月にかけてインタビュー調査を行った。インタビュー対象者は二〇人、全員女性である。世代別に分類すれば、二〇代三人、三〇代五人、四〇代五人、五〇代五人、六〇代二人である。

インタビューは、基本的には一対一の対面式で、およそ一時間あまり話題を決めずに自由に『冬ソナ』、韓国ドラマ、韓国のイメージ、そのほかの趣味について語ってもらった。また平行して、二人のグループ・インタビューを二度、七人のグループ・インタビューを一度行った。ここで拾い上げた声を中心に、『冬ソナ』のファンの能動性を描き出したいと考えている。

2 『冬ソナ』ブームの概要

2・1 『冬ソナ』前夜

本題に入る前に、『冬ソナ』ブームについて基本的な事実を確認しておきたい。ここで確認することは、すでに『冬ソナ』ファンやブームに詳しい人にはあまりにも常識的なことなのであらためて書くこともないのかもしれない。しかし、本書の編集の間、『冬ソナ』現象を把握していない人が、とりわけメディア研究者の中に、少なくないことを痛感したので、あえて確認のためにも記しておこう。

『冬ソナ』は日本で放送された最初の韓国のテレビドラマではない。二〇〇二年には深田恭子とウォンビンが出演した『フレンズ』がTBS毎日系で放送、日韓合作ドラマということもあり、一定の話題を呼んだ。

その後BS日本テレビ系を中心に韓国で話題になったドラマがオンエアされている。主なものを挙げるだけでも二〇〇二年には『秋の童話――オータム・イン・マイ・ハート』、『カシコギ』、『星に願いを』、二〇〇三年には『レディ・ゴー』が放映された。また地上波では、ABC系が『イヴのすべて』を放映している。

しかし、こうしたテレビドラマが一般的な視聴者の支持を得ていたとは言いがたい。日韓合作ドラマは、そこで人気ドラマを制作するというよりも「合作」という営為そのものがイベント化している感がぬぐえなかった。放送されたテレビドラマも視聴条件が限られた衛星放送がほとんどであり、一部韓国マニアには熱狂的に受容されたものの、その域をでることはなかった。

むしろ、最初に韓国のエンターテインメントで日本に受け入れられたのはテレビドラマよりも映画かもしれない。二〇〇〇年に公開された『シュリ』は日本でも十億以上の配収を挙げ、ミディアム・ヒットとなった。その後、二〇〇一年『JSA』、二〇〇三年『猟奇的な彼女』、二〇〇四年『シルミド』といった作品は映画ファンの間でも話題になった。

また本書の第二章で平田由紀江が指摘しているように、この数年の韓国のイメージは若い女性を中心とした韓国旅行ブームや、SMAPの草彅剛が韓国語を学習し、チョナン・カンとしてテレビのバラエティで活躍したことなども、『冬ソナ』以前の韓国イメージを考える上で重要だろう。

多くの日本人にとって一気に韓国を身近な存在にしたのは、二〇〇二年のサッカー・ワールドカップかもしれない。日韓共催で行われたワールドカップは、韓国をより身近な国として認識させ、日本チーム敗退後も韓国チームを応援する姿が日本の各地で見られた。

しかし、これまでの日本における韓国文化の受容を考えた時、その多くが若者、若い女性、そして男性によって担われてきたことに注意を払うべきだろう。確かに、この数年の間に韓国に対する文化イメージはゆっくりと浸透していたが、そこには後で『冬ソナ』ブームを担うことになる中高年の女性はほとんど不在といってもいいほど見えてこなかった。

2・2 『冬ソナ』ブームの到来[2]

『冬のソナタ』は、韓国では二〇〇二年一月から三月に放映された。制作はKBS、監督はユン・ソクホ。韓国では平均視聴率二三・一%。これは、決して悪くない数字ではないが、韓国の他のテレビドラマに比べて飛びぬけて高いというわけではない。

私の経験でも、まだ『冬ソナ』ブームが韓国に伝えられる春ごろまでは、日本における『冬のソナタ』

やぺ・ヨンジュンの人気を韓国の研究者と話をすると、「なんでそんなものが流行っているのか」とずいぶかしがられることも少なくなかった。もっとも、今では逆輸入のような形で、韓国でも興味を持たれているといわれているのだが。

日本の放送は、二〇〇三年の四月にBSで毎週木曜日夜二二時から放送されたのが最初である。六月～七月の平均視聴率は一・一%とBSとしては上々だが、あくまでも衛星放送という限られた視聴の中での話題だった。番組は徐々に口コミを通じて広がり、番組終了時にはNHKに多数の問い合わせがあったという。

そうした人気を受けて、同年末から翌年始にかけてBSで再放送される。再放送の前にはDVDが発売され、レンタルビデオ店ではレンタルが開始される。すでに年末の再放送が始まる頃には、週刊誌や新聞等で『冬ソナ』の話題が散見されるようになる。

一気にブレイクするのは、二〇〇四年四月三日のぺ・ヨンジュン来日によってである。この来日時には五千人もの女性が飛行場に駆けつけ、一気に『冬ソナ』は一大ブームとして認識されるようになる。この後NHK地上波による再々放送が開始され、『冬ソナ』ブームは瞬く間に広まっていく。

地上波放送が始まると、視聴率はじわじわと上がり続け、最終回では関東で二〇・六%、関西では二三・八%、平均でも関東で一四・四%、関西で一六・七%を記録した。夜二三時一〇分からという深夜帯に放送されたこと、今日ゴールデンタイムのドラマが一〇%を越えれば一応成功と言われていることを考えれば、これは異例の数字である。

オリンピック放送の日は、深夜二時からの放送だったにもかかわらず、一〇%を越えた。週によっては、NHKの大河ドラマ『新撰組』よりも視聴率が高い週があったという。

『冬ソナ』はNHKの経営にも多大の貢献をしている。二〇〇三年度NHKの連結決算は、前年度の減収減益から増収増益に転じたのだが、一般企業の売上高に相当する経常事業収入は、受信料以外では、前年度より四六億円増の一〇五四億円となっている。そのうち、三五億円分が『冬ソナ』関連だったという。DVDやビデオの売上は六月末現在で、計三三万セット、ノベライズ本は一二二万部に達している[3]。

しかし、『冬ソナ』ブームはまだ完全に終わったわけではない。主演のペ・ヨンジュンは、いまやコマーシャルにひっぱりだこで、テレビや雑誌でその顔を見ない日はないと言っていい。

二〇〇四年末にはNHKは、『冬のソナタ』完全版の放送を予定している。これまでに放送した『冬ソナ』が日本の放送フォーマットに合わせてカットされていたので、その分をオリジナルに戻して放送するというのである。また、吹き替えではなく、字幕による放送も行われる予定だという。二〇〇四年は、NHKにとって『冬ソナ』サマサマとも言うべきかもしれない。

2・3 『冬ソナ』のあらすじ

さて、これほどまでにヒットした『冬ソナ』のあらすじはどのようなものだったのだろうか。

物語は、主人公が高校時代の初恋の話から始まる。チェ・ジウ扮する主人公女性、チョン・ユジンは、カン・ジュンサン[4]（ペ・ヨンジュン）と恋に落ちる。しかし、ある日突然チュンサンは、ユジンとの待ち合わせ場所に向かう途中、交通事故で死んでしまう。

舞台は、いきなり一〇年後へと飛ぶ。ユジンは、幼なじみの高校の同級生、チュンサンの友人だったキム・サンヒョク（パク・ヨンハ）と結婚の約束をしているが、心の中ではチュンサンのことを忘れられない。ユジンは、建築設計会社でデザイナーとして働いている。

そんなある日、ユジンはチュンサンとそっくりのイ・ミニョン（ペ・ヨンジュン二役）に出会う。ミニョンは、ユジンの担当するスキー場開発会社の社長だったのである。ユジンは、ミニョンにチュンサンの影を見出し、徐々にミニョンに惹かれはじめる。

この後の話は、まとめるのが容易ではない。

要するに、チュンサンとミニョンは同一人物で、交通事故では死んでおらず、記憶を失っただけだったのだが、ある理由で別の記憶を植えつけられたことが、話の進行の中で明らかになる。このことがわかれば、二人は結ばれてハッピーエンドになりそうなものだが、そうはうまくいかない。サンヒョクが失意のあまり病気になってユジンがサンヒョクの方についたり、さらにユジンとミニョンの出生をめぐる秘密があって、兄妹かもしれないと大騒ぎしたりと、最終話までどんでん返しとすったもんだを続けるのだ。そして、最後は、交通事故が原因で視力を失い、一人で暮らしているミニョンに、留学から帰ったユジンが戻って、一応のハッピーエンドである。

こうまとめてしまうと、話の面白さをほとんど殺してしまっているような気がする。後のインタビューで見ていくように、重要なのは物語そのものではなく、その語られ方、ゆっくりした時間の流れ方とそれに抗するジェットコースターのような展開、日本語ではいささか鼻白むような誠実なセリフまわし、そして、それを演出する美しい背景と音楽だからだ。

しかし、出発点においてこのドラマが、きわめて異性愛的な、典型的なメロドラマであることは確認しておくべきことに思われる。この物語に対して、かつて七〇年代に日本で放映されたいわゆる「赤い」シリーズのドラマとの類似性――複雑な家族関係、出生の秘密、隠された過去、記憶喪失、そして不治の病――を、多くの人が指摘している。そして、この物語の型が『冬ソナ』の固有のノスタルジックな感覚をもたらしているのだ。

3 『冬ソナ』の見られ方

3・1 『冬ソナ』視聴の多様性

さて、これから私が行ったインタビュー調査をもとに、『冬ソナ』がどのように見られてきたのかを考察していきたい。しかし、最初に断っておくべきだろうが、インタビューをした人数も限られていることもあり、これをもって『冬ソナ』の見方すべてを一般化することはできない。むしろインタビューしてわかることは、その視聴のされ方だけをみても、それはその視聴者の生活環境や家庭環境、職業、世代などによって大きく異なることである。ここで示すことができるのは、おそらく一般化可能な傾向以上にその多様性である。

たとえば、今回自薦他薦を問わず『冬ソナ』または韓国ドラマに「ハマって」いる人ということで、調査協力者を探したのだが、『冬ソナ』の「ハマり方」だけでも人によってかなり差がある。『冬ソナ』以外の韓国ドラマには興味がないという人もいれば、韓国ドラマや韓国文化全般に興味があり、『冬ソナ』はあくまでもその中の一つであるという人もいる。

部屋中にペ・ヨンジュンのポスターを貼り、その情報をすべてチェックしている典型的な「ヨン様」ファンもいれば、『冬ソナ』のペ・ヨンジュンが好きなのであって、他の映画（『スキャンダル』）やコマーシャルには関心がない、という人もいる。さらには、ペ・ヨンジュン自身にはあまり興味がなく、イ・ビョンホンの方が好きというファンもいる。

私がインタビューした二〇人に限れば、概して二〇代、三〇代は『冬ソナ』やペ・ヨンジュンというよりも韓国文化一般に興味がある人がほとんどであり、五〇代、六〇代は『冬ソナ』に特別の関心を寄せている者が多かった。

いずれにしても、以下の議論は、こうした多様な視聴方法の中から、特徴深いものを抜き出すことで、『冬ソナ』の見られ方と語られ方の具体的な例を考察しようというものである。したがって、一般的な議論を抽出しようとするのではなく、あくまでも固有の事例を分析していることを強調しておきたい。

3・2 反復的な視聴――「おたく」的楽しみ

『冬ソナ』に関するインタビューでまず驚かされるのは、多くの視聴者が何度も繰り返し『冬ソナ』を見ていることである。『冬ソナ』は、現行のバージョンでは全二〇話、一話一時間なので最初から最後まで通してみると、それだけで二〇時間かかる。しかし、今回インタビューした中で一度しか見ていないのはわずかに数人だった。少ない人でも二回、三回、多い人では十二回見たという人もいた。また、何回見たか数えていないが今でも毎日のように見ているという人も少なくなかった。

たとえば、これまでに十二回見たと言うAさん（六〇代）は、年末の再放送を友人の留守中に頼まれてビデオに撮ったのをきっかけに自分も見ることになり、『冬ソナ』に「ハマった」ファンである。それ以来、繰り返しビデオを見ているのだが、基本的に二〇話を最初から最後まで通しで楽しんで、終わるやいなやまた最初から見るというのを繰り返している。「ほかのドラマを見ないのか」という質問に対しては、「ほかのドラマを見るのなら『冬ソナ』を見たい」と答えている。

Aさんは、しかし、例外ではない。何度見たか数えていないと答えた人の多くも、話を聞いていると一〇回以上繰り返してみていることがわかる。たとえば、Bさん（四〇代）は、夜寝る前に二、三話毎日見て、場合によっては巻き戻して、気に入ったシーンを見直す毎日だという。

回数が一〇回を越えるのは、家で過ごす時間が長い主婦に限られている。Aさんは、「こういう楽しみ方は、専業主婦以外には無理ではないか」という感想を述べている。

しかし、専業主婦ほどではないが、仕事をしている女性のファンにも繰り返し見ているという視聴者がインタビューの中でも見られる。

現在広告代理店で働いているCさん（四〇代）はその一人である。Cさんは、最初年末の再放送の途中で見始めて、そのまま「ハマって」しまった。見ていない部分はビデオレンタル店で借りて全部見た。その後四月にDVDをプレイヤーと一緒に買ってからは、仕事から帰った後に何度見たのか数え切れないほどだという。

Cさんの視聴の中でも興味深かったのは、四月の地上波の再々放送時には、放送時間に合わせてDVDを再生して見ていたという話である。Cさんは、『冬ソナ』については、吹き替え派ではなく、字幕派である。放送は吹き替えなので、放送時間に合わせてわざわざ字幕のあるDVDを再生し、番組終了後のインタビューなどのおまけ部分を放送で見ていたというのである。

DVDを持っているのだから、わざわざ放送時間に合わせなくてもいいではないか、というのがおそらく一般的な反応だろうが、Cさんによれば、その時間に放送されていることを知っているので無視することができない、という。無視はできないけれども、吹き替えが嫌なのでDVDを見ているということらしい。

ファン以外にはいささかわかりにくいのだが、「押さえられるものはすべて押さえる」というのがファン精神の基本にあるということなのだろう。Aさんも Cさんも雑誌の新聞広告の見出しで、ペ・ヨンジュンの名前があればできるだけ目を通すと言っているので、その延長線上なのかもしれない。

いずれにしても、このような反復的なパターンが『冬ソナ』視聴を特徴づけている。そして、これが通常のドラマのファンと『冬ソナ』ファンを区別している。通常のドラマであれば、「ハマって」も大体一度通して見てしまえば、それでおしまいであり、二度、三度と見直すことは想定されていない。まして一〇回以上というのは論外である。したがって、『冬ソナ』とこれまで女性に人気のあったトレンディ・ドラマを比較すると、その内容と形式においてトレンディ・ドラマのある部分を継承しているにもかかわらず、その視聴の様式においては全く異なるといえるだろう。

ドラマの中でこうした反復視聴が見られるのは、一部でカルト化している青春ドラマや刑事ドラマ、SFドラマであるが、トレンディ・ドラマではあまり見られない。これは、一般に女性に人気のあるトレンディ・ドラマよりもむしろアニメの視聴のパターンに近いのではないか。こうした視聴のパターンは「マニア」や「おたく」において見られてきたが、その視聴者のイメージは多くの場合若い——あるいは昔若かった——男性であり、中高年女性ではなかった。

実際、『冬ソナ』以前にこのような「ハマり方」をした経験があるか、という質問に対してはほぼ全員が「初めて」と答えている。インタビューの回答者の多くにとって、何度となく同じ番組を視聴するおたく的な視聴が初めてだったのである。『冬ソナ』によって、おたく的な視聴をする中高年女性という存在が初めて前景化したのである。

しかし、このことは『冬ソナ』ファンの文化的経験が希薄だったということを意味しているのではない。『冬ソナ』のような強烈なハマり方は初めてかもしれないが、これまでの個人史を聞くと、それぞれがさまざまな文化経験を持っていることがわかる。

先ほど、「『冬ソナ』のようなハマり方をしたのはほぼ全員初めて」と書いたが、これは、うち三名（二人は四〇代、一人は三〇代）が、かつてSMAPに夢中になったことがあると答えたからであった。SMAPと『冬ソナ』とのファン意識の相関関係は、それ自体興味深い分析対象かもしれない。しかし、SMAP以外にも古くは、エルビス・プレスリーやジェームズ・ディーン、少し近くなるとクィーンなどのロックバンド、ブラジル音楽を中心とした南米音楽など、多様で洗練された趣味を持っていた人は少なくない。

したがって、少なくともインタビューからうかがう限り、文化的に貧困な生活を送っていた人が、ある日突然『冬ソナ』に目覚めたのではない。そうではなく、これまでも一定の文化実践を積極的に行ってきた人が、『冬ソナ』を通じて「おたく的」な視聴を発見したのである。このことは、後に触れるように『冬ソナ』にはまることが必ずしも受動的な営為ではなく、ある水準の能動性を求めるということとも関わっているように思われる。

3・3 「おたく的」な視聴と『冬ソナ』のインターテキスト性

では、どうしてファンは、このような「おたく的な」反復的視聴を行うのだろうか。

『冬ソナ』のファンで興味深いのは、第一回目からすぐに「ハマって」しまったファンと同じくらい、最初に見たときにうまく入り込めなかったことを指摘するファンが多いことである。

たとえば、最初の視聴では挫折してしまったファンもいる。Dさん（四〇代）は、最初は年末再放送のBSで見始めたのだが、「むっさり」（メリハリがないという意か？）としているという印象があって、見るのをやめてしまった。彼女は、その後中国から帰ってきた友人から、中国でも『冬ソナ』が流行っているのを聞き、四月からの地上波再々放送で見てから「ハマった」という。

先に述べたように、Cさんもまた、最初の四月のBS放送の時は第一話の半分くらいで「もう耐えられない」と思って挫折した。彼女は、日本語の吹き替えと「黄土色っぽい」画面の質感に違和感を持った。日本人と似ている顔なのに吹き替えされているのが嫌だったのだ。Cさんが、本格的に『冬ソナ』を見始めるのは、年末の特集の途中からである。NHKが特集番組をやっていたので気になり始め、年末放送の際はそのまますぐに「ハマって」しまった。

ペ・ヨンジュンの評価も微妙なものがある。たとえば、Eさん（三〇代）は、『冬ソナ』を見始めてからしばらくは、ペ・ヨンジュンがかっこいいとは認めたくなかった。その外見は「体型も丸い」し、彼女の「趣味」ではなかったのだ。しかし、ドラマに「ハマって」いくにつれて、ミニョン役のペ・ヨンジュンがだんだん素敵に見えてきたと言う。

こうした事例が示すのは、『冬ソナ』というドラマが視聴を通じて、徐々にゆっくりと視聴者の心を捉えていく過程である。とりわけ何度も繰り返し『冬ソナ』を見ている人は、見る度ごとに発見があると、口を揃える。

Aさんは、『冬ソナ』に関するメール・マガジンを通じて、『冬ソナ』のそれぞれのシーンの背後にある韓国文化の意味を知り、それを参照することで楽しみが増していることを指摘している。Aさん以外にも『冬ソナ』を単なるドラマとしてではなく、韓国文化全体の窓口として見ているという人は少なくない。Fさん（四〇代）は、『冬ソナ』の食事のシーンについて語り、ご飯茶碗を持たずに置いて食べたり、女性が膝を立てて食べるのが正式な食べ方であることを知って面白かったと言う。

また字幕で『冬ソナ』を楽しんでいるCさんは、韓国語の敬称のつけ方がドラマの進行の中で微妙に違うのを発見して興味を覚えたと発言している。たとえば、日本語字幕や吹き替えでは「ユジンさん」といったように「さん」と訳されている敬称が、ミニョンとユジンとの関係の中で変わるのが面白いと言うのだ。

何度か行ったグループ・インタビューが、しばしばそれぞれの視聴者の反復的な視聴を通じて発見した情報の交換の場になり、その度に独特の盛り上がりを示したことを指摘しておくべきだろう。こうした発見の多くは、単にドラマを見ることだけを通じてなされるのではない。雑誌の韓国ドラマの情報やインターネットのホームページ、メール・マガジンなどドラマ以外のさまざまな情報と交錯することでたえず更新されている。

このようなドラマの見方をどう理解すればいいのだろうか。

大塚英志は、八〇年代の終わりに『物語消費論』の中で、「ビックリマンチョコ」のシールを蒐集する子どもたちが、単に断片化されたシールというモノを集めているのではなく、蒐集行為を通じて「物語」を自ら作り出し、組み合わせ、最終的にはその背後にある「大きな物語」――アニメファンの言葉を借りれば「世界観」――を消費していることを指摘した。

一見すると『冬ソナ』を楽しんでいる人びとは、「ビックリマンチョコ」のシールを集める子どもたちと異なるように見えるかもしれない。つまり、彼女たちはただ単に純愛とその成就という「大きな物語」を受動的に消費しているようにみえるだろう。

しかし、実際に『冬ソナ』ファンの話を聞いていると、彼女たちがひとつの「大きな物語」に単に受動的に飲み込まれているのではないことに気がつかされる。彼女たちは、『冬ソナ』というドラマの物語以上に、『冬ソナ』と隣接した物語、ペ・ヨンジュンやチェ・ジウなどの役者のエピソードや『冬ソナ』のドラマのコードを形成している韓国の文化や歴史を自分で収集し、編集し、再構成しながら楽しんでいるのである。

物語は、ひとつではなく、たえず複数のバリエーションを持って再生産される。ここに反復的な視聴の特徴がある。彼女たちの驚くべきディテールへのこだわりは、『冬ソナ』全体の物語に対する関心をしばしば凌駕している。そして、このために『冬ソナ』を取り巻く物語は無限に増殖しているのだ。そして、このことが、『冬ソナ』のほとんど中毒的ともいえる魅力を生み出しているのである。

おそらく、大塚が「世界観」と呼んだものに対応するのは、韓国文化そのもののもつ「物語性」である。しかし、これは、大塚がゲームやアニメに見出したようにあらかじめ製作者によって設定されている「物語性」ではない。それは、韓国という国家、文化、そして人びとが交錯する場が作り出している「物語性」であり、それは矛盾や複雑さ、抗争をはらんでいる。『冬ソナ』ファンはドラマの背後のそうした韓国の物語性を、発見し、再構成し、消費しているのだ。

3・4　能動的な視聴者とテクノロジー

視聴者の能動性ということをいえば、今回インタビューした『冬ソナ』ファンの中に、メディア・テクノロジーを使いこなしている人が存在していたことも指摘しておくべきだろう。

とりわけ、若い世代のインターネットの利用は顕著である。たとえば、大学生のGさんは、インターネットを通じて韓国のドラマを視聴している。韓国のテレビ局KBSを中心に、MBCやSBSなどのホームページでドラマを見ている。ドラマを見るために、韓国のテレビ局のサイトにパスポート番号等の登録をしている。

Gさんは、最近テレビの韓国語講座などで韓国語の勉強も始めている。しかし、ドラマを見るためには不十分なので、ドラマの韓国語シナリオをインターネット経由で入手している。それをOCN翻訳サービスで日本語に翻訳したものを照らし合わせながら韓国語のドラマを見ているのである。

こうした技術は高度とはいわないまでも、通常の日本のドラマを楽しむ行為に比べればはるかに趣味性が高いといえるだろう。Gさんほどではなくても、インターネットのファンサイトやメーリング・リストで情報を得ているという話は頻繁にインタビューで聞かれた。そもそも韓国ドラマの情報が既存のメディアでは限られているために、インターネットが重要な役割を果たしているのである。

インターネットだけではない。二〇名のうち四名の女性が韓国で制作されたDVDを見るためにリージョンコード・フリーのDVDプレイヤーを所有していた。日本と韓国はDVDのリージョンコードが異なっており、韓国で買ったDVDソフトを日本のDVDプレイヤーで再生することはできない。そのため、韓国版DVDソフトを見るファンは、再生可能なDVDプレイヤーを購入する必要があるである。

しかし、リージョンフリーのDVDプレイヤーは、通常の電器店で購入できない（一部の店舗では海賊版ソフトの問題もあり、販売を自粛している）。専門店やインターネットの通信販売を通じて買うほかはない。インタビューの中で聞いた話だが、四人のうち二人は、量販店等で安売りされている無名メーカーのDVDプレイヤーが、アジア生産のためリージョンフリーであることが多いので、それを店頭で確認して購入したと言う。

こうしたメディア・テクノロジーは、一般の情報摂取よりはるかに進んでいるとはいえないかもしれないが、それでも、通常イメージされている中高年女性のメディアの受動的な消費とはおよそ異なったイメージである。またメディア・テクノロジーの技術も、インターネットや雑誌、日常的な会話で情報交換がされ、共有されている。この積極的なテクノロジーの利用が、『冬ソナ』ブームや韓国ドラマ・ブームを支えているひとつの要素である。

4　彼女たちは、なぜ『冬ソナ』ファンになるのか

4・1　『冬ソナ』ファンの表象とその消費行動

ワイドショーなどで報道される『冬ソナ』ファンのひとつのイメージは、「ヨン様」に熱狂し、DVD

や『冬ソナ』グッズを買うのに金に糸目をつけない比較的裕福な中高年の専業主婦のイメージである。いささか戯画的に描かれる『冬ソナ』ファンのメディアの表象に対して、実際のファンはどのように思っているのだろうか。

もちろん、そうしたメディアに表象される典型的なファンに対して違和感を表明する人もいる。とりわけ若い人はそうである。先に紹介した大学生のGさんは、『冬ソナ』ファンというよりは、韓国ドラマ一般のファンなのだが、メディアに紹介されるいわゆる『冬ソナ』ファンに対しては「ふーん、って感じ。自分の世代ではないと思う。経済力があるのがすごい。感心するところもあるけど、ひくところもある。自分もああいう風に見られるのかなあと思う」と言っている。

また、Hさん（四〇代）は、「ペ・ヨンジュンのポスターを部屋に貼るようなファン心理は、私にはありません。私はもともと部屋にポスターを貼らないし」と答えている。

金銭感覚ということで言えば、インタビューを通じて感じたのは、多くの人が極めてしっかりした金銭感覚を持っていということである。

DVDソフトを所有している人は少なくなかったが、その場合にも、自分がファンであることを知って大阪にいる兄が買ってくれた（Hさん）、韓国に住み語学教師をしている娘が前半のセットを買ってくれて、夫が後半のセットを買ってくれた（Iさん、五〇代）、夫が会社の帰りに買ってきた（Jさん、四〇代）といった具合で、家族のほかの一員からもらった例がほとんどであり、自分自身で購入した人は、フルタイムで仕事をしている人に限られている。

このことは、『冬ソナ』とともにしばしばメディアで取上げられる韓国『冬ソナ』ツアーについても同様である。『冬ソナ』ツアーは、『冬ソナ』のロケ地をめぐるものだが、インタビューした中でも二人が参加していたが、二人ともフルタイムの仕事を持つ女性（Cさん・Iさん）だった。

『冬ソナ』のロケ地に行ったこの二人も、韓国への旅行はともに娘と行っており、家族交流イベントのひとつとして、『冬ソナ』ツアーが選ばれたという感も強い。構図としては、『『冬ソナ』に「ハマる」母に、半ばあきれながら連れて行かれる娘」という図なのだが、話を聞くと、「あきれられること」自体を母は楽しんでおり、そうした構図自体が親子の楽しい話題として機能している。

専業主婦に関していえば、決して金に糸目をつけずに「ヨン様」ファンを追求しているわけではない。生活のバランス、とりわけ夫との関係の中で、楽しんでいることがはっきりと見えてくる。つまり夫も楽しむか、楽しまないまでも許容する範囲である場合にのみDVDを購入しているのだ。

仕事を持つ女性にしても、関連支出は、DVD、DVDプレイヤー、CD、雑誌、本、アクセサリー（キーホルダーやネックレス）などで、同世代の男性の趣味に対する支出（車、ゴルフ、飲食……）に比べて決して大きいわけではない。

もちろん、このことは『冬ソナ』関連の経済効果が大きかったことを否定するものではない。しかし、その一方で、意識的か無意識のうちにはともかく、メディアによって再生産された『『冬ソナ』ファン＝比較的裕福な中高年専業主婦」という図式は鵜呑みにすべきではない。

その意味では、朝日新聞社系の雑誌『アエラ』が、専業主婦層だけではなく、キャリアウーマンや離婚した女性、戦争で苦労した女性が『冬ソナ』に夢中になっていることを報じていたのは興味深い。『アエラ』によれば、こうした女性はいろいろな理由で不幸（恋人の愛情の欠落、恋人や世間の無理解）を背負って生きている。そうした女性にとって、キャリアウーマンであるユジンを見守り、優しく抱擁するミニョンが、理想の恋人として現れるというのである。[5]

ＮＨＫの「ハングル語講座」を担当し、最近では『韓国ドラマ、愛の方程式』という書物で、韓国ドラマに日本人がなぜハマるのかを分析した小倉紀蔵は、この特集のコラムに寄稿し、この議論をさらに補強している。小倉は、韓国ドラマの魅力を、自分のいる場所にいることのできないもどかしさ、韓国語の「恨《ハン》」という概念で説明しようとする。

小倉によれば、日本人の女性が『冬ソナ』にはまるのは、彼女たちがどこかでこの「恨」を抱え込んでいるからである。それは、心の寂寥感であり、恋愛の対象からも購買層からもはずされているという疎外感であるという。

そこで描かれる女性は、とても真摯で真面目であり、テレビメディアで報じられる『冬ソナ』ファンとは好対照をなしている。それは、テレビのステレオタイプで蔑視的な表象に対する批判として機能しているという意味では評価すべきかもしれない。

私も実際に、インタビューの中で二人の女性から自身の離婚経験と『冬ソナ』の関係について話を聞く機会があった。彼女たちは、ともにもし自分の夫がイ・ミニョンだったら、あるいは自分の人生でイ・ミニョンに出会っていたらどれほどよかっただろうと語っていた。このこともあり、私は必ずしも『アエラ』と小倉の分析すべてを否定するものではない。また、『冬ソナ』ブームが今後の日韓関係に対して中長期的にはいい影響があるとする小倉の主張には少なからず共感している。

しかし、その一方で『アエラ』と小倉の議論は、いささか「物語化」が過ぎているように感じられる。そこでは、韓国の哲学や文化が、統一的で均質なものとして捉えられる一方で、日本の女性、とりわけ『冬ソナ』ファンが過剰に物語を背負わされ、一般化されている。

実際にインタビューを通じて浮かび上がってきたファン像は、生真面目であるのと同時に、やはりどこかミーハー的で、ファンであることを面白がり、ユーモアと茶目っ気をもった女性たちでもある。それは、一見不幸な物語を背負っていてもそうなのだ。ファン精神は、単に反省したり、後悔したり、癒されたりすることだけではなく、わくわくしたり、うきうきしたりする能動的な享楽からも形成されるのである。次のそうしたファンの別の側面も見てみよう。

4・2 『冬ソナ』ファンを演じること

これまで、メディアの『冬ソナ』ファンの表象に対して違和感を表明している意見を紹介してきたが、実はそれと同じように、メディアの表象に対して好意的な意見も少なからず、みられた。

Cさんは、メディアで紹介されている「ヨン様」ファンたちと一緒にされたくないとは思わない。私たちが楽しみたくて「ヨン様」を楽しんでいるのだからいいじゃないか、と語る。彼女は、むしろ「ヨン様」に対して批判的なメディアに対して憤っている。

Eさんと Kさん（二〇代）には、二人一緒にインタビューしたのだが、「テレビで紹介されている、いわゆる「ヨン様」ファンをどう思うか」という質問に対して、ほぼ同時に「同志！」と答えた。Eさんは、映画宣伝などの仕事に携わっていることもあり、四月のペ・ヨンジュン来日の時は、プレスパスを入手して会場にも行ったらしい。そのほかにも、「あそこまではできないけど気持ちはわかる」という声も多かった。

しかし、このことはメディアの表象と完全に一体化していることを意味しているのではない。たとえば、Eさんは「同志！」と答えた後で、「でも、人数が多いと少し怖い。韓国のCDショップで会うと日本人は全員『冬ソナ』ファンだと信じ込んでいて、グッズの場所を教えられた」と笑いながら付け加えた。

この微妙な距離の取り方をどのように考えればいいのか。

Dさんは、「『冬ソナ』が単に好きなのではなくて、『冬ソナ』が好きな自分が好きなのかも」と言う。彼女によれば、「いつまでも『冬ソナ』のような純愛物語に胸をときめかすことができる自分が好きなのだ」と言うのである。

同様の発言は、Cさんにもみられる。彼女は「いい年をしてばかばかしいことをしていると思うのが楽しい」と答えている。

この感覚は、発言の中に見出せるだけではない。Iさんを中心に七人のグループ・インタビューを行った時に、どの程度『冬ソナ』にはまっているのか、ということを見せ合うのに、『冬ソナ』携帯ストラップを見せてから、携帯の着メロが『冬ソナ』の挿入歌を聞かせあうということがあった。その時に見て取れるのは、単なる自慢ではなく、そこにある「うれしはずかし」という独特の感覚である。それは、どことなくばかばかしい、恥ずかしいと感じながらも、このように自慢しあうことが楽しいという独特の両義的な感覚である。

先に挙げたDさんは、『冬ソナ』ファンは、自分たちが磁場の真ん中にいることが楽しいのだと言う。「うちのママがファン」だとか「家内がハマっていて」という話題にされることを面白がっているというのである。

「それはメディアに踊らされているのとちがうのか」という質問に対して、「ファンは私たちがメディアを踊らしていると思っているのよ」とDさんは答えている。もちろん、こうした言い方には独特のユーモアが込められており、字義通り受け取ることはできないかもしれない。

しかし、第3章で李智旻が見ているように、『冬ソナ』の流行過程を詳細に追っていくと、『冬ソナ』ブームが作られたものではなく、ファンの側からじわじわと浸透してきたことがわかる。

インタビューをした女性たちの中でも、インターネットや『ホット・チリ・ペーパー』など専門雑誌を通じて積極的に情報を収集している人がいる（Aさん、Cさん、Eさん、Kさん）。彼女たちは、主流メディアには「にわか『冬ソナ』編集者」が多くて、自分たちよりも情報が遅い、すでに知っている記事が多いという批判をしている。

『冬ソナ』ブームの特徴は、詳細な情報はファンの方がたえず先回りして、収集し、発信しているという点にある。主流のマスメディアは、中身ではなくブームについて後追い的に報道するばかりである。

このことは、四月にペ・ヨンジュンが来日し、五千人のファンが空港に押しかけるまで、『冬ソナ』やペ・ヨンジュンの報道がメディアにほとんど見られなかった事実に端的に現れている。ファンたちは主流のマスメディアを介さずに、インターネットや雑誌記事などで独自に情報を入手して、空港に集まったのだ。

こうした事柄を嬉々として語る『冬ソナ』ファンの話を聞いていると、彼女たちが熱狂的な『冬ソナ』やペ・ヨンジュンのファンであるのと同時に、「ファンであること」を演じているように思われる。これは、Dさんの意見に象徴的にあらわれているだろう。

けれども、「ファン」を演じるということは、彼女たちが本当の意味で「ファン」ではない、ということを意味しているのではない。「ファン」でありながら、同時に「ファン」を演じるという両義性を彼女たちは有しているのである。

4・3 日韓関係、そして植民地主義の記憶

さて、最後に『冬ソナ』を通じて、彼女たちの韓国観がどのように変わったのかを見ていきたい。

『冬ソナ』を通じて韓国を身近に感じるようになった、というのは多くの人に共通して見られる意見である。たとえば、Iさんは、『冬ソナ』をきっかけに韓国を旅行して初めてなのに懐かしい感じがした、と言っている。彼女にとって、韓国は「近くて遠い国」だった。この「近くて遠い国」だったというのはしばしば言われる表現である。

しかし、その変化の内実を聞いてみると、それは多様でありほとんど一般化することができない。とりわけ、世代や職業、経験によって『冬ソナ』以前の韓国のイメージは、相当異なっている。

Iさんは五〇代だが、多くの五〇代はこれまで韓国のことをほとんど知らなかったという。Iさんにとっての韓国のイメージは、朝鮮戦争であり、三十八度線だった。サッカーもそれほど興味がなかったので、『冬ソナ』を通じて初めて韓国に触れたという印象を持っている。

やはり五〇代のLさんは、インタビューをした時に、ペ・ヨンジュンの携帯ストラップを見せてくれた熱烈な『冬ソナ』ファンだが、Iさんと同様に『冬ソナ』の前は韓国に対する知識がほとんどなかったと言う。彼女は『冬ソナ』以前には、韓国の人の多くがいまだに民族衣装を着ているとさえ思っていた。『冬ソナ』の中で生活が日本人とほとんど変わらないのに驚いたというのである。また、携帯電話などテクノロジーが進んでいることにもびっくりしたらしい。

Lさんは、韓国文化にもあまり触れたことがなく、たとえば食事でも韓国料理やキムチは今でも苦手である。Lさんの話で興味深かったのは、彼女の世代は教育の中でも韓国のことを教えられてきていないのではないか、と彼女が感じていることである。彼女は、単に韓国のことを知らなかったのではなく、教育やそのほかの過程で、韓国に対するアクセスが制限されていたという印象を持っているのだ。

このように、五〇代の女性たちの多くが、韓国のことをほとんど知らなかったと答えたのに対して、三〇代や四〇代の女性は、『冬ソナ』によって決定的に変化したといいながらも、『冬ソナ』以前から韓国に対して一定のイメージや知識を持っている人が多い。

少し、三〇代、四〇代の女性を見てみよう。

三〇代のMさんは、子どもの頃から在日韓国人の友人がいたこともあり、友人を通じて韓国に対する一定のイメージを持っていた。学生時代にゼミで韓国旅行をしたこともある。しかし、その時のイメージは、全体に大雑把で細かいところにこだわらないという印象だった。またファッションは一昔前の日本のようだったと言う。その後Mさんは、就職後メキシコに留学した時に多くの韓国人を友人に得て、韓国を知るようになった。

Mさんは、『冬ソナ』を通じて韓国と韓国語という言葉に親しみを持つようになった。とりわけ『冬ソナ』では、ファッションがシンプルで気にいっている。特に、ミニョンやユジンのファッションが好きだという。

四〇代のHさんは、留学生の窓口担当の仕事をしており、日常的に韓国人留学生に接している。彼らに対する印象は、おおむね礼儀正しくて真面目だという。これは、『冬ソナ』の登場人物にも共通する印象である。

こうしたHさんも『冬ソナ』を見て韓国に対する認識が変わったという。韓国人が日本人と同じ生活をして、同じようにおしゃれなレストランで食事をしていることを実感したというのだ。彼女は、韓国が日本よりもどこか遅れていると思っていたと話している。

Hさんは、現在週二回韓国語を勉強している。けれども韓国旅行にも『冬ソナ』ツアーにも特に行きたいと考えていない。彼女は、「若い人たちの間に、日本に対する悪感情はそれほどないのではないかと思うが、韓国のテレビニュースの街頭インタビューなどを見ていると、韓国全体の日本に対する認識を変えるにはもう少し時間がかかる」と話している。

Dさんが初めて韓国に行ったのは、子どもの頃家族旅行で古墳を見に行った時である。しかし、Dさんの両親は韓国があまり好きじゃなかったのではないか、と回想している。最近では、三年ほど前に韓国に行ってエステなどを楽しんだ。

Dさんの韓国の印象だが、韓国人の友人から徴兵制の話を聞いたのが印象的だったという。友人が徴兵制について「人を殺すことを学ぶんだ」と聞いて怖いなあと感じたというのである。

わずかなインタビューの例だけで、すべてを一般化するのは危険かもしれない。しかし、少なくともインタビューで受けた印象は、多くの『冬ソナ』ファンが、「『冬ソナ』以前には韓国をどのように考えていたのか」という質問に対しては答えにくそうだったことである。それは、何かタブーに触れるかのような、あるいは、何かが抑圧されているような感触なのである。

これは、韓国に対するある語り方が欠落していることを示しているのかもしれない。

ごく一般的に言って、韓国に対する公的な語り方は二つ存在している。ひとつは、比較的リベラルな側からの良心的な韓国観に見られる語り口である。それは、植民地主義の歴史をきちんと認識し、日本の真摯な反省に基づいた関係を築こうとするものである。これは、多くのリベラルの、あるいは左派知識人に共有されている公的な言語である。

もうひとつは、偏狭的なナショナリズムと歴史に対する無反省からくる、差別的で偏見に満ちた韓国に対する語り口である。これは公的なメディアではあまり語られないが、日常的な会話では「本音」と称してしばしば噴出する。

彼女たちが口ごもる理由は、この二つの語り方がいずれもあくまでも公的なものであり、自分自身の言葉が欠落していた、と感じているからではないだろうか。彼女たちは、日常的に韓国をめぐる二つの言語に捉われており、しかもどちらも選ぶことができずにいた。そして、『冬ソナ』が決定的だとすれば、そうした女性たちに韓国を語るための語彙を彼女たちに初めて供給したからではないだろうか。

インタビューを通じて私が興味深く感じた例を二つ紹介しよう。

ひとつは、六〇代のAさんの例である。

私は収容所があった大村市（長崎県）にいたので、朝鮮人——当時は朝鮮人と言っていた——に対してはあるイメージを持っていたと思う。朝鮮人は、ケンカが激しいし、声が大きい。率直に言って下に見ていた。ヨン様がこの印象を変えた。『冬ソナ』で韓国のことを知るようになって、日本の文化が韓国から来ている、日本と韓国は同系だと思うようになった。このことは私が満州で生まれたことと関係しているのかもしれない。[6]

『冬ソナ』を通じて、Aさんが彼女自身の満州で生まれ、日本に帰国したことを思い出したことは興味深い。韓国に対するこれまで印象が日本での経験に基づいていたのだが、ペ・ヨンジュンを通じて韓国に想いをはせるようになり、さらには彼女自身の植民地に対する記憶を再構成し、今日的な文脈で位置づけなおしているのを見ることができる。

もう一つの例は四〇代のCさんである。先に述べたように、Cさんは韓国で冬ソナのロケ地を回っている。

韓国はこれまでものすごく遠い国だった。私はこれまで韓国は日本のモノマネしかしていない、こちらからむこうに何を送るかということしか考えていなかった。

今では、韓国は近くなったけど、やっぱりどうしても越えられない溝があると思う。それは歴史。私たちは簡単に溝を越えて盛り上がれるけど、むこうはそうはいかない。私には在日や米系アメリカ人の友人はいるけど、韓国人の友だちはいない。韓国を旅行して、戦争で破壊された場所に行くと複雑な気持ちになる。

けど、むこうの人に呆れられるかもしれないけど、こんな風に女こどもが「キャッキャ」言ってばかみたいに韓国のドラマや俳優にハマるのもブレイクスルーになると思う。

Cさんは A さんと世代も違い、戦争の記憶はない。『冬ソナ』に出会うまで、アメリカ文化好きだったが、韓国やアジアについて考えたことがあまりなかった。イラク戦争があって、アメリカの偽善に失望して、その反動でアジアに興味を持ち始めた。

しかし、実際に韓国に行ってみてCさんが感じたのは、日韓関係の成熟や進展ではなく、むしろ困難さである。その困難さは歴史認識に基づいている。そして、困難だからこそ、彼女はあえて自分たちのようなファン意識が必要だと感じているのである。

AさんやCさんに共通して見られるのは、『冬ソナ』や「ヨン様」を通じて、自分たちの私的な言葉で日韓関係や歴史を語るようすである。それは、一般に流布している良心的リベラルの言語とも偏狭的ナショナリズムの言語とも異なるものであるが、私的な言語であるがゆえの独特な説得力を持っている。

『冬ソナ』は韓国のイメージをどのように変えたのだろうか。要約することは難しいかもしれない。ハンサムで優しい韓国男性像。美しい自然に溢れる風景。進んだテクノロジー。日本が失いつつある儒教的な礼儀や伝統。こうしたイメージはしばしば語られることだが、より興味深いのは、この一般的なイメージの変化が、具体的には個人の私的な記憶や歴史の認識を同時に新しく再構成していくことである。

こうした経験は、きわめて個人的なことかもしれないが、メディアを媒介して確実に広がりを見せている。それは、伝統的な意味でのイデオロギーや政治から見れば小さな実践であり、私的で文化的にみえるかもしれないが、だからこそ、しっかりとした実感を与えているのである。

5　おわりに（というよりも、新しいはじまりのために）

ここでは、『冬ソナ』のファンのインタビューを中心に、『冬ソナ』がどのように見られているのか、どのように語られているのか、そして、それが韓国のイメージにどのような影響があるのかを見てきた。『冬ソナ』は今でもブームの真っただ中にあり、これがどのような影響があるのか結論づけるには早すぎる。私もまた拙速にこの分析をひとつの結論に収斂させるつもりもない。

ファン文化を扱うのは難しい。ファンは、しばしば自分勝手で、気まぐれで、分析されたり、定義されたり、決めつけられたりするのを好まない。ファンはファンであり、ファンでしかない。ファンは、なにか別の目的のためにファンになるのではない。ましてや特定の政治的イデオロギーに奉仕することなどありえない。

しかし、このことはファンが政治と無関係であることを意味しているのではない。『冬ソナ』のファンの分析をみればわかるとおり、ファンは伝統的な意味では政治的ではないかもしれないが、日常生活のレベルではいろいろな政治にすでに巻き込まれ、同時にさまざまな政治の可能性をはらんでいる。

たとえば、『冬ソナ』現象が日韓の政治的な関係にどのような役割を果たすのか。反動的な役割を果たすのか。ラディカルで進歩的な役割を果たすのか。こうしたことも今現在では結論づけるのは難しい。しかし、このことは全く政治に影響がないということを意味しているのではなく、どちらにも転ぶ可能性があることを示している。私たちは、『冬ソナ』現象に過剰に期待すべきではないが、かといって単に反動的なものとして切ってすてるべきではない。

『冬ソナ』は、メディアとしても今年最大の出来事である。今後の日韓の文化の関係に大きな影響を与えていくだろう。それにもかかわらず、これまでリベラルな陣営や進歩的な陣営から積極的な分析がなかったことは不幸なことである。とりわけ、しばしば文化の実践者として中高年の女性たちが周縁化されていたことは反省すべきである。私たちが考えなければいけないことは、今現実に起こっている現象の中から、いろいろな可能性を拾い上げてつなぎ合わせていくことだろう。

最後に、『冬ソナ』ファンのインタビューがとても楽しいものだったことは付け加えておきたい。『冬ソナ』にどれほど「ハマって」いるのか、何がそんなに魅力的なのか、熱っぽく、しばしば伝道師のように語るその口調には圧倒されることもあったが、同時にたくさんのウイットやユーモアに富むものだった。インタビューはしばしば脱線し、笑いで中断した。

私が感じた政治的な可能性は、そのファンの能動性である。雑誌やインターネットで情報を収集したり、インターネットで発信したり、新しい情報技術を習得したり、韓国語の勉強を始めたり、韓国に旅行したり、その旅行の報告会を組織したり、とインタビューに協力してくれたファンは、さまざまな形でテレビの視聴を自分の能動的な文化的活動へと組み替えている。

こうした活動は、私たちの生活をメディアの圧倒的な支配によって受動的なものに閉じ込めている現在のスペクタクル社会に抗する一歩である。それは小さな一歩かもしれないが、確実にどこかに向かう一歩なのだ。

注

1　ファン意識の分析は最近の文化研究やメディア研究の重要なトピックである。『スタートレック』や『Xファイル』などカルト化している番組の分析は多いが、ここでは導入的な書物として二冊を挙げておきたい。一冊目は、ファン文化をさまざまな視点から捉えたアンソロジー、Lewis, Lisa A (1992) *Adoring Audience: Fan Culture and Popular Media*, Routledgeある。ファン文化を病理学的なものとみるジョリ・ジョンソンや批判的でありつつも積極的に評価するローレンス・グロスバーグやジョン・フィスクの論考など、ファン文化を考えるにあたっての出発点を提供している。もう一冊のMatt Hills (2002) *Fan Cultures*, Routledgeは、これまでのファン文化研究を踏まえたバランスのよい入門書となっている。

2　以下のデータは主にNHKの広報資料による。

3　七月五日現在。二〇〇四年七月二七日付『読売新聞』

4　チュンサンとジュンサンの発音の使い分けについて以下を参照した。「韓国の言葉では、語頭にくる音は濁音にしないという約束ごとがあります。この場合、苗字と一緒に発音する場合は、「カン・ジュンサン」ですが、名前のみ発音するときは「チュンサン」となります。」(NHK『冬のソナタ』公式ホームページ)

5　『アエラ』八月一六日—二三日号特集「冬ソナを越えて生きる」)朝日新聞社

6　後で聞いた話だがAさんの父親は満州鉄道で働いていた。

2

まなざす者としての日本女性観(光)客

——『冬のソナタ』ロケ地めぐりにみるトランスナショナルなテクスト読解

平田由紀江

はじめに

二〇〇三年末ごろから、『冬のソナタ』のロケ地に赴く日本人が急増している。そして、その大多数が女性であるという。「トランスナショナル」なドラマ消費が、そのロケ地を訪れようと「トランスナショナル」に移動する女性たちを出現させている、といえるかもしれない。

ここでいう「トランスナショナル」という語は、日本や韓国という国民(=ナショナル)の枠組みを横断する(=トランス)という意味であるが、単に国境を越えるだけではなく、固定された国境や均質な国民的アイデンティティという概念のあり方そのものを疑問に付すキーワードである。

トランスナショナルな移動は、現在アジア中、いや、世界中のあちこちで起こっている、複雑で多元的な文化交通を表わしている。日本と韓国の間における歴史的な、これまでの文化的不均衡と比較すると、これ自体グローバルとローカルが複雑に絡み合って現れた大きな変化を示しており、アジア内での文化交通の流れがより多層的となる転換期にあることを象徴的に表している、といえるだろう。

本章では、日本から『冬のソナタ』のロケ地である春川《チュンチョン》、ソウル、南怡島《ナミソム》、竜平《ヨンピョン》等に赴く女性たちへのインタビュー調査とフィールドワークを中心に、『冬のソナタ』の視聴者であり、また、ロケ地をめぐる観光客でもある女性たちによるトランスナショナルな『冬のソナタ』の読み方をみていきたい。そこには、韓国というローカルの文化的文脈から離れた、テクストの意味を再構築するような読みを見出すことができるだろう。

また、彼女たちの「まなざし」に焦点をあて、その多元性を指摘する。「まなざし」はある対象を眺める視点であるが、それはあらかじめ固定されたものではなく社会的に構築されるもので、後に述べるようにある人種や階級、ジェンダーなどの主体のあり方を考える上で重要な役割を果たしている。『冬のソナタ』ロケ地めぐりとは、はたして単にフィクションを追った、資本が作り出した、「観光」というもうひとつのフィクションにすぎないのか。ここでは『冬のソナタ』がなぜウケるのか、という議論よりも、むしろ、文化の読み手としての日本女性に焦点をあてて論じていきたい[1]。

インタビューは、メール、インターネットのチャット、面接を通じて、『冬のソナタ』の積極的な視聴者であり、『冬のソナタ』ロケ地めぐり等で韓国を訪れた、もしくはこれから訪れる予定のある二〇代から七〇代までの三〇名の女性に対して行われた。

1　一九九〇年代～現在──日本女性と観光の場における文化の政治学

現在のトランスナショナルな移動を議論するためにも、これまでの韓国の日本人観光がどのような状況にあったのか、最初に時系列的に簡単に確認しておきたい。

一九七〇年代、一九八〇年代における韓国を訪れる日本人観光客は、その大半が男性であり、ソウル・オリンピックが開催された一九八八年ごろまで、観光分野における日本女性の「不在」は顕著であった。

実際韓国を訪れる日本人の性別比率も、一九七〇年代には女性の割合は一〇%を超えることはなく、一九八七年を例に挙げれば女性の比率はわずか一三%にすぎなかった。いわゆるキーセン観光[2]と呼ばれる日本人男性による韓国へのセックス観光が流行した時期である。アジア域内での経済的不均衡とアジアにおける米軍の配置が性産業を活発化させ、それがアジアへの日本人男性によるセックス観光につながっていくわけであるが、とりわけ韓国へのキーセン観光は、一九七二年の日中国交正常化以降、台湾への観光の減少に反比例するかのように流行していった。[3]

ジョン・アーリが東南アジアでのセックス観光を例にとって指摘しているように、ここには「ジェンダー関係とエスニシティの蔑視」が結びつくことによって出現したある種の「まなざし」が見てとれる。[4]それは男性から女性への、日本から韓国への、ジェンダー不均衡と国家的優越感を含んだ「まなざし」であった。

日本の旅行会社のツアーパンフレットには、「夜はキーセンパーティー」の文字が刻まれ、また、ある旅行会社の営業所には、「韓国でのナイトライフは三清閣で」と書かれたパンフレットが準備されていたという。[5]また、韓国政府もこれを黙認するかたちで奨励していた。[6]ここでは韓国女性が「商品化」されるかたちで表象されていたのだ。

韓国の経済成長、ソウル・オリンピックの開催を経て、一九九〇年代に入り、韓国観光の場においては、今度は消費者としての日本女性が数多く表象されるようになった。日本人女性は一九八〇年代の終わりごろから増加の一途をたどり、二〇〇四年上半期には、韓国を訪れる日本人のうち三九％を占めるまでとなった（韓国観光公社調べ）。

一九九〇年代末から二〇〇〇年代初めにかけての韓国観光公社発行の観光ポスターや冊子には、日本女性が頻繁に登場する。もちろんこのような傾向には、さまざまな原因があっただろう。しかし、次のような原因も見逃してはならない。すなわち、ソウル・オリンピックと前後して、韓国政府はキーセン観光のイメージを払拭しようとしていた。そして日本女性の海外旅行が一般化していく趨勢の中、それは経済的利益と結びつくようなかたちで日本女性の表象につながっていったと思われる。

そこには消費者としての日本女性が描かれており、ファッショナブルなソウルを消費するファッショナブルな現代女性のイメージが表象されていたのである。また、これまで制作された三本の日韓合作ドラマでは、異性愛ロマンスがその主な特徴となっており、三作すべてに韓国男性との恋愛相手としての日本女性が登場する。

一九九〇年代に入ってからのこうした一連の日本女性の「表象」は、一九七〇、一九八〇年代におけるその「不在」と表裏をなしている。観光の場で消費者として表象される日本女性と、日韓合作ドラマでの異性愛ロマンスにおける韓国男性の相手役としての日本女性の表象との間には、重要な共通点がある。それは、それまでの歴史における日韓の「不幸な」過去を忘却のかなたに追いやってしまうようなメカニズムの一環をなしているということであり、表象される日本女性は、国家としての日本と韓国の間の融和剤的役割を荷わされてきたということである。

　日本女性の「不在」と「表象」は、国家と資本の利益の一致するところで行われてきたものであり、そうした性質上、それはナショナリスティックな言説に回収されてしまいがちである。そして、そうしたステレオタイプなイメージは、複雑で、ときには既存の価値観に抵抗したりもする日本女性の現実、そのアンビバレントな態度や位置、そして新しく形成された（もしくは、されつつあった）オルタナティブな「まなざし」を覆い隠してもいたのだ。

　しかし、実際にはすでに一九八〇年代末ごろから、韓国の大衆文化や運動選手などに魅せられて国境を越える日本の女性たちは少なからず存在していた。[7] 彼女たちは何らかのきっかけで韓国の人や文化に触れ、観光、留学、就業などという形で国境を越えた。もちろんきっかけはそればかりではなく、政治的、経済的、文化的、宗教的といった、複合的な理由があったであろう。

　韓国大衆文化に的を絞っていうなら、「ソテジワアイドゥル」や「キム・ゴンモ」などK‐POPのスターたちのファンのつどいなどは、一九九〇年代の半ばまでには日本に存在していたし、彼らのコンサートのために韓国を訪れるファンも少なくなかった。一九九六年にワールドカップ共同開催が決定された後には、政府や企業主導ものであれ自発的なものであれ、双方の文化の交通は頻繁になっている。

二〇〇〇年に入ってからは、日本では韓国俳優が主役を演じるドラマも登場した。日韓合作ドラマが合わせて三本放映され、なかでも『フレンズ』（TBS・MBC、二〇〇二年）は、主役男優のウォンビンが話題となり、比較的早い時期にインターネット上での非公式ファンサイトが開設されるなどブームとなった。合作ドラマだけでなく、韓国映画やK‐POP等の韓国大衆文化を専門的に扱う雑誌も登場しはじめた。[8]

このような韓国大衆文化の主な受容者は、日本の女性たちであった。また、NHKのプロデューサーに対する、『キネマ旬報』のインタビューによれば、『冬のソナタ』の放送開始は、アメリカ・イギリスもののドラマの中で大ヒットシリーズが見あたらない中、韓国にはこういうドラマがあるから放送してほしいというメールが、同局の海外ドラマのホームページに送られてくるようになったのがきっかけであるという。[9]

だが、こうした事実にはこれまでほとんど焦点が当てられてこなかった。韓国大衆文化に魅力を感じ、それを消費してきた女性たちは、男性中心主義的な言説の中において、意味を与えられることはほとんどなかったといっていい。それどころか、そういった女性たちを単なる受動的な「消費者」として表象する傾向は、日韓双方で一般的なことであったし、とりわけ観光分野では、日本女性はショッピング等消費のシンボルとして慣習的に表象しつづけられてきた。[10]

しかし、日本での韓国大衆文化消費の歴史を少しでも振り返ると、突然降ってわいたように『冬のソナタ』をはじめとする韓国ドラマが人気を得るようになったわけではないということが明らかになってくる。日本で韓国ドラマが地上波で放送され始めたのは、ワールドカップ日韓共同開催で盛り上がった二〇〇二年に入ってからのことであるが、それには実際には、一定の必要とされた準備期間が存在したのだ。この準備期間ともいえる時期の日本女性の能動的な韓国大衆文化の受容を見逃すべきではない。

2 一九九〇年代「まなざし」の変容——まなざす者としての女性とその「多元性」

ここで「まなざし」（gaze）という語について確認しておこう。「まなざし」は、その主体の時間的、空間的な位置、そして、そのアイデンティティと無関係ではありえない。また、まなざしはジェンダー化されている。

しかし、「まなざしがジェンダー化されている」といっても、それは、まなざしが男性のものなのか女性のものなのかという単純な問いに還元できるわけではない。それは、男性のまなざし《メイル・ゲイズ》、女性のまなざし《フェメール・ゲイズ》といった二分法的な区分では捉えきれない複雑な矛盾をはらんでもいる。

たとえば、ローラ・マルヴィの「視覚的快楽と物語映画」[11]は、メディアと「まなざし」の関係を論じた古典的論文であるが、その中で、彼女は政治的な武器として精神分析を使用しつつ、ハリウッド映画にみられる「まなざし」が男性のものであるとした。しかし、彼女の議論は、女性観客の主体性を否定し、その複雑な位置を無視するものであるという数多くの批判を呼んだ。実際にその後彼女は、能動的な女性のまなざしの可能性を考慮して、自らの議論を修正している。

また、ボボ[12]は、「カラーパープル――文化的読み手としての黒人女性」という論文の中で、観客としての女性グループを研究し、彼女たちがテクストを通じてどのように力を獲得《エンパワーメント》し、テクストを再構築していくのかを分析している。これはまた、彼女らの能動的なまなざしを明らかにする作業でもあったといえるだろう。

マルヴィの修正やボボの議論は、メディアの視聴者の主体は精神分析的に構築されるだけではなく、同時にテクストの多様な読解を通じて能動的に構築していく契機が存在することを示している。このような議論は視聴者研究では主にフェミニズムの視点から提起されてきた。

では、観光の社会学的な研究ではどうだろうか？　ジョン・アーリの『観光のまなざし』は、観光における「まなざし」の問題を考える際にしばしば参照される重要な文献であるが、そこでは「まなざされる者」と「まなざす者」の関係性について、とりわけ「まなざす者」が誰かということについて、詳しく論じられていない。すなわち、「まなざす者」のアイデンティティはここではあまり問題にされていないか、無意識的に「男性の」ものとなっているのである[13]。

たしかに、観光という移動を伴う活動の主体は、主に男性、白人、異性愛者であり、文学や旅行記などにも見られるように、男性の動的性質とは対照的に、女性の静的性質が強調されてきた[14]。移動する女性、とりわけ観光する女性というのは、長い間、無視されてきたといっていい。

一九世紀のインドを旅行したイギリス女性たちの「まなざし」について論じたゴーズは、当時のイギリス女性はインドを男性とはあきらかに違ったふうに表象しているが、それは「女性のまなざし」があるからではないと論じている。すなわち、インドを旅するイギリス女性のまなざしは、複雑でアンビバレントなものであり、はっきりとした女性のまなざしというのは存在しない。そうではなくて、女性旅行者には広範囲で男性的なもの、女性的なものが矛盾をはらんだまま、交錯し、入り混じった「まなざし」があるというのである[15]。

さて、ここで『冬のソナタ』に議論を戻し、こうした議論を踏まえた上で、日本女性はどのような「まなざし」を構築してきたのか、また、しているのかということについて考えてみたい。

日本における『冬のソナタ』の女性視聴者は、ドラマの向こうにある「韓国」という国を、少なからず意識していた。日本「女性」の韓国への「まなざし」とはなんだろうか。

ひとつの文化に対するイメージは、国家間の関係やその歴史と無関係ではありえない。過去に日本の植民地であった韓国への帝国主義的なまなざしが、一九七〇、一九八〇年代の日本男性によるキーセン観光のひとつの要因として考えられるということは、前節で指摘したところであるが、日本女性もこのような社会的、歴史的文脈から決して自由ではない。

「フェミニズムはナショナリズムを超えられるか」という問いには、女性が国家のアイデンティティとイデオロギーの再生産に、(ときには積極的に)荷担してきたことと、その中で女性は周辺化された存在であり、同時に男性中心主義的な社会における被害者でもあったという女性の二重性に対するジレンマがよく表われている。

キーセン観光については、日本の女性を消費者あるいは再生産の道具とみなし、韓国の女性を商品として扱うという典型的な女性の「国際分業」のかたちをなしているが、こうした事実に日本の女性が積極的に抵抗したとはいいがたい。『冬のソナタ』以前の隣国観について、私がインタビューした女性は次のように語っている。


夫が会社の旅行で何度かキーセンパーティみたいな観光をした。そういうこともあって、韓国のイメージはすごく悪かった。だからというわけではないけれど、なにも知らなかったけれども、いいイメージはなかった。（四〇代、女性）

彼女の発言には、隣国に対する偏見と男性中心主義的な「まなざし」から逃れられない女性主体の複雑さが入り交じっているといえる。しかしながら、前節でも述べたとおり、一九九〇年代のはじめ頃から、すなわち『冬のソナタ』以前にも、韓国の大衆文化を肯定的に消費する女性たちは存在していた。彼女たちは、主に観光や、留学先で出会った韓国の友人などがきっかけで韓国の文化を知るようになった、比較的年齢層の低い、現在二〇代から三〇代ぐらいの女性たちである。

大学時代に韓国を観光し、それがきっかけで韓国大衆文化に興味を持ち、さまざまなジャンルの韓国大衆文化に接してきたという三〇代の女性の言葉は、そのことを端的に示している。

今、『冬のソナタ』にものすごく衝撃を受けている人たちって、やっぱりぜんぜん韓国とかアジアとかに今まで関心がなかった人たちだと思う。だから私たちのお母さん世代が多いっていうのもわかる気がする。（韓国に対する）感覚がちがうから、余計にびっくりして、私たちの何倍も感動しているのかもしれない。私も昔、韓国モノにハマりはじめたころは、似たような感じで驚いていたように思う。私の場合は韓国の歌とか映画からマイブームがはじまった。……今も、私と同年代でもぜんぜんアジアとか韓国とかに興味ない人はいるけど、チョナンカンとか、ユン・ソナとか、あかすりとか食べ物が美味しいとかはたぶん（冬ソナ以前に既に）知ってたと思う。だから今、冬ソナ、冬ソナって言うけど、そんなに特別な感じはしない。あー、ようやく韓国文化が流行るようになったか、という感じ。よかったなとは思うけど、冬ソナ一辺倒というのもちょっとなにかなあって思う。（三〇代、女性）

彼女の言葉からは、比較的若い層は以前から多様な文化に触れており、比較的年齢の高い層の女性は、『冬のソナタ』以前は韓国大衆文化などに触れていなかったという二分法的なニュアンスが伝わってくる。しかしながら、もちろん、そのような過度な一般化はすべきでない。五〇代の女性は、次のように語った。

私はね、『冬のソナタ』が好きなんじゃなくて、以前から韓国が好き。もう三回も娘と二人で行って

いるけど、面白い。だから『冬のソナタ』も数ある韓国文化の一つとしてみている。（五〇代、女性）

一九九〇年代はじめごろに始まった一連のアジアブームを反映するかのように、観光におけるアジアブームが本格的に始まったのは、一九九五年ごろである。[16] 韓国に関して言えば、ソウル・オリンピックと前後して、女性向けの旅行雑誌に特集が組まれたりもしていたが、[17] 本格的なブームの始まりは、やはり一九九〇年代半ばころと言えよう。一九九四年に行われた韓国政府による日本人へのビザなし観光の承認も、これに拍車をかけた。

この時期、世代間、個人間での差はあるものの、主に観光や韓国人留学生との出会いを通じて韓国大衆文化を知るようになったという女性は多い。筆者が以前、韓国を訪問したことのある二〇代、三〇代の女性に対して行ったインタビューによれば、[18] 彼女たちのうちの多くは、自らの趣味の延長や友人宅への訪問等、日常を拡張していくようなかたちで韓国を「観光」していた。彼女たちの「まなざし」には、明らかにその日常性と同時間性が見受けられた。[19]

こうした「まなざし」は、帝国主義的で男性中心主義的な社会的、歴史的文脈を超えて、一九九〇年代にグローバルな消費文化が生み出した、主に女性たちにみられる新しい傾向であるといえる。岩渕功一が『トランスナショナル・ジャパン』の中で、香港文化を消費する日本の女性ファンたちに対するインタビューを通じて明らかにしたのは、国家主義的な言説によって作られてきた日本の優越性を否定するような、彼女たちの態度だった。岩渕は、彼女たちが香港大衆文化を消費する際に感じる同時間性を指摘し、それは、「日本近代への批判的まなざしと、それに伴う自己変革への努力[20]」につながっていくのだと述べている。このような「まなざし」の傾向は、韓国を観光したり、韓国大衆文化を消費する日本の女性たちにも見られることである。

ただ、『冬のソナタ』は、韓国大衆文化の受容者層を一気に広げた作品であることは間違いない。一九九〇年代における日本の女性たちの韓国大衆文化消費が、観光や留学等をきっかけとした、比較的若い世代を中心としたものであったとすれば、『冬のソナタ』は、そのような「限定付き」の消費を、ほとんど「無制限」なものに変えるようなものであった。

では次に、『冬のソナタ』のオーディエンスとして、そして、『冬のソナタ』のロケ地めぐりをする韓国への観光客としての日本女性の「まなざし」に焦点を当ててみよう。

3 「ありえない」ことのリアリティ――トランスナショナル・テクストとしての『冬のソナタ』

韓国における『冬のソナタ』は、主に三〇、四〇代女性視聴者に好評を得たと言われているが、その一方で、ネティズン[21]と呼ばれるインターネット・ユーザーからの反響も大きいものだった。

当時のKBS冬のソナタ掲示板を見ると、二人の男性の間で主体性なく揺れ動く主人公女性のユジンに対する反発や、むやみに登場人物を死なせることで悲劇的な結末を導くメロドラマ的なストーリーへの批判が数多く書き込まれている[22]。

実際、こうしたネティズンたちの動きは、ペ・ヨンジュン演ずる主人公、イ・ミニョンの救命運動につながり、物語は一応のハッピーエンドを迎えることとなった。ここでは視聴者参加型という特徴が見られるが、これは韓国の文化的文脈では、そうめずらしいことではない。

また、主人公男性が、アメリカで生まれ育った在米韓国人であるという偽りの記憶を植え付けられ、自らの記憶を取り戻し、最後に韓国に家を建てるという一連の物語は、純粋で一貫したアイデンティティを要求する韓国の民族主義を色濃く示すものであり、在米コリアン等のディアスポラ・アイデンティティを受け入れておらず、ソープオペラの特徴そのままの、保守性が高いものであるという批判もなされた[23]。

では、日本ではどうか。日本での『冬のソナタ』ブームを理解するためには、まず、社会的・構造的条件の説明が不可欠であろう。

一つに、前述のような、アジアブームとそれに続く韓流という流れということが考えられる。この「準備期間」は、『冬のソナタ』に絶妙なタイミングで幸運をもたらしたといえるだろう。韓国への観光や韓国大衆文化の受容において、この期間に日本女性の果たした役割は大きい。

二つ目に、大衆文化を利用することによって日韓の複雑な歴史的関係を無化しようとする国家権力の動きである。大衆文化の流通を通じ「相互理解」を深めることにより、日韓の未だ解決されていない歴史問題や、日本大衆文化完全開放への消極的な態度に風穴をあけようとする動きを見逃すべきではない。象徴的なのは、ペ・ヨンジュンが二〇〇四年四月に来日した際、NHKの海老沢会長が彼に贈った、

「日韓両国の相互理解に貢献した」とする感謝状である。岩渕が指摘するように、日本は大衆文化をアジアとの関係改善のための武器としてきた歴史を持つ[24]。

三つ目に、韓国ドラマの「親密性」と「差異」である。リー・ドンフーが指摘しているように、韓国のドラマは意識的あるいは無意識的に日本のドラマの影響を受けており、グローバルな消費文化をそのストーリーの軸としている[25]。しかし、もちろん同時に、韓国というローカルの文脈をも備えているのである。

では、その「親密性」と「差異」を、オーディエンスは実際にどのように読み取っているのだろうか。言い換えれば、グローカルな文化商品は、トランスナショナルな文脈では、どのような「まなざし」をもって受け止められているのだろうか。

私がインタビューを行った女性たちのほとんどが、『冬のソナタ』における「家族関係」について言及しているが、反応は年代別、独身、既婚の別によってさまざまである。子どもを二人持つ五〇代の既婚女性は次のように語った。

家族関係がうらやましい。ほんとに。子どもが親を大事にしてくれる。そういうところ、(韓国の文化は)西洋と似ているんでしょうか。アメリカとかヨーロッパとかのは、ほら、西洋のものとして見るでしょう。でも韓国のドラマは、髪が黒いからか、余計にそういう家族関係にあこがれる。すばらしい文化ですよね。それにそういうドラマ、日本にはないでしょう? 昔はあったのかもしれないけ

ど。（五〇代、女性）

また、二〇代の女性は冬ソナに登場する家族関係について次のように述べた。

家族関係が濃すぎる。はっきりいって日本ではありえないほど濃い家族関係。実際に自分がその関係の中にはもちろんいたくない。でも、韓国ではありえるけど、日本ではありえないっていうのがいい。外国のドラマだから、なんとなく濃い関係もいいし、ありえないっていうのはウルトラCでしょう。今の日本のドラマって、ウルトラCに欠ける。おー、こうくるかー、っていうのがない。その意外性とか、濃さとか。（二〇代、女性）

四〇代以上の既婚女性が、ノスタルジアとあこがれの入り交じった感情を表現していたのに対し、二〇代女性は主に、彼女いわく「ありえない」家族関係について、あからさまな距離を感じつつも、そうした意外性にドラマの魅力を感じている。

家族観は、もちろん世代によって、既婚か独身かによって異なるが、こういった、世代間に見られる差異は興味深い。しかしながら、こうした世代間の感じ方の差はあるものの、ここで共通に見られるのは、こうした「違和感」をひとつの文化として受け入れ、それを日本の文化的文脈と比較しようとする態度である。

また、家族関係はともかく、「みんながみんなにやさしいドラマで、見ている自分も心がやさしくなれた。日本のドラマはリアリティを表現しすぎるが、韓国ドラマはとてもきれい。」（三〇代、女性）という意見に代表されるように、人間関係に対する一種のあこがれのようなものも見られた。

もちろん、このような意見を一般化して考えることはできないし、ドラマに表象されている「家族関係」を、日本が失ったものとし、韓国を日本の過去として捉え、ノスタルジアを感じる向きも多かった。しかし、裏返して言えばそれは、西洋の文化よりもリアリティやあこがれを感じることができるような、文化的親密性を示しているようであり、また同時に微妙な文化的差異を示すものでもあるといえる。

とはいえ、主に四〇代以上の既婚女性が、韓国の文脈では保守的で、しばしばフェミニストなどからの攻撃の対象となる、儒教的観念に基づく家族主義に対するあこがれを感じるというのは皮肉なことではある。これは、ローカルを離れたところで消費されるトランスナショナルなテクスト消費が、他者を都合よく消費してしまうような危険をはらんでいることを端的に示していると言えるだろう[26]。

また、男性中心主義的な「まなざし」が、無意識的にせよ、これらの女性たちの「まなざし」の中に見られるということも事実である。しかし、彼女らの多くが指摘しているように、現在の日本のトレンディ・ドラマには、家族関係がほとんど表に出てこない。ターゲット層が若者中心である日本のトレンディ・ドラマに感情移入ができずにいた、比較的年齢層の高い既婚女性たちは、幅広い年齢層をターゲットに制作されているため家族が頻繁に登場する韓国ドラマに共感を覚え、そこに日常を変えていくようなきっかけを見出したということも事実である。実際、『冬のソナタ』では、主人公たちの両親が、ストーリー展開における重要な役割を果たしている。
また、主演男優であるペ・ヨンジュンに対しては、役柄もさることながら、実際のペ・ヨンジュン自身についての言及もしばしば見られた。ペ・ヨンジュンのファンであり、二〇〇四年に家族と共にソウルの友人を訪問した際にロケ地のひとつであるプラザホテルに宿泊したという女性は、彼の魅力を「いないようでいるかもしれない」という言葉で表現した。

あんな人、日本にはいない。見たことありますか? 王子様ですよ。でも、いないようでいるような。もしかしたら、どこかで会えるかもしれない。近い感じがする。(三〇代、女性)

また、別の女性は次のように語った。

(ペ・ヨンジュンは) そりゃあ、お金持ちで財力はあるでしょ、育ちがよさそうでしょ、ハンサムでしょ。……女の人が求めるもの、みんな持ってるじゃないですか。(四〇代、女性)

私がインタビューを行った女性たちのうち、主に四〇代以上の女性たちの発言には、「家族主義」に代表される、「日本が失ったもの」に対するノスタルジア、それに、ペ・ヨンジュンが体現する、ある特定の階級に対する憧憬が垣間見られた。そのどちらにも、ハリウッド映画や西洋のドラマなどには感じられない、日本には「いないようでいるような」、「ないようであるような」という、親近感と距離感が入り交じった、表裏一体の感覚が見て取れる。

このような、『冬のソナタ』というドラマテクストに対する、一見得体の知れないような微妙な感覚が、韓国という、ドラマの向こうにあるものへとオーディエンスの「まなざし」を向けさせる。

（ペ・ヨンジュンの）反日発言報道が流れた時、「あ、この人は本物だ」と思って、それからもっと好きになった。だって、（日本のことが）好き好きばっかりじゃあね……。それが当然だと思う。（七〇代、女性）

小学校低学年の時に敗戦を迎え、日本に引き上げてきたという経験を持つこの女性は、これまで韓国を意識的に敬遠してきた。しかし、二〇〇四年に入ってから、ソウルを訪問し、幼いころ住んでいたところを見て回ったという。彼女は、『冬のソナタ』の視聴をきっかけに、様々な韓国大衆文化に触れ、月に一度、韓国人女性を招いて韓国文化を学ぶことを目的とした、自主的な集まりに参加するようになった。この女性のように、ドラマテクストの向こうにある〈韓国〉という文化的文脈に触れ、それまで持っていた偏見を含んだ「まなざし」が消えた、もしくは薄れたという女性は多い。

しかし、そうした女性たちに関するメディアにおける表象は、四〇代以上の女性たちに対する冷やかしだったり、二〇、三〇代の女性を、韓国男性と結婚したがる一種のミーハー的存在として扱うといったものが多い。このようなメディアにおける女性ファンの表象について、私がインタビューした女性たちは、一種の反感、そして距離感を持って冷静に眺めていた。冬ソナで自らの日常ががらっと変わったという女性は、次のように述べている。

知らなかったものを知ったというか。でも、去年（二〇〇三年）はそうでもなかったが、いまはマスコミは主婦のことを茶化している。でも、私たちの感性にあったドラマが日本になくて、韓国にあった。それで久々に熱中するものができて、生活が一変した。（四〇代、女性）

確かに、視聴者が感じているドラマへの魅力は、ロマンティックなストーリー展開や、ペ・ヨンジュンに対するあこがれといった、異性愛ロマンス的要素の強いものである。しかし、ドラマの中での家族関係を自らの日常と比べる態度や、ドラマの向こうに見える異文化への関心といったものは、オリジナルな文脈においては「意図せぬ」反応であるといえるし、日本のオーディエンスがドラマを「ローカル」化させていくダイナミックな過程であると受け止めることができる。

すなわち、女性たちは『冬のソナタ』というトランスナショナルなテクストを通じて、本来の文脈とは離れたやり方でテクストを読み、意味の再構築を行っている。それは時には、韓国という文脈への「まなざし」や、自身の日常生活への「まなざし」を大きく変化させるような契機となるのである。その二種類の「まなざし」の変化を端的に示すものが、『冬のソナタ』のロケ地めぐりであるとはいえないだろうか。

4 『冬のソナタ』ロケ地めぐりの力学

絶大なドラマ人気を反映し、日韓の旅行会社では、『冬のソナタ』関連のツアー商品が大人気となっており、大手旅行会社が主催する日本発着のツアーから、いわゆるシティツアー旅行社と呼ばれる現地旅行会社が主催する現地ツアーまで、たくさんの『冬のソナタ』ロケ地めぐりツアーがある。

また、個人旅行でロケ地を訪れる女性たちも多い。韓国観光公社では、二〇〇三年九月に韓流マーケティング推進企画チームを発足させ、韓流という文化現象を加工し、観光、ショッピング、ファッション等の関連産業分野での利潤創出を狙っている。その主なターゲットは日本と中国語圏とされている。[27]韓国観光公社の日本語サイトや、主なロケ地のある江原道《カンウォンド》観光事務所の日本語サイト[28]では、そのロケ地の紹介とともに旅行コースが紹介されている。

前述のように、これまでも、韓国観光の主なターゲットは女性であった。韓国観光に限らず海外を訪れる日本女性観光客は、一九九〇年代に入り、増加の一途をたどるが、これはひとえに女性の社会進出の結果であるとか、機械化による家事労働の激減であるとかの肯定的側面だけでは論じきれない。否定的側面として、労働市場や職場でのジェンダー不均衡と、労働と余暇の関係性が挙げられるだろう。

余暇は、女性にとって、時間的にも質的にも、男性とは異質のものである。働く女性を例にとって言うなら、ある報告書[29]によれば、男性より女性の有給休暇取得率は高い。この報告書では、年次休暇取得を促す要因として、「女性」であること、「仕事よりも余暇に生きがいを感じること」などを挙げている。反面、男性の場合、実務時間が長いこと、管理職に就いている者が多いため休暇を取りにくいこと等の阻害要因が挙げられていた。

ボードリヤールは、余暇の本質を「労働時間との差異を提示する強制的なもの」であるとし、「自律的ではなく労働時間の不在によって規定される」と論じている[30]。ジェンダー化された余暇のかたちは、一方で、職場におけるジェンダー不均衡を如実にあらわしてもいるのだ。経済力はあるが、休暇を取りやすい環境におかれた女性たちは、必然的に観光という消費の場でも、資本のターゲットになっていく。また、結婚や出産を理由に仕事をやめていわゆる「専業主婦」やパートタイマーとなっている女性にも、同じようなことがいえるだろう。

しかしながら、フェルスキが指摘するように、このような女性の消費は、「単純に一定のかたちの男性的権威を公のものとするだけでは終わらない[31]」。このような女性の消費文化や欲望は、ときには家父長的な家族構造に対し、「征服的で、潜在的に破壊的な影響力」をもっているのである。

こうした両価性があるにせよ、『冬のソナタ』のオーディエンスが女性たちの観光にいち早く結びついたのは、女性たちが海外に出かけることにすでに慣れていたというのも一つの原因であるといえる。日本と韓国の距離的な近さという地理的条件や、両国の経済不均衡といった側面も見逃してはならないだろう。とにかく、彼女たちは、『冬のソナタ』というトランスナショナルなテクストが契機となって国境を越え、それは彼女たちの日常や、まなざしに変化をもたらしていく。

5 ソウルの再構成／地方の〈発見〉

では、女性たちは、このようなロケ地めぐりでなにを「まなざす」のか。筆者は数度にわたるロケ地へのフィールドワーク（うち三回は現地ツアーに参加）を行い、実際のツアーでどのような会話がなされているのかを観察した。ここでは現地発着の春川ツアーとソウルツアーを紹介する。

二〇〇四年五月、『冬のソナタ』春川《チュンチョン》ツアーに参加した。これは日本人向けの現地ツアーであり、『冬のソナタ』ロケ地のうち、南怡島《ナミソムド》、春川、中島《チュンド》（春川市内）をめぐるツアーである。この時の参加者は二五名であり、男性七名を除いて残り全員が女性であった。女性二名（いずれも二〇代から四〇代）のグループが主であり、家族のグループも見られた。ソウルのプラザホテルに集合し、バスで春川に向かう。ちなみに、プラザホテルはドラマの中で、ペ・ヨンジュンが家がわりに使用していたホテルであり、撮影に使われた一九五二号室は、プラザホテルによって去年の九月から観光商品化されている。

バスの中では『冬のソナタ』のオリジナル・サウンドトラックが流れている。まず、バスは主人公たちが自習時間をサボってデートした場所、南怡島へ向かう。そこには「カフェ・恋歌」があり、『冬のソナタ』のスクリプトや写真、時計等が商品として並んでいる。また、『冬のソナタ』に出演したスター等のサインも飾られている。並木道を歩き、二人が初めてキスをした場所にあるベンチに座り、記念撮影をする。

次は春川である。観光客は主人公たちが高校時代を過ごした春川で、二人がデートの待ち合わせをした場所、ユジンが酔っ払いにからまれた時にチュンサンが彼女を助けた場所、高校の塀（これは主人公たちが遅刻したために飛び越えた場所である）、二人が初めて出会った場所、そして、彼らが放送部の仲間と一緒に合宿に行く時に待ち合わせをした春川駅を見学する。さらに、昼食は春川名物のダッカルビ（鶏肉料理）を食べる。その後、中島に移り、主人公たちがしたように、自転車に乗って島内をめぐるというわけである。

こうした現地発着の『冬のソナタ』ロケ地めぐりツアーに参加したことのある四〇代の女性と、三〇代の女性は、次のように語った。

ペ・ヨンジュンさんの大ファンで、家族を巻き込んでツアーに参加した。日本発着のツアーだと、『ホテリアー』の撮影場所など、ほかの場所が見られない。韓国についてはぜんぜん知らなかったし、食べ物は辛いけど、知らない文化を知っていくのは面白いこと。（四〇代、女性）

ソウルには以前、行ったことがあったが、春川という地方都市についてはぜんぜん知らなかった。たぶん『冬のソナタ』を見ていなかったらソウルはともかく、韓国の地方都市なんて、絶対に一生行かなかっただろう。ドラマを見て、風景がとても印象的だったので、ぜひ行きたいと思った。韓国の

田舎にあんなきれいなところがあるとは知らなかった。(三〇代、女性)

では、観光客は、実際になにを体験するのであろうか。

まず、ツアーのなかで、昼食の際、二名で参加しても、知らない者同士でダッカルビの鍋をつつくことになる。ここでは、観光客同士が自然なかたちでペ・ヨンジュンや、韓国に関する情報交換を行っていた。また、ツアーの中では、「南怡島」の歴史的背景の説明を聞いたり、春川の市場を歩いたりして韓国の文化を少しではあるが直接聞き、体験できたりもする。

こうしたツアーに同行している観光ガイドの話によれば、『冬のソナタ』がきっかけとなって韓国語を学習しているという観光客が、ガイド自身やバスの運転手などに、習いたての韓国語で話しかける場面も見られるという。

オーディエンス(観客)が『冬のソナタ』がきっかけで韓国を「発見」、もしくは「再認識」し、また自らの日常を変えていったとすれば、それがきっかけとなって国境を越えたツーリスト(観光客)たちは春川という韓国の地方都市を、いわば、さらに「発見」するのだといえる。

とはいえ、観光客である女性たちは、春川を明らかに「記号化」して眺めており、一度、メディアを通して見たものを、再度確認する作業を行っているともいえる。しかしながら、観光客のロケ地めぐりは『冬のソナタ』という記号をめぐるフィクションとも言えるが、一方で、彼女らにとっては、直接「体験できる」リアリティでもある。実際、主人公たちが放送部の合宿に出発した春川駅の前には、軍の基地があり、春川の街から春川駅にストレートに行く道を妨げるものとなっているが、ガイドの説明や、バスの車窓から見る、日本では見慣れない軍の装甲車やトラックなどに、関心を示す者も多かった。

いかにも観光客的な発言ではあるが、このような風景を見た女性の次のような言葉は、『冬のソナタ』で作られた韓国男性に対するイメージと、実際に観光を通じて見たリアリティが混ざり合ったものである。

韓国って兵役があるんでしょう？　兵役があるから韓国の男性って、がっちりしててかっこいいのかな。ペ・ヨンジュンもそうでしょう。……兵役は長いってどこかで読んだけど。（二〇代、女性）

韓国には兵役義務があり、その期間は二年二ヶ月である。この発言から伝わってくるのは、南北分断により、北朝鮮との休戦状態が続いているという韓国の現実に対するダイレクトな認識というよりは、『冬のソナタ』という記号を通してこうした現実を認識するという態度である。しかしながら、こうした態度は、今回のインタビューで、『冬のソナタ』のロケ地に行くために韓国を訪れ、それ以来、韓国の時事ニュースに敏感になったという声が多く聞かれていることが示すように、彼女らの関心や認識にまで変化を与えるような性質のものである。

さて、ソウルツアーに話を移そう。発着場所は、やはりプラザホテルである。そこからユジンの家（ドラマの中では春川にあることになっている）、二人が通った春川高校という設定で用いられた中央高校、教会、マルシアン（イ・ミニョンの会社）へ。

　続いてレストラン・宮でのティータイムである。ここは、劇中で、ユジンの恋敵であるチェリンが、「ミニョンとユジンは一緒に働くことになった」ということをサンヒョクに知らせるために使ったレストランである。最後に、現在はレストランとなっている、「ポラリス」（ユジンが働いていた会社）で夕食となる。この時の参加者は六名であり、全員が、二〇代から五〇代までの女性であった。

　ツアーは、平倉洞《ピョンチャンドン》、厚岩洞《ファムドン》、奨忠洞《チャンチュンドン》、清潭洞《チョンダムドン》の順にソウルをめぐる。これらの地域は、高級住宅地や、高級デパート等が集まっている地域でもあるのだが、実際このようなローカルな現実はあまり意識されていないようだ。ここでもやはり、春川の場合と同様にソウルという都市のそれぞれの場所は、ある種の記号として消費される。彼女たちは、『冬のソナタ』というドラマを通じてソウルを経験しており、また、ソウルを再構築しているのである。このツアーに参加した女性は、次のように述べた。


　今までは、「隣はなにをする人ぞ」という感じだったが、ドラマを通して韓国の人々の考え方や生活ぶりの一端に触れられた。（ロケ地訪問後の変化について）実話であったような錯覚すらする。また、韓国に対してははじめて親近感を持つようになった。マルシアンでは、現在の実際の会社の社長さんのご厚意で事務所の中にまで入れていただき感激だった。（五〇代、女性）

　この女性は、一視聴者として韓国に興味を持ち、それがきっかけとなって国境を越え、観光客として韓国を訪問した。アーリは観光のまなざしを、社会的行為や社会的記号のシステムを前提としたものであり、かつ「新しい体験に対する白昼夢と期待感が必然的に内包されている」[32]ものとした。

たしかに、ある意味でアーリの議論は正論であるが、それだけではこの女性の二度にわたるまなざしの「変化」を説明することはできないだろう。彼女がアーリのいう「白昼夢」から自由でないのは認めるとしても、彼女の二度にわたるまなざしの変化の内にある、隣国への偏見や無知に対する自己反省的態度や、彼女が実際に経験した〈『冬のソナタ』な〉ソウルでの出来事は、フィクションでありながら、フィクションではない、ある種のリアリティをもって、彼女に迫ってくる。なぜならそのような経験や感覚は、観光の場で終わってしまうのではなく、彼女の日常にまで影響を及ぼすものだからである。

また、日本発着の『冬のソナタ』ツアーに参加したことがきっかけで自らのホームページを立ち上げた五〇代の女性は、次のように語った。

韓国にも、こんな美男美女がいたの？　こんなお洒落な場所があるの？　こんなきれいな風景があるの？　それまでは正直、何も知らぬまま、「反日感情、貧しい、粗悪品、汚い」というイメージだった。（五〇代、女性）

『冬のソナタ』ツアーに参加した後、彼女は自らのホームページに、ロケ地に関する情報だけではなく、韓国の伝統文化や風習等についての情報も載せており、ドラマの枠にはとどまらず、さまざまな角度から自分や、異文化へとまなざしを向けている。このような態度は、フィクションとしての観光という観点を超えずしては説明できないものである。

おわりに――韓流・観光・ジェンダー

韓国では二〇〇四年を「韓流観光の年」とし、三月には「Korean Wave 2004」と銘打ったイベントが行われた。韓国観光公社のユ・ゴン社長はここで、「韓流を観光に結びつけ、発展させる」ということを明確に述べている。[33]

また、同公社は、二〇〇四年四月、韓国観光をアピールする日本向けのCMに、済州島を舞台としたドラマ『オールイン』の主人公男性であるイ・ビョンホンと、『冬のソナタ』の主人公女性であるチェ・ジウを起用した。韓国観光のコンセプトは、文字どおり、「ドラマティック・コリア」である。韓流はいまや、絶好の観光アイテムとなっている。

日本や韓国で韓流が語られる時、国家主義的で、なおかつ異性愛ロマンス的な表象や語りが目立つ。これらの語りには、日本女性を消費のターゲットとする日韓の資本と、日韓関係の改善において、日本女性を潤滑油としたい国家権力の思惑が結びついた、多分に男性中心主義的な性質が見てとれる。

しかし、実際の調査を通じて浮かび上がってきたのは、こうした国家や資本の言説に回収されない関係性のあり方である。もちろんある意味で、観光旅行は疑似体験であり、またフィクションでもあるといっていい。しかしながら、観（光）客である女性たちへのインタビューと、『冬のソナタ』ロケ地ツアーへのフィールドワークを通して明らかになったのは、そのようなフィクションとしての観光、フィクションとしてのドラマを超えて、自分たちの日常のリアリティを変えていくような態度や、「まなざし」の変化であった。

これはまた、「自分の好きなことや、日常的な趣味」の延長で旅行を楽しむという、一九九〇年代後半から現在までの日本の女性観光客の傾向と一致している。資本が女性をターゲットとし、女性たちの間で消費文化や観光がさかんであるという社会的文脈を考慮したとき、これはひとつのアイロニーでもあり、ひとつの逆説的な可能性であると言えるのではないだろうか。

注

1　「女性が文化を読むこと」に焦点を当てるため、ここではあえて「日本女性」という議論の余地のあるカテゴリーを使用することにした。また、本稿では、韓国大衆文化のもうひとつの主な消費者集団である、在日韓国・朝鮮人女性たちの視聴についてはふれておらず、そうした意味での限界をもつといえる。

2　キーセンとは、もともと韓国の伝統的な歌曲や舞踊をあやつる女性を意味したが、のちに日本人観光客の売春ツアーを意味する言葉となった（Barry, 1995）。

3　Barry (1995) ; Moon (1997)

4　アーリ (1995: 251)

5　高橋 (1974)

6　一九七三年、当時の文教部長官による、「祖国経済の発展に寄与した少女達」に対する賞賛発言は、日韓両国の団体などから強い非難を浴びた。

7 黒田 (1995)
8 『HOT CHILI PAPER』(二〇〇〇年一月創刊)『コリアン・ポップスター』(二〇〇一年一月創刊)など。
9 『キネマ旬報』二〇〇四年六月上旬号。
10 平田 (2004)
11 マルヴィ (1998)
12 Bobo (1988)
13 アーリ (1995); マッキー (2003: 81-82)
14 リード (1993)
15 Ghose (1998)
16 『エイビーロード』二〇〇三年二月号
17 『るるぶ』一九八七年二月号、一九八八年九月号他
18 二〇〇三年一月~六月までの間に、韓国を訪問したことのある日本女性一五名と男性六名に対し、韓国のイメージや訪問目的、韓国での行動についてのインタビューを行った。
19 平田 (2004)
20 岩渕 (2001: 293-294)
21 ネットワークとシチズン(市民)の合成語であり、インターネット市民を意味する。
22 http://www.kbs.co.kr/drama/winter/
23 パク・ジュンギュ (2003)
24 岩渕 (2001)
25 リー・ドンフー (2003)
26 岩渕 (2001: 251)
27 『チョンサチョロン』二〇〇三年九月二四日号
28 http://jp.gangwon.to/
29 「年次有給休暇取得に関するアンケート調査」日本労働機構(二〇〇二年六月実施)。
30 ボードリヤール (1995)
31 Felski (1995)
32 アーリ (1995: 24)

33　『チョンサチョロン』二〇〇四年三月一七日号

参考文献（★は韓国語文献）

アーリ、ジョン（1995）『観光のまなざし——現代社会におけるレジャーと旅行』加太宏邦訳、法政大学出版局

岩渕功一（2001）『トランスナショナル・ジャパン——アジアをつなぐポピュラー文化』岩波書店

★韓国観光公社『チョンサチョロン』二〇〇三年九月二四日号、二〇〇四年三月一七日号

黒田福美（1995）『ソウル マイハート』講談社文庫

高橋喜久江（1974）「妓生観光を告発する——その実態を見て」『世界』一九七四年五月号、岩波書店

★パク・ジュンギュ（2003）「TVドラマ『冬のソナタ』とディアスポラアイデンティティ」『韓国文化人類学』36-1, pp.219-245

★平田由紀江(2004)「日本女性たちの韓国観光」『2004　女性文化テーマ観光コース開発専門家ワークショップ　報告書』pp.39-56

マッキー、ヴェラ（2003）『グローバル化とジェンダー表象』御茶の水書房

ボードリヤール、ジャン（1995）『消費社会の神話と構造』今村仁司・塚原史訳、紀伊国屋書店

マルヴィ、ローラ（1998）「視覚的快楽と物語映画」斉藤綾子訳、岩本憲児・武田潔・斎藤綾子編『「新」映画理論集成1』フィルムアート社、一二六—一四一頁

リー・ドンフー（2003）「日本のテレビドラマとの文化的接触——受容の様式と語りの透明性」岩渕功一編『グローバル・プリズム——〈アジアン・ドリーム〉としての日本のテレビドラマ』平凡社、二五四—二八五頁

リード、エリック（1993）『旅の思想史——ギルガメシュ叙事詩から世界観光旅行へ』伊藤誓訳、法政大学出版局

Barry, Kathleen (1995) *Prostitution of Sexuality*, New York: New York University Press.

Bobo, Jacqueline (1988) "The Color Purple: Black Women as Cultural Readers", in E. Pribram(ed.) *Female Spectators*, London: Verso.

Felski, Rita (1995) *The Gender of Modernity*, Massachusetts: Harvard University Press.

Ghose, Indira (1998) *Women Travellers in Colonial India: The Power of the Female Gaze*, New York: Oxford University Press.

Moon, Katharine H.S. (1997) *Sex Among Allies*, New York: Columbia University Press.

3

新聞に見る「ヨン様」浸透現象

――呼称の定着と「オバファン」という存在

李　智旻

この半年の間に巻き起こった『冬ソナ』ブームだが、このブームの理由のひとつが、その主演男優であるペ・ヨンジュン（三一歳）の人気にあることは疑いようもないだろう。このことは、二〇〇四年二月一四付朝日新聞に「冬ソナファンの八割はペ・ヨンジュンファン」[1]とあり、また電通による二〇〇四年上半期ヒット商品ランキング[2]の第四位が『冬のソナタ』ではなく「ペ・ヨンジュン」であることからも見てとることができる。

現在、ペ・ヨンジュンは、大正製薬「オロナミンC」、ソニー「ハンディカム」、ロッテ「フラボノガム」、ロッテ「マカダミアチョコレート」、ダイハツ「ミラ」、au「グローバルパスポート」と、六つものCMに出演しており、その人気ぶりのほどを伺える。[3]

このように人気絶頂の彼を、今、どのメディアでも、「ペ・ヨンジュン」とフルネームで呼ぶことはなく、「ヨン様」と「~様」付けで呼んでいる。現在は誰も「ヨン様」という呼称に違和感を覚えることがないほどにまでなった。このことは何を意味しているのだろうか。このような状況は、どのようにして生まれ、浸透したのだろうか。

本稿では、この『冬ソナ』の主演俳優である「ペ・ヨンジュン」を中心に、現在彼を取り巻く、これまでの韓国やアジアの俳優とは違ったメディア、とりわけ新聞における語られ方、特にその「ヨン様」という呼称に焦点を当てて、その推移をみていきたい。また、この「冬ソナブーム」を「ヨン様ブーム」としたファン層――その多くが中高年の女性とされる――ついても、消費行動やその動機の側面から考察し、彼女たちによって「ヨン様」をはじめ「韓国」までもが、どのように想像=創造されていくのかを見ていくこととする。

「サマ男の系譜」

ペ・ヨンジュンを「ヨン様」と呼ぶことは今では当たり前となってしまっている。しかし、メディアにおいて「~様」をつけるのはそれほど一般的な現象ではない。これまでこのようにメディアにおいて「~様」という敬称をつけられるのはどのような人だったのか。最初にこの呼称のもつ独特の意味について考察したい。

一般的に接尾辞としての「〜様」は、辞書の定義によれば「人を表す語（名詞・代名詞）または人名・役職名・団体名などに付いて、尊敬の意を表す」敬称として用いられるとされる。

その意味をそのまま用いられているかはともかくとして、まず、この敬称がつけられる代表的なものとしては、皇室関連の人物が挙げられる。「浩宮様」「雅子様」「愛子様」などがそれである。その他、一般的に広がったものとして、日本人では、少し古いが杉良太郎の「杉さま」、外国人では、記憶に新しいものとして現レアル・マドリード所属のサッカー選手デイヴィッド・ベッカムの「ベッカム様」を思いだすことができる。

しかし、この敬称が上記人物全てに対する「尊敬の意」だけによってつけられたものではないのは明らかである。また、これらを同一線上で語ることはできず、特に、皇室関連の人物につけられる「様」と後者の「杉さま」などの「様」とは、明らかに一線を画している。前者は、現在日本が天皇制という特殊な環境下にあるため、敬称としてメディアにて用いられていると言えるが、後者は、ある種の批判的要素を孕むものであることは容易に推測できる。それは、彼本人に対するものではなく、その背後にあるファンや彼を取り巻く環境に対する、ある種蔑称にも似たアイロニカルな呼称としてとらえることが出来るからである。無論、このような側面は、メディアでの語りとその読み取る過程における側面から見たものであり、ファン主体によるものではない。

この「〜様」と敬称を、その対象につける傾向があるとされているファン層は、「オバサマ」とメディアによって揶揄される中高年女性ファンであることは一般的に知られている。しかし、だからといって誰にでもつけられるわけでもないという。小泉現首相の絶頂期でも、本人が冗談めかして期待したにもかかわらず「純さま」とは呼ばれなかった。では、彼女たちは、このような「～様」を、どのような基準で、また、どんな人達につけてきたのか。

週刊『アエラ』二〇〇四年八月一六―二三日号では、このように「～様」をつけられた男性俳優を「サマ男」とし、「ちょいワルより「サマ男」に夢中」という題名で、これまでの「サマ男」について特集している。[4]

この記事によれば、「サマ男」の初代は、戦後歌舞伎界で「海老様」と呼ばれた、一一代目市川團十郎であり、その後は、前述、杉良太郎の「杉さま」、現在では一一代目市川海老蔵の「海老さま」と主に歌舞伎界の役者に続いたとされている。その他には、元首相の橋本龍太郎の「龍さま」があるが、これらをみると、「～様」づけは新宿コマ劇場付近や自民党支持者などの一部ファンの間で流通していたことが分かる。

また日本人以外では、一九五〇年代の映画俳優ジェラール・フィリップ、香港の俳優レスリー・チャン、前述のベッカム様、そして俳優ではないが、最近では朝日新聞編集委員の加藤千洋の「チー様」、姜尚中教授の「姜様」などがあるとしている。

しかし、ここで「杉さま」、「ベッカム様」以外などの例外を除き、ファン以外の人が日常的に用いる「呼称」ではなく、一部「限定」ファンの間で使われている「愛称」止まりであるといえる。「ヨン様」という呼称にしても、ごく最近までは、女性週刊誌など一部ファン限定の愛称であった。

ここで筆者が注目したいのは、どのようなプロセスによって、この「ヨン様」と言う愛称が表面化され、それがいつ頃からメディアによって「一般化」されたのか、ということである。今日では、多くのメディアにおいてペ・ヨンジュンは「ヨン様」と呼ばれ、日常的に使われている。この「ヨン様」という呼称が、その背後にある種の批判的要素を孕んでいるにせよ、この呼称が敬称である以上、ここまで一般化して使用されているということは注目すべきであり、またその対象が、これまでとは違って、東洋人であり、且つ韓国人であるという特異性に着目したい。まずはメディア上での推移について詳細に見ていきたいと思う。

あの人は誰？

韓国人俳優ペ・ヨンジュンを、現在の「ヨン様」たるものとしたドラマ『冬のソナタ』。二〇〇四年八月二一日に放送された最終話の視聴率は大台の二〇％を越え、その人気ぶりはいわずとも知れたものとなった。しかし、この人気もその初回の放送から確約されていたわけではない。ここでは、その過程を検証するためにも、これまでの日韓の文化シーンにおける主な出来事を辿ってみよう。

一九四五年八月一五日の終戦から二〇年後、日本と韓国は日韓基本条約調印によって国交が正常化される。しかし、それから三〇年以上、両国間の公的な文化交流は行われず、日本のアニメ・マンガなど非公的に流入、海賊版などによって消費されていた。

その後、一九九八年一〇月、韓国が日本大衆文化の段階的開放案を表明、日韓共同宣言が出され、両国の文化交流が始まった。しかし、交流という名の下、実際には日本文化が韓国へ流入するという一方通行の構図は殆ど何も変わっていなかった。

二〇〇〇年一月になって、日本で映画『シュリ』が韓国映画としては、初めてヒットし、二〇〇一年にはユンソナがタレントとして日本でデビュー、少しずつではあるが「韓国」という国の存在に対しての認識が広まっていった。

そして二〇〇二年の日韓共同開催ワールドカップを境に、「日本」は初めて「韓国」を本格的に「視る」こととなる。同年、日韓共同で制作したドラマ『フレンズ』が二夜連続で放映され、平均視聴率が一四・七%[5]とまずまずの結果を残した。また同年末にはグループSMAPのメンバー草彅剛が「チョンマルブック」という韓国語会話の本を出版、売上げが二五万部[6]を突破、この年はまさに日本が韓国を知る年となったのである。

翌年の二〇〇三年四月からNHKのBS2でドラマ『冬のソナタ』が開始する。日本における韓国文化消費という側面からみると、二〇〇〇年の『シュリ』以降、幾つかの韓国映画が日本で放映されたものの大きな成功は継続しておらず[7]、韓国文化は「一発屋」的な雰囲気を醸し出していたとも感じられた。しかし、『冬のソナタ』放映開始直後から、事態は少しずつ変化していくこととなる。ドラマ『冬のソナタ』は秋には第一回の放送が終了するが、「好評」のため同年一二月から再放送が決定。ついに二〇〇四年四月からはNHK総合で韓国ドラマとしては初の地上波放送が始まり、一気に「韓流」ブームが到来、「冬ソナブーム」から「ヨン様ブーム」へと様相を変えていくのである。

まずは、「ペ・ヨンジュン」が初来日した二〇〇四年四月四日まで、一部地方紙を含め全国紙及びスポーツ紙記事を対象として、記述がどのように行われ、ブームがどのように表面化されてきたのか、その推移を詳細にみてみよう。

前述のとおり、『冬ソナ』が初放映された二〇〇三年の四月であるが、この頃、「ペ・ヨンジュン」の名は殆どメディアに登場することはない。おそらく、水面下で少しずつファンが増えてきていたのだろうが、そのファンについてメディアで大きく取上げられることはなかった。

全国紙とスポーツ紙で、[8] 初めてその主演男優「ペ・ヨンジュン」の名前を目にするのは、放送二ヵ月後の六月四日付毎日新聞（以下毎日）朝刊であった。見出しは「「市場が広くなった」ペ・ヨンジュン――NHK衛星（二）・『冬のソナタ』」とあり、掲載記事は単なる『冬ソナ』の番組紹介である。特にペ・ヨンジュンに対する言及はない。

六月二一日付の読売新聞（以下読売）では、「みんなの質問箱」というコーナーで、「『冬のソナタ』に出演中のペ・ヨンジュンさんについて教えてください。」という読者からの質問が投稿され、それに対し、写真と簡略なプロフィールが掲載されている。これも紹介記事の枠をでない。

報道が変わるひとつの転機となるのは、その五日後である、六月二六日付毎日には、「〔編集部から〕特集ワイド」で『冬のソナタ』についての特集欄が組まれ、「日本の女性のハートを見事につかんでしまった。「ぜひ毎週放送を」とメールを局に送るファンも」という記事が掲載され、新聞としては初めて『冬ソナ』ファンの存在を表面化させた。しかし、ここではあくまで取上げられているのは、『冬のソナタ』のストーリ性や風景などであり、ファンは、「ペ・ヨンジュン」ファンでなく、『冬ソナ』ファンとして扱われている。

だが、七月八日付読売[9]は、その記述が一歩進められ、主演男優であるペ・ヨンジュンに対する関心の高まりを示している。そこでは、「ハマった！　韓国の純愛ドラマ「冬のソナタ」」、NHK衛星第二で人気爆発」では、「「主演男優が素晴らしい」といった電子メールや電話が殺到した。六月末までに寄せられたメールは約三千件」という報道がなされ、初めて「主演男優」というキーワードが登場することとなる。また同記事では、「ファン層は一〇代から六〇代まで幅広く」と、そのファン層についても言及しており、ファン層についても少しずつその輪郭が浮かび上がってくる。

さらに、九月九日付朝日新聞（以下朝日）[10]「はてなTV」欄では、「『冬のソナタ』の彼は？」という投稿に対し、「ペ・ヨンジュンさんは……品のある柔らかい笑顔と眼鏡がトレードマーク」と紹介され、前述六月二一日付読売とは違って、単なるプロフィールだけではなく、後に「ヨン様」を表象する「ヨン様スマイル」「眼鏡」といった記号のソースが、初めて紙面に現れるようになる。

年末が近づくにつれ、韓国ドラマに対する人気の高まりとともに、ペ・ヨンジュンに対する熱狂的なファンの存在がメディアで語られるようになってくる。

一一月一一日付毎日新聞[11]記事は「［鳥瞰憂歓］韓国ドラマなぜ受ける　分かりやすいシンデレラ物語」と題した記事で「熱狂的に支持しているのは三〇～五〇代の女性たちで～」と伝え、ファン層の年代別比率の分析を行っている。また、一二月一日付日本経済新聞（以下日経）は、「韓国のテレビドラマ『冬のソナタ』のロケ地巡りツアーに日本人女性ら」という記事を掲載し、「約九百人が参加、三十日はソウルのホテルで主演俳優のペ・ヨンジュンさんと対面し熱狂的な歓声を上げた」と伝えた。このロケ地ツアーに関しては一二月一一日付東京新聞でも「韓国ロケ地ツアーへ日本人九〇〇人　やまぬ人気『冬のソナタ』　主人公　ペ・ヨンジュンと感動の対面　握手『涙こぼれそう』」（傍点筆者）という記事を掲載、その熱狂ぶりを描いている。

このように、この頃からメディアは「熱狂的」ファンの存在をひとつの現象として取上げ始めたといえるだろう。

これまでみてきた各紙は全て、一部地方紙を含む一般紙だった。この当時のスポーツ紙もみておこう。一二月一四日付スポーツ報知新聞（以下報知）「テレビ〔チャンネルX〕冬のソナタ」コーナーに「韓国の二枚目スター　ペ・ヨンジュン」という記事を掲載、スポーツ紙としては初めて「ペ・ヨンジュン」という名前があらわれる。その後、同紙は、二〇〇四年一月九日付記事で「ペ・ヨンジュンが初来日へ」、同年二月六日付記事で「NHKが韓国ドラマ『冬のソナタ』を四月三日から放送」と、ペ・ヨンジュンの初来日及び『冬ソナ』地上波放送に関する記事を掲載している。

その後の二〇〇四年二月一四日付朝日[12]では、「熱いファン層の中心は四〇、五〇代女性。冬ソナファンの八割はペ・ヨンジュンファンといわれる」と指摘、同月二四日読売[13]の六二歳の主婦の投稿「『冬のソナタ』のとりこになって」という記事中に、「ペ・ヨンジュン大好き仲間と交信を楽しんでいる」とあり、そのファン層の像が具体的に紹介されている。

さらに産経新聞（以下産経）の「ネット検索キーワード男性有名人ランキング」では、ペ・ヨンジュンが、二〇〇四年二月一〇日付に第三位、三月九日付に第一位、同一六日には第二位を記録したことを伝えており、その注目度が高まってきたことを断片的ではあるが確認することができる。

「ヨン様」という呼称が生じるのもこの頃である。三月三一日付毎日に投稿記事「〈女の気持ち〉私、恋してます」の中に「ヨン様づけの日々」という句があるが、筆者が調べる限り、これが一般紙としては初めての「ヨン様」という愛称の出現であった。その他類似の紹介としては、二月一四付朝日新聞記事が「冬ソナファンの八割はペ・ヨンジュンファンといわれる」と指摘したのに続いて、同一九日付毎日記事中[14]には「ヨンフルエンザ症候群」という表現があらわれている。

この「ヨンフルエンザ症候群」という表現であるが、後に読売新聞が七月に定義したところによれば、『「ヨン様」と「インフルエンザ」の混交で、このドラマを見て「ヨン様」に熱を上げ、もう他のことは考えられなくなり、「ヨン様」を知る以前の自分に戻れなくなる病[15]』であるとされているが、この時にはまだ「ヨン様」という紹介はされていない。

ここまで「ペ・ヨンジュン」来日前までの各紙の関連記事を見てきたが、ここから次の四点をまとめることができるだろう。

まず、一つ目は、二〇〇三年六月二六日付毎日での「冬ソナファン」存在が初めて示唆され、その後一一月一一日付毎日及び一二月一日付日経記事で「熱狂的ファン」が出現し、そして最後に二〇〇四年二月一九日付毎日記事中での「ヨンフルエンザ症候群」にいたるにつれて、『冬ソナ』ファンがメディアにおいて表面化してきた、ということである。

第二点。ファンの関心の対象が、ドラマ『冬のソナタ』から、主演俳優「ペ・ヨンジュン」へとシフトするにつれて、『冬のソナタ』ファン＝「ペ・ヨンジュン」ファン≒中年女性、という構図が紙面を通じてできあがっていった。当初は、この関係はそれほど固定的なものではなかった。

三点目。後で見るように来日後の四月四日には毎日新聞・スポーツ報知・日刊スポーツ・スポーツニッポン、五日には朝日新聞を含め各紙で、その「騒ぎ／事件」をこぞって発表したのに対し、それ以前には来日関連記事が、二〇〇五年一月一〇日付スポーツ報知記事「ペ・ヨンジュンが初来日へ」以外見当たらなかった。このことは、このブームがメディア、とりわけ新聞では二〇〇四年四月の来日までそれほど強く認識されていなかったことを示している。

最後に、来日以前「ヨン様」という愛称が最初で最後に現れたのが、前述した二〇〇四年三月三一日付毎日の記事中であるが、この記事から読み取ることができるのは、この「ヨン様」という愛称が、新聞紙面上に登場する以前から、既にファンの間で使用されていたということである。つまり、この『冬ソナ』ブームが、愛称も含めて、けっしてメディア先行型ではなく、ファン先行型だったということを示している。

ところで、現在ネット上の『冬ソナ』関連のスレッドを覗くと、「各メディアは、来年二〇〇五年の「日韓友好四〇周年」に向けた一大イベントを計画しており、その「プレ・キャンペーン」として電通が主導したのが「冬ソナブーム」という情報がしばしば流れているが、新聞報道における流行のプロセスを見る限りは、それほど信憑性のあるネタではないようだ。

「ぺさん」から、ヨン様へ

ペ・ヨンジュン来日を契機に、「ヨン様」という呼び名は、限定された一部ファン内での「愛称」から、一般的な「呼称」として使われるようになった。この推移を見てみよう。

来日まで、ペ・ヨンジュン来日に関する記事がほとんど見られなかったことは、これまでみてきたとおりである。しかし、二〇〇四年四月四日の初来日を契機として事態は一変する。ペ・ヨンジュンが到着した羽田空港に、なんと五〇〇〇人ものファンが「殺到[16]」したのである。

これは、二〇〇三年六月一九日「ベッカム様」来日時の約五倍である。その中には「何とか〈生モノ〉が見えたので、苦労が報われました。午後五時の便で帰ります」と笑顔を見せていた[17]」「午前の便で北九州市から駆けつけた」という公務員の女性（四七歳）のようなファンもいたという。

この前代未聞の騒ぎに、それまでほとんど『冬ソナ』関連の報道をしていなかったスポーツ紙をはじめとする各紙はその扱いを一変した。ペ・ヨンジュンに関する記事が、こぞって紙面を賑わすようになるのである。スポーツ報知にいたっては、四月の一ヶ月間の間に一四回もペ・ヨンジュンに関連する記事を掲載した。

来日の翌日には「ヨン様」の呼称が新聞記事に登場することになる、四月四日付スポーツ報知「ペ・ヨンジュンが初来日、NHK『冬のソナタ』ファン五〇〇〇人が殺到[18]」、そして同日の日刊スポーツ「『冬のソナタ』ペ・ヨンジュン来日、主婦ら五〇〇〇人殺到[19]」という記事中には、「〈ヨン様〉をひと目見ようと、三〇～四〇代の女性を中心に約五〇〇〇人のファンが殺到～」「『ヨン様」などと絶叫～」というようにカッコつきで、引用として使われている。記事中での呼称は、フルネームを使っての「ペ・ヨンジュン（さん）が～」か、或いは苗字をとって「ペは～、ペ氏は～、ペさんは～」などが使用されていた。

では、フルネームは別として、どのように「ペさん」という呼称がいつ頃から記事中からその姿を消し、それが「ヨン様」となり、そしてこの引用を意味する「　」が除かれていくのだろうか。

まず、記事本文のみに絞り、ペ・ヨンジュン関連記事の中で、「ヨン様」[20]という愛称を使用した記事は幾つあるのかを大まかに整理したのが、次の表1である。なお、対象とした新聞は、一般紙で、朝日、読売、毎日、日経、産経、そしてスポーツ紙では、報知、日刊、ニッポンであり、その期間は、来日の二〇〇四年四月から『冬ソナ』放映終了の八月までとした。

表1　〈ペ・ヨンジュン関連記事中「ヨン様」使用頻度〉

期間	関連記事数	「ヨン様」使用数	比率（%）[21]
4月	40	21	52・5
5月	14	11	78・6
6月	40	33	82・5
7月	27	22	81・5
8月	16	13	81・3

この表の通り、五月から記事中に「ヨン様」という愛称の使用頻度が大幅に増えたことがわかる。その詳細を追っていくと、各紙とも四月から五月初旬にかけては、「ぺは〜、ぺさんは〜」などと、苗字を使用するケースが多かったが、五月一一日付日刊記事[22]以降は、ほとんどみることが出来なくなり、代わりに「ヨン様」を使用、〈表1〉の通り、その頻度が増していった。

また同時に、これまでカッコつきの「ヨン様」も、そのカッコが除かれていくのだが、月別のその比率は次の〈表2〉をみるとわかる。

表2 〈「ヨン様」使用記事中、カッコ省略頻度〉

期間	「ヨン様」登場数	カッコ省略数	比率（%）
4月	21	8	38・1
5月	11	7	63・6
6月	33	27	81・8
7月	22	19	86・3
8月	13	12	92・3

四月三八・一%、五月六三・六%から六月八一・八%と、六月になってからは、ほぼカッコが省かれ使用されるようになった。このような現象は、スポーツ紙では、四月七日付報知記事[23]、一般紙では、五

月一五日付朝日記事[24]がその始まりであり、この朝日記事発刊日前後の期間を境目として、全体的に変化していったのである。

この二つの呼称の変化が表しているのは、これまで引用として語られた一部「限定」されたファン内での「愛称」が、メディアの先導によるものではない、むしろ読者の「下」からの力学によって、「一般的」な「呼称」へと移行し、「定着」した表れだといえよう。

最後に付加したいのは、ぺ・ヨンジュン関連記事の記事タイトル（見出し）における、呼称「ヨン様」の使用である。その使用頻度は次を見るとわかる。

表3 〈ぺ・ヨンジュン関連記事タイトルにおける「ヨン様」使用頻度〉

期間	関連記事数	「ヨン様」使用数	比率（%）
4月	40	11	27・5
5月	14	5	35・7
6月	40	13	32・5
7月	27	14	51・9
8月	16	9	56・3

まず初めに登場するのが、四月五日付スポーツニッポン（以下スポニチ）記事「えっソンナ〜ヘヨン

様〉に恋人！　渋谷で二〇〇〇人〈悲鳴〉——ファンの集い」である。その後、四月六日日刊記事「初来日のヨン様、混乱のあまり見送り自粛コメント」、四月八、九日スポニチ、四月十九日日刊、そして一般紙としては、四月一九日の日本経済新聞記事「「ヨン様」日本列島揺らす」と、初めて登場することとなる。

また五月三日付毎日の「〔日本のスイッチ〕あなたに問いたいことがある」というコーナーのアンケート調査結果によると、「ヨン様」の顔が思い浮かぶ人が六七％にものぼった。大衆の「認知度」を、記事の見出しとして使用する前提のひとつとなりうるものと考えるとき、既にこの「ヨン様」という愛称が、一般的に「呼称」として認知されたものであることを、ここでも再確認できる。

これまで、ペ・ヨンジュン来日前後に分け、新聞における呼称の定着過程を見てきた。そして「ヨン様」ブームは決してメディア先行型ではなく、その呼称さえもファンから「引用」、一般化されていった傾向が強い。このような特徴的な構図が、来日から五ヶ月もたった今でもブームが冷めないどころか、ますます浸透している一つの要因であるようにも感じられる。

次章では、「ヨン様」を現在のヨン様たる所以とした彼のファン層について、各紙記事を通して、簡単にみていく。また彼女らによってつくられていく「ヨン様」の表象、そしてそこを通して新しく形成されつつある「韓国」の表象についても考察してみたい。

オバファン、そして「コリアンドリーム」ヨン様

現在の「ヨン様」をつくったファンに関しては、前節でも少し言及したが、ここではもう少し詳細にみていきたい。まず、各紙でファンがどのように記述されてきたのかをまとめたのが次の表である。

表4 〈各紙における冬ソナ及びペ・ヨンジュンファン〉

掲載年月日	新聞	ファン関連記述
03／06／26	毎日	日本の女性のハートを見事につかんでしまった。
03／07／08	読売	ファン層は十代から六十代まで幅広く、親子で見たり、
03／11／11	毎日	熱狂的に支持しているのは三〇~五〇代の女性たちで、八六%が女性。年齢別では、二〇代八%、三〇代二一%、四〇代二五%、五〇代三一%、六〇代一三%、七〇歳以上二%と、三〇~五〇代の女性がブームの中心
03／12／14	報知	視聴者層は女性を中心に、八歳から九〇歳までと幅広い。
04／01／28	読売	参加者の平均年齢は四〇歳、白髪のお年寄りの姿も見える。
04／02／14	朝日	厚いファン層の中心は四〇、五〇代女性。冬ソナファンの八割はペ・ヨンジュンファンと言われる。
04／02／19	毎日	女性週刊誌の表紙まで飾る。ファンは三〇代以降、中高年の女性に多い。今年

		の冬は、インフルエンザならぬ〈ヨンフルエンザ症候群〉にかかり、
04/04/04	報知	三〇～四〇代の女性を中心に約五〇〇〇人のファンが殺到。
04/04/04	日刊	三〇～四〇代の女性ファンを中心に約五〇〇〇人が集結。
04/04/05	朝日	ファンのほとんどは二〇～五〇代の女性。
04/04/05	報知	場内は三〇代以上の女性を中心に超満員。
04/04/05	日刊	三〇、四〇代の女性を中心に超満員の客席
04/04/08	日刊	ぺのファンとみられる二〇～五〇代女性が続々と来店。
04/04/09	ニッポン	四〇代の女性は「せっかく来たのに…」と唇をかんでいた。
04/04/09	日刊	ファン層は一〇～八〇代の女性と幅広いが…四〇代主婦は「会えないと分かっていても…五〇代女性会社員は～＊
04/04/15	毎日	そのほとんどは四〇代以上の主婦層。
04/05/03	報知	冬ソナ効果で、オバサマファンの殺到が予想されるが、
04/06/02	報知	ヨン様目当ての女性が九割以上。グループだったり個人だったりさまざまだったが、総じて年齢は高めだった
04/06/14	日刊	二〇代から五〇代までの女性ファン。三〇～四〇代を中心に、二〇代の女性まで幅広い
04/06/17	日刊	ヨン様の来日時と同様、三〇～四〇代女性が中心

04／06／22　ニッポン　ナイター延長何よ！おば様寝ないで「ヨン様～」
04／06／26　日刊　ヨン様も真っ青、上沼の新曲イベントに「オバファン」七〇〇〇人殺到

これを見ると、一番幅広いのが八歳～九〇歳である。しかし、これは最大幅で、一般化するのは少々無理かもしれない。全てに該当する特徴的なファンの世代は、三〇～五〇代ではないだろうか。

年齢層とともに、ファンは、おば様、オバサマファンとも記述される。ついには六月二九日付日刊記事には「オバファン」という造語までも表れることとなる。

さらにいえば、「ヨン様」の「～様」付けが「杉さま」などに象徴的に見られるように、いわゆる「オバサマ文化」からのものだったため、前述した「『冬のソナタ』ファン＝「ペ・ヨンジュン」ファン＝中年女性」という構図が、より鮮明に浮き上がってくる。

このブームは単にファンによる熱狂として語られるのではなく、ひとつの消費行動、そして経済効果として語られるのも特徴的である。このことは、視聴者やファンの多くが、しばしば旺盛な消費者として位置づけられる中高年の女性であるということとはっきりとリンクしている。

たとえば、現在『冬のソナタ』による日本での経済効果は五〇億とも一〇〇億ともいわれている。また韓国でもブームの逆上陸とともに、四割もの観光客増が見込まれ、さらにはヨン様グッズの総売り上げは約二〇〇〇億ウォン（二〇〇億円）にもいたると推定されている。[25]

ヨン様来日の時には、五〇〇〇人ものファンが殺到し、渋谷公会堂での「ファンの集い」には二〇〇

〇人の枠に対し六万通もの応募があり、「韓流特別展」にヨン様の等身大パネルが展示されたときには、「感極まりパネルに口づけする続出、スタッフは口紅のふき取りに追われた」[26]ほどだったという。そして驚くべきは、一台三九五万〜四六五万円（税別）もするフォード「エクスプローラー」が六〜七月で合計約二九〇台を販売、ほとんどの顧客が「ヨン様と同じ白色の車」と指名して買ったという事実である。[27]

しかし、経済的な側面だけに還元すると問題の本質を見失うことになる。こうした消費行動は、経済的行動であるが圧倒的に文化的消費行動でもあるのだ。文化の消費者という観点から考えると、ここで主体となっている三〇代から五〇代の女性たちは、若者たちに比べてこれまでそれほど大きくクローズアップされてきたわけではない。文化の消費において常にその周縁に留まって／留まらされていた彼女たちに、これほどまで積極的消費を促したものは何なのか。次は、記事内容を分析することを通じて、その原因の一側面をみていきたい。

共有される過去

なぜ女性たちは、これほどまでに『冬ソナ』とペ・ヨンジュンに魅かれるのだろうか。

ファンたちが「魅かれた」理由のキーワードを、投稿された記事などから列挙してみよう。

「透明感のある笑顔」「癒される」「誠実」「清潔」「優しい」「純粋」「紳士」「まじめ」「ひた向き」「礼

儀正しい」「ロマンチック」「男らしい」「美しい言葉」「家族を大切にする」「目上の人を敬う」「きれいな風景」「プラトニックラブ」「ゆったりとした展開が昔の時間の流れ方と同じ」「日本で薄れかけている古きよき価値観」「どこか懐かしい」……[28]

こうした言葉とともに、記事中これらに必ずと言っていいほど登場するのが「日本にはもうない、昔の日本」という、過去への、ノスタルジックなベクトルである。「古きよき時代」という、虚偽の過去の共有経験への移行において、解体とともに、ある種の「濾過《フィルタリング》」が行われる。そこでは、レトリック—記号から、都合の良いものだけが、また都合の良い過去の経験やイメージと結びついたり、残されたり、それ自体をつくり変えたり、何かを付加したりするのである。この過程を通じて、想像的なものから象徴的なものへ、そして、そこからまた現実的なものへの結集がなされる。その一方で、ここで濾過された、不都合な、現実的なものは、周辺としてぼやけ、ついには忘却されるのである。

ブラック・フェミニズムの代表的な論客であり、アーティストでもあるベル・フックスは、ノスタルジアと記憶の忘却、そして過去の共有の関係について議論しているが、このように「かつてあったかたちで求めるという行為[29]」としてなされるノスタルジアへの志向は、常にこれら記号によって想像＝創造され、いくども書き換え／上書き保存されていくのである。

前述したとおり、「ヨン様」や『冬ソナ』ファン層は、これまでに類を見ないほど、年代が幅広い。狭くは三〇～五〇代、広くは二〇～八〇代と、最大で三世代をも含んでいる。彼女たちは、決して、同じ「古き良き時代」、つまりは同じ過去を経験しているわけではない。しかし、それにもかかわらず、同色の「過去」を「ヨン様」や『冬ソナ』によって共有することになる。それは、個々人によって、都合よく＝強制的につくられ、常に書き換えが可能な、未経験の「共通の過去」とでもいえるのではないか。

この装置の内側に、先に抽出した漠然とした記号群とともに、『冬ソナ』の具体的場面や台詞は再び取り込まれる。漠然と留まらない形で浮遊していた「理想形」の異性は、「ヨン様」と出会うことにより、二重、三重の強力な説得の過程を通し、究極的に「ヨン様」と合致することとなる。したがって、「ヨン様」が「理想形」なのではなく、曖昧な「理想形」として具体的「ヨン様」の像が与えられ、いわば誤認されるのである。

ここにおいて時間という軸は、あやふやなものとなる。そして、このように取り入れられた理想の異性としてのヨン様は、具体性を欠き、固定した形を持たないために、全体的イメージとしては扱われず、個別の記号のモンタージュとして認識されることになる。ここでは細部が全体像よりも重要になるのだ。

この細部は、その華麗なファッション、髪型、お洒落なメガネ、マフラーの巻き方などだが、これらは実は決して過去のものでも、ノスタルジックで懐かしいものでもない。それは現在のものにほかならないのである。このノスタルジアの装置の中の創造的な「共通の過去」と、それらをたえず書き換え続ける「現実的ないまここ」との往来によって、これら細部は調和される。そして、ノスタルジアはすでに「いまここ」と綿密に接触し常に干渉されうるものとして、そこに留まるのである。

このように理想的男性として形成されていく「ヨン様」の表象は、越境という過程において作用する根源的な力学、不均衡な情報の消費、具体的には彼の私生活やリアルな情報の不在によって、決して干渉されることはない。その結果、視聴者たちに都合よく干渉され、消費され、ファンの自己生成的かつ虚偽的なイメージとしてその位置を形成するのだ。

こうした理想的男性像としての「ヨン様」の表象は、今新たな「韓国人男性」という副産物を生んでいる。実は、一、二ヵ月の間、筆者は「最近もてるでしょう?」とよく知人に言われた――結局、筆者にはそんなことは全く起きなかったのだが――。

しかし、七月二九日付の「韓国中央日報」によれば、実際に今、韓国人男性が日本人女性にもてており、お見合い斡旋会社でも指名されるほどである、というのである。[30] もちろんその真偽のほどを確かめる術を筆者はもたないのだが、各メディアなどによると、日本人女性は、韓国人男性に対して、「日本の男と違って」、「優しい、ロマンチック、女性への思いやり、家庭の重視、軍服務による男らしさ」などのイメージを持っているという。このようなレトリックは、上で見た、『冬ソナ』「ヨン様」のものと変わりはない。つまり、「ヨン様」の表象が見事に「韓国人男性」の典型的な象徴へとシフトされているのである。

この状況について、過度に一般化することはできない。しかし、大学まで韓国で生活し、現在日本で研究活動をしている筆者としては、いささか否定的態度を示さざるをえない。今日のアジアにおける越境的文化シーンにおいて本質的な差異ではなく、実践的、雑種的、そしてトランスナショナルなアイデンティティのあり方が一つの鍵となることを期待とともに想定するならば、「日本人男性」と「韓国人男性」の絶対的な差異を前提としたノスタルジックで、ナショナルなステレオタイプの生成は、いま日韓の越境的な文化変容の過程において、ラディカルな主体が決定的に不在であることを、逆説的に意味するのではないだろうか。

ノスタルジアへの志向が、常に現在に干渉されているにせよ、「いまここ」ではない何かを求めている限り、たとえば「日本人男性」と「韓国人男性」の「近似性・近時性」は姿を見せるはずもない。あるいは、むしろ無用とされているといってもいいかもしれない。そして、『冬ソナ』のノスタルジアも、実は過去の植民地主義の記憶（とその喪失）と密接な関係をもった「帝国主義的ノスタルジア[31]」のひとつのバージョンにすぎないのかもしれないのだ。

ノスタルジックな精神的回帰の場への渇求の具体的な行動として、彼女たちが「現実の」韓国を経験することによって、現在理想化されているイメージが崩れたとき、どのような反動があるのかを予測することは難しい。しかし、たとえノスタルジアがそれ自体かなり消極的な感情であっても、それは過去とともに未来に対する積極的な責任へと導く可能性[32]を考慮すると、実はその否定的側面を過度に強調すべきではないのかもしれない。また、当初の動機が何であれ、このように新たに浮上してきた消費主体である女性たちが、積極的に越境的な文化交通を促しているという点では、新たなる可能性を形成していると考えるべきかもしれない。

結論に代えて

これまで、新聞においてペ・ヨンジュンの呼称がどのように変化していったのか、その推移を簡略にみてきた。

まず、二〇〇三年四月の『冬ソナ』初放映から「ペ・ヨンジュン」来日までの約一年間にわたって、読者投稿記事などによる『冬ソナ』ファンの表面化から、『冬ソナ』ファン＝「ペ・ヨンジュン」ファン≒中年女性という構図ができあがっていく様を見ることができた。また同時に、紙面上における「」などの引用符使用などの側面から、「ヨン様」という限定された一部ファン内での「愛称」から、一般的「呼称」へと定着していく過程を考察した。ここから、『冬ソナ』ブーム及び「ヨン様」呼称一般化は、メディア先行によるものではなく、ファン先行型、つまりは「下」からの力学の作用によるものであったということがわかった。

また、この原動力となった「オバファン」――中年女性ファンに、「ヨン様」がなぜここまでに「憧れの方」となったのかについて、その原因を、彼女らの言う「ヨン様」に魅かれたキーワードなどから見てみた。これらによると、「ヨン様」という表象は、「ノスタルジア」への力学、「理想形」としての男性のイメージの想像＝創造、そして「現実的ないまここ」、という三つ巴の輪的干渉によって常に書き換えられており、またこの作用は越境という過程において作用する根源的力学――不均衡かつ偏在した情報の消費などに後押しされ、より虚偽的なものとして象られ、創造され、そして共有された「過去」として彼女らの中に息づいたためではないのだろうかと指摘した。

そしていま、この虚偽的イメージは、「ヨン様」＝理想的男性⇩「韓国人男性」というようにシフトされ、彼を飾る数々の賛美をも同時に受け継がれていくことによって、メディア上にて「韓国人男性が人気」などという記事をしばしば目にするほどとなるに至った。また前述したとおり、筆者自身も周囲から「モテて良いね」などといわれるが、実際そんなことはまったくなく、その正反対の道を辿っている。事実筆者は「韓国人男性」ではあるが、その風貌はともかくとして、現在のこのような「韓国人」贔屓は、一概には言えないが、「韓国人」であることがその前提として求められているのでは決してなく、外観をも含め「韓国人らしく」あること、つまりは前述した「ペ・ヨンジュン」のもつ「虚偽的」イメージに合致すること、がその条件として立ちはだかる。このようなナショナルなステレオタイプの生成によるラディカルな主体の欠如が、今後の越境的文化消費のシーンにおいてどのような影響をもたらすかは、いま断定することはできない。

しかしこの『冬ソナ』ブームを経てつくられてきた、『冬ソナ』⇩「ヨン様」⇩「韓国」というバイパスを通って、これまで「日本に対置される劣った外部としてのアジア」の一国に過ぎなかった「韓国」に、それが想像＝創造された「虚偽的」なイメージであるにせよ、一種のプライオリティが付与され、上記枠組み内での「アジア」という概念では回収できない存在になりつつある。

しかし、これは否定的にのみ捉えるべきではない。日本や韓国という「ナショナル」な主体の上位概念としての「アジア」を論じること自体、すでに西洋におけるオリエンタリズム的視座による枠組みを意識したものである。そうした視座を超えて、本当の意味で「トランスナショナル」な文化の交通を考えるためには、何よりも均質な「アジア」という概念の忘却から接近すべきだと感じるのだ。そしてこのことが均質な文化空間としての国民や国家という概念の実践的な解体へと結びつくだろう。

最後に今回の「ヨン様」を中心とした考察によって感じたことは、トランスナショナルな文化の消費は、決してナショナルな枠組みの認識から始まるのではなく、俳優などといった、それらを構成する個体からそのゲートを広げ、最後にナショナルなものまでをも想像＝創造することによって、認識するに至るということであった。いまだ続くこの韓流ブームは、日韓という二国間の越境的文化交流においては、積極的様相を見せたが、やはり「ヨン様」を主体とした消費であったという側面においては、それのみを消化したに過ぎず、そこに多様性や創造性は見出すことは出来ない。このブームによって、日本が、ヨン様という望遠鏡を通し韓国を「視る」ことは出来た。しかし、それが一過性の「ブーム」で終わってしまうのか、或いは、これを機会として新たなる越境的文化消費の可能性へと結びつくのか、現在断定することは出来ないが、今回見てきた消費の様相からは少々否定的にならざるを得ない。

注

1 二〇〇四年二月一四付朝日新聞、「ゆけゆけ！韓国ドラマ（オトナの総合学習）」

2 電通調べ、二〇〇四年八月四日、日経速報

3 この他にも韓国「ロッテ免税店」のCMもある。

4 週刊『アエラ』二〇〇四年八月一六－二三日号

5 ドラマ視聴率サイト（http://tokyo.cool.ne.jp/tokotonasobo/index.html）による。
6 二〇〇四年七月現在。
7 無論、『JSA』『猟奇的な彼女』などがあったが、『シュリ』を凌ぐほどでもなかった。
8 全国紙及び一般紙としては、朝日、毎日、読売新聞、日本経済新聞、日経流通、産経、東京新聞。スポーツ紙としては、スポーツ報知、スポーツニッポン、日刊スポーツ。
9 二〇〇三年七月八日付読売新聞夕刊三面、「ハマった！韓国の純愛ドラマ　「冬のソナタ」、NHK衛星第2で人気爆発」
10 二〇〇三年九月九日付け朝日新聞朝刊三一面「『冬のソナタ』の彼は？（はてなTV）」
11 二〇〇三年一一月一一日付毎日新聞、「［鳥瞰憂歓］韓国ドラマなぜ受ける　分かりやすいシンデレラ物語」
12 二〇〇四年二月一四日付朝日新聞、「ゆけゆけ！韓国ドラマ（オトナの総合学習）」
13 二〇〇四年二月二四日付読売新聞朝刊一六面、「［気流］「冬のソナタ」のとりこになって」
14 二〇〇四年二月一九日付毎日新聞夕刊三面、「［編集部から］特集」
15 二〇〇四年七月二六日付読売新聞夕刊一二面、「ことばのこばこ　ヨンフルエンザ」
16 二〇〇四年四月四日付スポーツ報知二六面
17 二〇〇四年四月四日付スポーツニッポン二七面
18 〈ヨン様〉をひと目見ようと、三〇～四〇代の女性を中心に約五〇〇〇人のファンが殺到。～「ヨン様」などと絶叫が響き、彼(ペ)が～
19 引用も含む。
20 小数点二以下切り上げ
21 二〇〇四年五月一一日付日刊スポーツ、「歌手の安室奈美恵、ソウル後援前にヨン様へ招待状」
22 二〇〇四年四月七日付スポーツ報知二七面、「NHKが「冬のソナタ」主演のペ・ヨンジュンに感謝状」
23 二〇〇四年五月一五日付朝日新聞朝刊二九面、「冬ソナで大人気・ヨン様の初主演映画いかが」
24 二〇〇四年七月二七日付産経新聞朝刊三面
25 二〇〇四年七月二日付朝日新聞朝刊二七面
26 二〇〇四年七月二四日付朝日新聞朝刊一一面
27 二〇〇四年六月一〇日付日本経済新聞夕刊二〇面、「冬のソナタにはまる中高年女性、新鮮な恋の悩み」、二〇〇四年六月一九日付週刊東洋経済、「［マーケティングの達人に会いたい］第三四回―〔冬のソナタ〕―ヨン様ブーム
28

の火付け役」、二〇〇四年七月六日付中日新聞、「ヨン様笑顔にも日韓の『壁』厚く　韓国人・在日コリアンの思い　歴史問題『あきらめ半分』」、二〇〇四年七月二七日付東京読売新聞夕刊一五面、「冬ソナに中高年メロメロ　朝ドラ超え、大河に迫る」参照

29　bell hooks (1990a:147)

30　二〇〇四年七月二九日付韓国中央日報

31　Rosaldo (1989)

32　Wilson (1997:139)

参考文献

岩渕功一(2001)『トランスナショナルジャパン――アジアをつなぐポピュラー文化』岩波書店

岩渕功一編(2004)『越える文化、交錯する境界』山川出版社

山中千恵(2004)「韓国マンガという戦略」、岩渕功一編『越える文化、交錯する境界』山川出版社

Hannerz, Ulf (1996). *Transnational Connections: Culture, People. Places*, London:Routledge

hooks, bell (1990a). *Yearning, Race, Gender and Cultural Politics*. Boston, MA:South End Press.

Rosaldo, Renato (1989). *Imperialist nostalgia, Representation* 26.

Wilson, Elizabeth (1997). *Looking backward, nostalgia and the city*. In Westwood and Williams.

4 韓流が「在日韓国人」と出会ったとき

――トランスナショナル・メディア交通とローカル多文化政治の交錯

岩渕功一

九〇年代から東アジアにおけるメディア文化の越境移動が活発になってきた。それまでも香港映画やインド映画、そして日本のアニメやドラマは国境を越えてアジア域内で流通していたが、この十年の間に私たちが目撃したのはより緊密な交通である。

この背景には文化のグローバル化に関するいくつかの要因が挙げられる。アメリカのポピュラー文化フォーマットが世界各地に浸透するとともにそれがローカルで混成化されて、非西洋地域におけるメディア文化制作能力が飛躍的に発展したこと、文化市場の拡大と国境を越えるメディア・文化産業の間の連携が深まったこと、そしてそれに伴ってメディア交通の地域化が緊密化していることである。

東アジアでも様々な市場が同時的に連結し、メディア産業が相互のメディア文化を流通・プロモーションすることがより組織的になるなかで、域内の相互文化消費もこれまで以上に日常的なものになっている。日本発のメディア文化はこの新たな潮流を先導してきた。しかし、共同制作が増え、相互のメディア受容が活発になるなど、交通はより多様かつ多方向なものになっている。そのなかでも目立っているのが、いわゆる「韓流」と呼ばれる韓国発の映画、テレビドラマ、音楽などの東アジア各地での浸透である。日本でも韓国のテレビドラマ『冬のソナタ』が二〇〇三年の放送以来記録的な人気を呼んでおり、台湾、中国、香港で巻き起こった韓流はついには遅まきながら日本をもその波に巻き込んでさらなる進展を見せている。

本稿はメディア文化をとおした「日韓文化交流」の可能性と問題点について考察する。以下ではまず日本での韓流の進展を概観したあと、『冬のソナタ』の日本における受容を九〇年代後半の香港メディア文化の受容と比較しながら検証する。韓国と香港の間のメディアテクストの魅力の相違という空間軸とグローバル化の進展と日韓両国の関係の変化という時間軸双方に照らし合わせ、日本との歴史的関係、特に日本社会に住まう在日コリアン[1]の存在が香港と韓国のメディア文化受容を考える際に重要な違いであることを指摘する。そのうえで、韓流が日本社会における在日コリアンの承認の文化政治にどのような影響を及ぼしているかを、韓流に敏感に反応して制作された在日韓国人が主人公の恋愛ドラマ『東京湾景』に焦点をあてて検討する。トランスナショナルなメディア交通がローカルの多文化政治とどう交錯しているかを批判的に考察することで、メディア文化をとおした越境的対話のさらなる可能性について模索してみたい。

日本における韓流

日本においてほかのアジア地域のメディア文化が好意的に受容されるのは韓国の映画やドラマがはじめてではない。ブルース・リー、ジャッキー・チェン、ディック・リーなどこれまでにもいくつかのブームが巻き起こり、日本で制作されたものとは異なる文化表現や想像力に多くの人々が魅了されてきた。最近でも、九〇年代後半以降香港の映画と男性スターが多くの女性ファンに支持されている。

しかし、日韓の間のメディア交通は香港をはじめとするほかのどのアジア地域とのものよりも緊密であり、特に『冬のソナタ』の浸透の度合いは香港の場合をはるかに凌駕している。この点はメディアの違いにも現れている。香港の場合、どちらかといえば主流マスメディアとは差別化されたファンコミュニティでの映画、ビデオ、音楽の消費が主である。しかし、『冬のソナタ』の場合は媒体が地上波テレビ、それもNHKという全国放送であり、毎日のようにさまざまなマスメディア媒体で俳優やドラマの内容、視聴者の声などが取り上げられている。

冬ソナブームの過熱ぶりに見られる日本での韓流の浸透は、何よりも東アジアを席巻する極めて娯楽性の高いメディア文化が韓国で生み出されたことが大きな理由である。しかし、『冬ソナ』ブームと韓流は突然日本で起きたわけではない。社会的・歴史的文脈で考えるなら、一九八八年のソウル・オリンピックは日本における韓国のイメージを大きく変化させ、草の根レベルでの交流を盛んにしたが、日韓の文化交流をさらに大幅に進展させたのは九〇年代後半になってからである。一九九六年に日韓ワールドカップサッカー共催決定、一九九八年末の金大中大統領による段階的な日本文化開放政策の発表、二〇〇二年ワールドカップサッカー共催といった一連の流れのなかで進展したメディア文化の交流が現在の『冬ソナ』ブームの基盤を築いてきた。

特に一九九八年暮れに始まる段階的解禁以降、日韓相互のメディアのつながりは密接になり、香港の場合以上に急激に、大規模に、そして主流市場のなかで進展していった。それはグローバル化のなかで東アジアのメディア交通が一層緊密化していることを如実に示すものといえる。

韓国では、それまでも地下で流通していた日本文化商品が多くの若者に受容されるようになった。ある韓国映画ディレクターは日本のポピュラー文化の魅力を、欧米のポピュラー文化にはありえない、「キムチの匂い」を醸し出していると表現して、隣国の親近性を強調している。[2]

日韓メディア産業の協働も盛んになった。テレビドラマや映画の共同制作が盛んに行われ、韓国出身の歌手BoAは韓国のSMエンターテインメントと日本のavexの提携により韓国、日本そして台湾などでもシングルが一位に輝くなど東アジアをまたにかけた大成功をおさめている。漫画でも韓国の作者による『新暗行御史』が日本と韓国で同時に漫画誌に連載されて人気を呼び、二〇〇四年の秋には映画化されるなど、いくつかの東アジア市場を当初から念頭においたメディア制作が行われるようになった。

同時に、韓国の映画、テレビドラマ、音楽などが日本でかつてない規模で浸透するようになる。韓国では日本文化開放政策発表の当時、日本文化の一方的な韓国市場への流入が懸念されたが、しかし、実際に起こったことはその逆のベクトルの活性化であった。特にアジア金融危機以降に活発化した政府の奨励政策もあって、韓国のメディア制作能力は九〇年代をつうじて飛躍的に発展した。『シュリ』、『JST』、『猟奇的な彼女』などの成功で韓国映画の質の高さが日本の観客に広く認識され、二〇〇四年は四〇本近い韓国映画が日本で公開される。K-POPにはまる日本の女性達が急増していることもすでに二〇〇二年から伝えられている。[3]

本書のリー・ドンフーやキム・ヒョンミが論ずるように、韓国のテレビ制作では日本番組の模倣が問題視されたりもした。『東京ラブストーリー』に似たドラマが九三年に製作され、韓国のドラマ製作に新たな方向性を与えた。九〇年代後半には『ラブ・ジェネレーション』を明らかに意識して製作されたドラマが社会問題となり、放映が中止されたこともある。

しかし、リーがいうように[4]、確かに日本のドラマは韓国のドラマ制作に大きな影響を与えてはいるが、韓国の制作者たちはそれを受容しながらも独自のドラマ世界を築くことに成功し、日本とは異なる類の魅力あるドラマを製作し続け、映画や音楽などとともに韓国のテレビドラマは東アジア市場で好意的に受け入れられるようになった。

台湾などでは日本テレビドラマの人気を明らかに凌駕しているが、日本でも福岡のTVQが一九九六年にいち早く韓国ドラマシリーズを放映し、より最近ではテレビ朝日やMXテレビなどが韓国ドラマの放映をNHKに先駆けて行ってきた。そして、韓国のテレビドラマとしてはじめて『冬のソナタ』が日本でも「メジャー」の仲間入りを果たしたのである。

ノスタルジア——社会の元気から純愛の語りへ

香港のメディア文化の日本における流通と受容に関しては別の論ですでに詳しく論じているのでここではあまり繰り返さないが[5]、女性が主体であること、受け入れられているメディアテクストが東アジアの現代の都市文化を表象したものであることなど、「冬ソナ」ブームといくつかの共通点を持っている。アメリカ文化の混成をとおした近代都市文化の生成という共通の土台を有しながらも、日本で発展してきた文化表現とは異なるかたちでの東アジアの「いまここ」が鮮やかに描き出されていることに、日本の多くの視聴者は引き付けられているといえるだろう。

しかし他方、東アジアの「いまここ」をとおして日本の視聴者・消費者がノスタルジアを喚起されていることも、両者の間の興味深い共通点である。

この点は他の東アジアでの韓国ドラマの受容とは異なっている。国境を越えて人気を得ている日韓のドラマの相違点として、韓国ドラマではストーリーの展開がより劇的であり、家族の問題が濃く描かれていることがあげられている。後者は視聴層が日本ドラマよりも広い理由にもなっているが、多くの若い視聴者も韓国ドラマを日本ドラマよりも「リアル」で心情的に同一化しやすいと好意的に視聴している。

私が二〇〇二年に行った台湾の大学生とのインタビューでも、日本のドラマは若者の間の恋愛とか仕事の話だけで展開されているため、とても閉じているように感じられるということだった。これに対して、韓国のドラマは若者の恋愛がやはり物語の中心にあるものの、親兄弟、祖父母、親戚などの問題やしがらみが描かれている。そのほうが台湾に住む若者の実際の生活状況と似通っているため共感できるというのだ。

伊藤守が「小宇宙」と呼んだ、日本テレビドラマのなかで展開される若者だけの閉じた関係性と日常は、アジア地域で多くの若い共感者を引き付けた[6]。しかし、韓国テレビドラマは日本のドラマとは異なる東アジアの「いまここ」の日常性を表現することによってリアルな共感を獲得している。

しかしながら、日本における『冬のソナタ』の受容はこれとはやや異なっている。香港の場合と同じように、日本では『冬のソナタ』に引き付けられている視聴者は比較的年齢層の高い女性であり、ほかの東アジアのメディア文化をとおして昔の日本、失われた日本に思いをはせるという傾向が強く見える。ただ、その一見両者に共有されたほかのアジア社会・文化が喚起する「日本で失われたもの」へのノスタルジアには重要な相違がある。香港映画や男性スターの場合は、個人のスター性とともに、日本の現状とは対照的な活力や元気がその魅力として通底していた。それは九〇年代に経済の衰退とともに社会システムの軋みがあらわになり、暗い悲観主義の風潮が強まった日本の状況と対をなす、活気にあふれた東アジアの「いま」として好意的に捉えられ、そこから自らの「元気の素」を視聴者たちは吸収していた。

『冬のソナタ』の場合、ノスタルジアの対象は社会の元気さではなく、ひたむきで甘美な純愛である。日本のドラマには見られないような愛にすべてをなげうちすべてを包み込む男性の優しさと、それを見事に演じた、まるで少女マンガに見られるようなヒーローたるペ・ヨンジュンの魅力に多くの日本の視聴者が惹き付けられている。

アメリカの最近のドラマが恋愛に対してますますシニカルなスタンスを取り、女性の開放的なセクシャリティを打ち出すものが多くなっているのに対して、東アジアのドラマは、例外は多々あるものの、どちらかというと見ていてじれったくなるような恋愛関係（そして多くの障害）をモチーフとしたドラマがいまだに支持されていることは指摘されている。[7]

しかし、日本でも最近は屈折した物語が増えて純愛の物語は少なくなってきており、『冬のソナタ』のようなドラマを日本の制作者はもはや描くことはできないだろうとプロデューサーが認めている。[8]実際には『冬のソナタ』のような純愛ドラマ以外にも韓国ドラマには多くのパターンがあり、この点を韓国のテレビドラマに一般化することはもちろんできない。しかし、少なくとも視聴者は『冬のソナタ』のもどかしい純愛の物語に、もはや日本のドラマにも見出せない魅力を感じている。その物語は日韓の文化的差異を表すとともに、今の日本にはなくなったもの、かつてはあったはずのものとしても捉えられてもいるのである。

近さと遠さの混在した親密感やなつかしさ、見覚えのある違いと見慣れぬ同質性はおそらく東アジアのメディア文化の好意的相互受容の核となっている。「ひとつの国で失われつつあった感情と夢を、ほかの国の文化が引き出して、また触る。そしてその気持ちを蘇らせる。これこそ、文化の多様性が持つ美しい力だとおもうんです[9]」。

朝鮮日報記者のチェ氏のこの言葉は的を得ているように思う。その蘇らせられた気持ちはさらには、アジアの他者をとおしてより良い自らの姿の模索と結びつき、そこに映る他者は自らの生活と社会の現状へ批判的距離感を生むことにさえなる。香港の場合では、活力や元気は高度消費社会となった日本が失ったものとして羨望されていた。そうした受容をとおして、日本の近代化や現在の姿が自省的に捉返され、ほかのアジア社会を遅れたものとみなす言説に疑念を持つようになっていた。国境を越えるメディア消費は自己を省みる有効な機会を与えてくれるのである。

しかし、その一方で、香港の場合は空間的差異が時間的落差に吸収されてしまう契機もしばしば見受けられた。つまり、香港のいまが日本の十年前と重ねられてしまうために、その活力が発展的時間軸の差異として理解されてしまう危うさである。そこで頭をもたげるのは、いまだに日本社会に根深く巣くっている日本の近代史のなかで構築されてきた「遅れたアジア」という他者認識である。

『冬のソナタ』の受容は、香港の場合よりも社会全体の時間的落差と結びついていないように思われる。確かに『冬のソナタ』の純愛はかつて日本にもあったとして受け止められ、多くの視聴者が四十歳以上であることから、それは自分がより若い独身時代の恋愛への思慕と重ねあわされている。これは韓国における視聴者層が比較的若い世代であることと比べても興味深い点である。

そして、男性の眼差しが色濃く投影されている日本のメディア記事やコメントでは、「『冬のソナタ』にはまる中年女性」を揶揄しながら、韓国ドラマは古い、昔の日本のドラマみたいだという見方がなされ、韓国社会が遅れているという認識が見え隠れしている。

しかし、実際に魅了されている人々は香港の場合のようにはメディアで表象されているものを少し前の日本の在り様と直接的に重ね合わせてはいない。投射されたノスタルジアの対象は失われた純愛であるが、それは現実の社会で失われたものであるというよりは、いまの自分を鼓舞するようなドラマの語りである。つまり、それは失われたものについての語りではなく、語りそのものの喪失に向けられている。

物語が七〇年代の「赤い」シリーズなどと重ねあわされたり、その当時の自分の姿を思い起こさせたりすることはあっても、物語を受容する時間差がそのまま韓国と日本との時間差として捉えられる余地は少ないように思われる。香港のスターたちは、例えば八〇年代の日本のアイドルと重ね合わさって見られていたが、ペ・ヨンジュンをはじめとした物語を引き立たせる韓国のスターたちは極めて今日的な存在として受け止められており、かつて日本に存在した魅力とさほど重ね合わされてはいない。

より魅力的な現代の純愛の物語に多くの視聴者は引き付けられたのであり、そこでは韓国という異文化の恋愛観、男性性、情愛表現が魅力的なものとして見出されている。さらには、純愛ドラマとしてのストーリー性や映像の美しさ、意味深い台詞回しが高く評価されるとともに、そこに横たわる現在の韓国社会の価値観、人間関係、風景への興味が掻き立てられてもいる。

香港のファンの場合は実際に香港を訪れることにさしたる関心を示さない人が多かったように思われた。あくまでメディアをとおした消費を楽しんでいることに自覚的になっており、現実の社会や人間に触れる機会を求める人は韓国の場合ほど多くはなかった。地理的な近さもあるだろうが、『冬のソナタ』

については現地ツアーが盛んに組まれていることもあり、実際に韓国を訪れる人の数が多い。メディア消費にとどまらずポストメディア体験としての旅行、韓国語学習ひいては結婚紹介所への加入などが目立っている。メディアをとおして沸き立った関心が現実の社会と人間へのそれとより直接的に結びついているといえる。

この点でも、香港の場合にはアジアの異なる近代性へのノスタルジアは、他者認識において時間軸と空間軸が微妙に交錯して両義的なかたちで発せられることが見受けられたのに対して、『冬のソナタ』の場合、純愛ドラマという物語の消失に対する時差感覚が韓国の同時代的な空間的差異への恋慕をより明確に前景化していることが示されている。

日韓の「国際」文化交流の進展

日本における韓流の進展は、長い間日本と韓国の間の文化交流が閉ざされてきたこととの揺り返しでもある。堰を切ったようなメディア文化の交流をとおして、「近くて遠い」と思われてきた隣国の否定的なイメージを覆すような新鮮で親近感のある顔を発見したといえるだろう。

これに関連して日本における香港と韓国のメディア文化受容を比較するうえでもうひとつ特に重要な点は、植民地支配という歴史のなかで構築されてきた関係性である。いうまでもなく香港に対しても日本は侵略の歴史をもっており、未解決の問題も残っている。それに対して強い反感を持っている香港の人々はいまでも多いし、特に尖閣諸島の領有に絡んで抗議行動もしばしば起きている。しかし、日本国内の文脈についていえば、それは韓国との関係ほどには大きな問題として言及されていない（だからたいした問題ではないということではもちろんない）。

それに比して、韓国はかつて日本の植民地であり、いまだに強い反日感情が広く残っていることは日本国内でも広く認知されている。この点は韓流の受容とその語られ方に大きな影響を与えており、両国の間でメディア文化をとおした幅広い交流が進展することで両国民の相互認識を肯定的なものへと変化させ、日韓両国の歴史的和解を促していくことに強い期待が寄せられていることにも強く見られる。

前述のように、今回の冬ソナブームとそれを取り巻く韓流は、社会の真空状態のなかから急に生まれたものではなく、少なくともソウル・オリンピックに始まる日韓関係の変化の中から発展してきた。アジア地域での文化外交政策はいわゆる福田ドクトリン以来続いているが、韓国との文化交流は日本文化規制政策のため思うようにはいかなかった。しかし、九八年末に金大中政権が日本に対して柔軟な文化政策を取りはじめると、特にメディア文化を通した両国の歴史的和解に大きい期待が寄せられるようになる[10]。

「チャゲ&飛鳥」が二〇〇〇年八月に初めて日本語でコンサートをソウルで開催した時にその期待は一挙に高まった。テレビ、新聞、雑誌メディアはこぞってその模様を報道し、「歴史的」イベントにステージで声をつまらせて、「新しい歴史を築いていこう」と語りかけるチャゲ&飛鳥とそれを支持する韓国の聴衆たちの姿を伝えながら、そこに日韓新時代の到来を目撃しようとした。

メディア文化交通をとおした新しい両国の人々の出会いは確かにこれまでにはないかたちで若い層を中心に相互理解を高め、相互のイメージ向上に大きな変化をもたらしている。特に二〇〇二年に両国が共催したＦＩＦＡワールドカップは、日韓の文化興隆＝交流を一層活性化し、政府援助のもとで様々な催しが開かれるとともに、日韓の友好を示すようなかたちでの共同メディア制作事業も活発化した。また、ワールドカップでは大久保の韓国料理屋の前で日韓の若者が連日のように日本が敗退した後も韓国をともに応援し続けるという、新たな連帯の光景がみられた。まさに新しい関係性がそこには見られた。いくつかの調査でも明らかになっているように、ワールドカップ共催以降、日韓の相互認識はかつてないほど肯定的なものとなり、将来の両国の友好関係に対してもより肯定的な見方が増えている。

『冬のソナタ』の大きな人気はこの波動に一層拍車をかけている。これまで韓国という国の文化や社会に対して否定的なイメージを持っていたが、『冬のソナタ』をとおしてそうしたイメージが払拭されたという人は多い。さらに、前述のように直接韓国を訪れて社会、文化、人と生のふれあいをすることで、日本と韓国の間のつながりがいかに深いかを知らされたり、日本社会のなかで歴史的に作られてきた韓国に対するオリエンタリスト的なイメージがいかに偏見に満ちたものであるかを気付かされたりしている。今起きているのは一過性のブームであり、そのなかでのメディア消費が実際の韓国の理解にどれだけ繋がるのかを疑問視する指摘もあるが[11]、本書で毛利がいうように、そこには冬のソナタの視聴者が日韓関係を変えていく能動的な主体となる大きな可能性も見られる。

しかし、こうしたメディアをとおした韓国理解に関する肯定的側面を十分に認めたうえで、メディア文化をとおした文化交流の可能性に期待を寄せる言説が、「国・際」という国と国との関係性を強調することの危うさにも留意したい。

文化対話を期待する言説は、もっぱら日本のアジア諸国との歴史的和解という「国益」の見地からメディア文化がもたらすつながりに関心を払っているため、それぞれの国の社会内部に存在する文化差異とそれをめぐる不平等の問題が、その視野から抜け落ちがちとなってしまうのである。

しかし、もしポピュラー文化による越境的対話の可能性を真剣に考えるのならば、国益還元論から脱して、国という枠組みからだけではなく国文化の境界を越える人・文化・メディア・資本の錯綜した移動が、日本社会内部における文化政治の問題とどのように交錯しているのかを検証することが求められるだろう。

そして、日韓の間のメディア文化の受容を国対国という「国際」関係の枠を超えているのかどうかを見据えるためには、日本の植民地主義の歴史を背負って日本社会で差別されつづけてきた在日コリアンの人々が、日韓文化交流の進展のなかでどのような位置をそこで占めているのかについての考察がひとつの重要な試金石となる。

韓流をとおした在日韓国人の承認

日本国内に存在する在日コリアンの存在の大きさは韓国のメディア文化の流入を考えるにあたって香

港の場合と決定的に異なる点であろう。ここで問題となるのは、具体的な主体がいまここに重要な他者として存在しない（と少なくとも認知されている）国地域のメディア文化の受容とそれがいまここに存在する国地域のメディア文化の受容の間の差異であり、しかもその存在が忘却したい類の厄介な歴史的身体性を体現している場合に、いかなるメディア文化の消費がその存在と関連して行われているのかである。

アシュリー・カラザースは日本におけるベトナムの「エキゾティック」文化の消費が、日本国内に在住するベトナム系住民が体現する多文化状況を飼いならす願望に裏打ちされた「主体なき多文化主義」であると論じた[12]。そして、そこではベトナム系住民が日本において重要な他者として認知されていないことが「ベトナム」を「エキゾティック」な記号として飼いならすことを容易にしていると指摘する。この点はおそらく「香港」の消費についてもある程度あてはまることであろう。しかし、それに対して在日コリアンはまさにその反目的な存在としての否定的な認知により、その文化を心地よく消費することを不可能にしてきたとカラザースは指摘する。

確かに、焼肉などの食文化は一般に浸透しているが、それはいわば長い間タブー視されてきた在日コリアンの存在と結び付けられた消費文化としては飼いならされてこなかった。実業界、芸能界、スポーツ界など日本社会で多岐に活躍していても多くは通名を使っていると言われており、その存在は在日コリアンのイメージと結びついて可視化されてはいない。

また、在日の人々による文学や映画は日本において様々な賞を獲得してきたが、それは「不純」なものとして抑圧された自らの生の複雑さや不安・苦悩を表現したものであり、日本の単一民族性の神話を揺るがす厄介な他者は、決してかわいい記号として消費される類のものとはなりえていない[13]。日本社会のなかで差別されながら「二流市民」として生きることを余儀無くされてきた在日コリアンは、日本の植民地化の歴史に対して強く批判的でありつづけている韓国・北朝鮮の両国以上に、より直接的に社会の内部から日本に安易に過去を忘れさせてくれない歴史的現実として存在しつづけてきた。

とすれば、果たして韓国のポピュラー文化が日本で好意的に消費されることは、在日の人々をどのようなかたちで巻き込んでいるのだろうか。安易な消費が不可能な在日コリアンという主体の存在が、韓国のポピュラー文化の肯定的消費をとおして、日本のなかでどのようにあらたに位置付けされ、認識されているのだろうか。チャールズ・テイラーが論じたように[14]、多文化社会において公共空間でのマイノリティの承認は重要な文化政治の問題だとすれば、「主体なき多文化主義」消費の遂行が不可能な他者に対してどのようなかたちでの承認が、韓流の消費をとおして日本社会のなかでなされているのであろうか。

一方では、日本における韓国文化の浸透による韓国社会の理解とイメージの向上とワールドカップにおける韓国の躍進は、在日コリアンが自ら朝鮮半島との関係をもった人間として日本社会で生きることに対する大きな自信をもたらしている。それは例えばワールドカップの韓国の躍進を見て「日本人」になるための帰化申請をとりやめて、在日として生きていく自信がついたという若者の意志に見ることができる[15]。

また、在日韓国人として差別を受けながら必死に働いた今は亡き夫の人生に思いをはせながら、『冬のソナタ』の人気を始めとする現在の韓流をとおして「夫の国」が近くなっていることを喜ぶとともに、「夫の国」について深く聞かなかったことを悔やむ七一歳の日本女性の投書[16]は、日韓の国境を越えるメディア文化交通が在日コリアンの人々に対して切り開く可能性の大きさにあらためて目を向けさせる。

また、日韓メディア文化事業に仲介者としての役割を意識して積極的に携わる人も増えている。ワールドカップを機に日韓の間での橋渡し役として生きる希望を得た人は多い[17]。韓国ドラマを定期的に放映しているMXテレビの編成担当者も在日韓国人二世の女性であり、「一過性ではなく真の意味で両国が近づくきっかけになる」ことに期待している[18]。かつて「月はどっちに出ている」を制作した李鳳宇氏は、『シュリ』や『JST』の日本での配給を引き受け、金大中氏軟禁事件を扱ったKTの日韓共同制作を手掛けるなど、精力的に日韓の映画共同事業にかかわっている。

さらには、これまでどちらかというとタブーとされていた日本社会における在日コリアンへの差別や両国のはざまで揺れる彼女たちのアイデンティティの問題などが、日本の主流メディアにおいてより頻繁に取り上げられるようにもなった。映画『GO』の興行的成功もあり、テレビドキュメンタリー（たとえば「在日親子」）だけでなく、昼のワイドショー（「テレビスクランブル」、テレビ朝日）でもシリーズで在日の若者の悩みと生きざまを取材する試みがなされるなど、日本における在日コリアンの存在がこれまで以上に公共メディア空間において可視化されるようになっている。

昨今の文部科学省による朝鮮・韓国系をはじめとするアジア系民族学校への大学入学資格を認めないという方針が多くの反対によって一部変更されたことも、こうしたメディアをとおした世論の疑問の声の高まりがその背景にあったといえる。

しかし、日韓の文化交流の進展と韓流が在日コリアンにとって日本で生きることへの大きな力を与えているとしても、マジョリティの側からのそうした在日コリアンの存在の承認は無視することのできない歪みをともなって起きている。日韓交流の進展は、やはり在日コリアンの存在を日韓という国際関係のなかに埋没させる傾向が強く見受けられる。二〇〇二年一一月放映のＮＨＫ教育の若者討論番組「しゃべり場」での在日三世の大学生の問いかけはこのことを突いたものであった。

彼は日韓ワールドカップに向けた両国関係の改善と文化交流の高まりは、日本における在日コリアンを取り巻く歴史と現在の差別の問題への関心を大幅に高めることを期待していたと言う。しかし、彼によればその期待は裏切られ、実際には日本と韓国という国どうしの間の関係に関心は偏りがちであり、またワールドカップ開催中のにわかナショナリズムの昂揚は、どの国への帰属も自分のなかで否定している彼にとって極めてうさん臭く、鬱陶しい空気であったという。また、在日コリアンの存在をとおして日韓朝の関係を歴史的にあらためて見直そうという彼が主催した大学での試みも日本の学生の関心を引くには至らず、彼を失望させた。

同様のことは冬ソナブームについてもいえるだろう。前述したように、冬ソナブームは新たな日韓関係の構築に大きな一歩を示している。しかし、ドラマの好意的視聴にとどまらず、それをとおして両国の理解を発展させるきっかけになればいいという積極的な視聴者の声もある一方で、朝日新聞のアンケートでは、『冬のソナタ』視聴をとおして高まった韓国への関心の主な回答に日韓の歴史は見当たらない。[19]

視聴者の『冬のソナタ』やペ・ヨンジュンへの関心が日韓の歴史や在日コリアンへの関心に直接つながる保証はどこにもないのである[20]。

さらに、日韓の新しい時代に向けた交流を、歴史の忘却とひきかえに進展させようとする意図は日本政府の態度に明確に表れている。政府自民党は八月三〇日に冬のソナタの監督を「韓国を理解するプロジェクトチーム」に招いて文化交流が権力や財力以上に日韓関係を変えたことを強調させた。

しかし、同時期に訪韓した安部幹事長（当時）は『冬のソナタ』ブームを話題にして両国の友好をたたえていたものの、その席で韓国側から提起された靖国参拝問題、「新しい歴史教科書を作る会」の教科書採択、そして在日韓国人への地方参政権付与の問題については、素っ気無い返事をしてお茶を濁している[21]。現在の日韓の文化友好を強調しながら、「二流市民」に置かれ続けている在日コリアンの窮状に目隠しをし、過去の歴史を乗り越えていこうとする姿勢がここには如実に出ている。

これに関連していえば、韓国文化ブームのなかで、朝鮮籍と韓国籍の違いはあっても朝鮮人としての民族的帰属を表明する人々全体を指し示していた在日朝鮮人、あるいは在日コリアンという呼称が徐々に在日韓国人という総称に置き換えられる場合が増えている[22]。

たとえば、韓流に刺激されて出版された別冊宝島の『あの人の国、「韓国」を知りたい。』（二〇〇四年）では在日コリアンについても短くふれている。この記事の著者は在日（おそらく三世）で、その内容は日本にも韓国にも完全に属さず、両者を自分のものとして生きることを肯定する意識で書かれている。しかし、おそらくは編集上の意図からであろうが、現在住む韓国での経験について主に書か(さ)れており、日本での在日コリアンの現状については多く書かれていない。

しかもそれは、「在日韓国人の今昔」というタイトルで「きちんと知っておきたい韓国の歴史」というセクションに入れられ、サブタイトルは「日本の中の韓国人」となっている。つまり、作者が描こうとした「在日」が持っている両義性は、日本に住む韓国人というカテゴリーでくくられることで、韓国人というナショナルな帰属に回収されてしまっている。

こうした韓国と在日韓国人の承認は昨今の北朝鮮バッシングと対になっている。韓流の浸透と日韓文化交流の進展が、特に在日韓国人に対して肯定的なかたちで影響を与えている一方で、それと表裏一体をなすように、否定的な反北朝鮮感情が爆発してもいる。

北朝鮮拉致事件は在日朝鮮人コミュニティへの非難や差別を増幅させており、チマチョゴリを着用した朝鮮学校女子学生への暴力や、朝鮮人であることを公言したプロボクシング前世界チャンピオン・徳山／金のホームページへの脅迫やいやがらせは日本社会における排他的感情の根の深さをあらためて思い知らしめた。

これについて韓国側からは「冬ソナ」ブームと北朝鮮への反感が同時に日本で起きていることに矛盾があると感じられている。[23] 同じ「朝鮮民族」という観点から指摘されたこの矛盾は、日本においてはそのように機能していない。なぜなら、韓国と北朝鮮の間に異なる国民という厳然とした境界線が引かれているからだ。

それとともに進展しているのは、両国に住む人々とその祖先、そしてそれらの人々や文化と密接な関わりを持って生きる在日コリアンが共有する日本の植民地化の歴史経験の分割であり、忘却である。この在日性の意味の矮小化は、在日コリアンコミュニティ内部の変化と真っ向から対峙するものといえる。屈辱的なかたちで日本に同化させられることを拒み、未解決の歴史問題と日本社会の差別構造に対抗するためにも、在日コリアンにとって国籍と民族性の一致は重要な意味をもってきた。

しかし、最近では在日内部の多様性に対応すべく、在日の枠組みを日本に帰化した人々も含めるように拡大し、国籍と民族性の齟齬を認めてより開放的な在日というアイデンティティを構築しようとしている。[24]それに対して、日本のマジョリティの側からは帰化による同化を押し進める一方で、日本社会の均質化の圧力に取り込まれずに差異を表明しながら開かれた在日性を模索する動きを封じ込めるようなかたちで、限定的な「在日韓国人」の承認がなされているのである。

映画『GO』のラストシーンで主人公は恋人から「在日韓国人」と呼ばれて言い放つ。「何かに分類して、名前をつけなきゃ安心できないいんだろ？　俺を狭いところに押し込めるのはやめてくれ」。在日性を安易な消費の対象にすることを明らかに拒むこの台詞は、ますます緊要な意味を帯びてきている。

「東京湾景」における在日韓国人の表象

韓流、特に『冬のソナタ』の浸透がもたらしている在日韓国人という他者の新たな承認に関する問題は、二〇〇四年七月から九月まで放映されたテレビドラマ『東京湾景』により明確に見て取れる。

ドラマは日本の地上波のプライムタイムではじめて在日韓国人を主人公にしたものとして注目を浴びた。『冬のソナタ』をはじめとする韓国ブームの高まりに強く突き押されて、これまでいわばタブーとしてマスメディアでは取り上げられてこなかった存在が、フジテレビの目玉の時間帯である月曜午後九時のドラマ枠で主人公として登場したのである。

もちろん、プロデューサーが認めているように、これはあくまで恋愛ドラマであり差別を追及するものではない。原作の小説をドラマ化するにあたって「もうひとつの価値を加えたかった」ことが原作にはない在日の主人公という設定の狙いである[25]。

それに対して在日コリアンの設定は単にドラマの話題性を勝ち取るための、さらなる恋愛の「障碍」というスパイスとして利用されているに過ぎないという批判はできよう。

しかし、否定的な扱いではないかたちで在日コリアンが主流マスメディアのテレビドラマで描かれたことは、やはり日本のテレビ史上画期的な出来事であり、『東京湾景』はまさに韓流、そして『冬のソナタ』が日本国内の「壁を突き崩す」力を持ちえた証左であるといえる[26]。

ドラマは、日本人との結婚を認めようとしない経済的に成功を収めた在日二世の父親と、その障碍を乗り越えようともせずに結婚をあきらめる日本人の恋人のはざまで主人公の二〇代女性（実は父親は日本人）が憤るシーンで始まる。

日本社会で生きていくために、娘が通名を使って日本の学校に通うことを認めながらも、結婚についてだけは民族=国籍にこだわり、日本と韓国の間に横たわる「日本海の溝の深さ」を強調する父親。それに対して強い違和感を抱きながら、亡くなった母の日本人との悲恋を繰り返すように、その息子と恋に落ちていく娘。

その運命的な恋のきっかけとなったのは、傷心の主人公が携帯サイトに発信した「本当の私を見つけてください」というメッセージであり、それはドラマのキーワードとなっている。それは国籍や民族性からではなく、韓国のパスポート=血を持ちつつ日本で生まれ育った自分のありのままの姿を受け止めてほしいという願望である。

ドラマで表象されている日韓のはざまで苦しむ在日韓国人の姿はおそらく実際にもありうるものであろうし、後述するように実際に多くの在日の女性たちが自らの体験に重ね合わせてドラマを視聴している。

しかし、ドラマは主人公の家族の葛藤を中心に描いており、実際の日本社会における差別構造がほとんど見えなくなっている。つまり、国籍にこだわらずに生きるための障碍は、日本側に存するのではなく頑なに韓国人との結婚を求める父親であり、韓国コミュニティのなかで閉鎖的に生きようとする周りの人々であるかのように表象されている。

小倉千加子がいうように[27]、恋愛の障碍として「新しい日韓交流が分からない自民族中心主義の頭の古いパパ」が安易に用いられているのである。そのため、在日三世の苦悩は、日本社会の植民地支配の歴史と差別構造と切り離せない問題であるはずのものが、日本と韓国両国の間に横たわる排他的境界の問題へとすりかえられてしまっている。この点はインターネットの掲示板でも視聴者によって鋭く指摘されている。

日本人が在日の方々を差別してきた歴史はストレートに扱うと重く複雑になりすぎ……十一回位の連ドラでは充分納得のいく描写をしきれないのでしょう。そこで「在日側」と「日本人側」という「二つの対等な勢力が緊張関係を持っている」という図式に持っていって、「対等な国際関係の問題」に摩り替えているような気がします。これなら「差別、迫害」ではなく「不幸な過去の歴史」という言い方ができ、健介と優里との「過去の不幸」とオーバーラップして雰囲気を曖昧に誤魔化せますから。[28]

今、世の中はドラマなどの影響で韓国がブームになっている。ドラマの面白さ、主演俳優の人気の高さなどから、かつてない日韓交流も進んでいる。だからこそ、あえて、この時季に、この難しい問題を扱ったドラマを放映するのだ。でも、ちょっと待って欲しい。描くなら日本人の男性側の家族をも描いて欲しいとも、思う。日本人と結婚するのを反対する韓国人女性の家族という設定だけでは、余りにも偏りすぎなのではないだろうか。過去の陰惨な歴史を踏まえ、それを反省した上で日本人、韓国人の両家が歩み寄ってこその相互理解なのではないだろうか……だからこそ、丁寧に描いて欲しい。日韓の懸橋になり、そして日本の抱える様々な在日韓国人の問題が少しでも良い方向へ解決し住みやすい社会になるようなきっかけのドラマとなって欲しい。一過性のブームに乗っかった便乗ドラマで終わらせない事がこのドラマの運命だと私は思う。[29]

この点はさらに、最終回での主人公の元婚約者の在日三世の男性の告白にも現れている。彼は幼いころに自分がどんなに頑張っても参政権がない国籍のために総理大臣になれないことを知り愕然としたと告白し、そのトラウマから卒業して何人であろうとも誇りをもって生きていくことにすると宣言する。

しかし、あまりにドラマでは日本社会の差別構造が不可視であるために、この現実的かつ前向きな言葉も、日韓のはざまで揺れる在日の苦悩はあたかも個人レベルで解決されるべきトラウマかのように描かれてしまっている。

また、登場する日本人は誰も偏見に満ちたことは言わないし、ものわかりよく彼女に接するが、それは裏返せば「気にしないよ」という態度に表れる社会的強者の暴力にも見える。カラオケでいまさら在日は在日と結婚しなければいけないなんて古いと叫ぶ主人公に、同僚が「美香さんには韓国の血が流れているんです。でも、和の心を（雑誌編集者として）特集できちゃうくらい日本人なんです。つまり二つの祖国を持っているんです。」というシーンがある。どちらにも属していることが肯定的に強調されていながらも、在日が生きる歴史的現在への視野がぼかされているために、ここでも無邪気に日本人と同じであることを強調する落とし穴にはまっているように読めてしまう。

在日コリアンの人々が自分の出自を日本人に告白したときに「気にしないよ、日本人とおなじじゃない」という返答に感じる違和感、「そうではなくて違うことを理解してほしい」という在日コリアンの憤りに対する無神経さが繰り返されているかのように。

これに関連して重要なのは、韓国人と在日コリアン両者の日本との関係の混同である。韓流と在日の問題のドラマ化の接点について、在日と韓国人とは違うのではないかという記者の問いに、プロデューサーはそれを認めたうえで、「しかしこの時代、韓国人、在日韓国人、日本人を大きな意味でひとつにとらえて行くという考え方もあるのでは」と述べている[30]。

確かに、彼のいうように三者は密接に関連しているのであり、その間の問題の歴史的な理解を深めるきっかけになればドラマの持つ意義は大きいであろう。しかし、ドラマを見る限り、「三者を大きな意味でひとつにとらえる」とは、在日の人たちが有する日本にも韓国にも回収されることのない歴史的経験とそれがもたらす身体性の喪失につながっているように思われる。つまり、日本と韓国の間に埋没して自分を見失う姿が、歴史のなかで被ってきた在日コリアンの集団的経験との関わりで表象されることなく、韓国のパスポートを持つ（裕福な）「日本在住の韓国人」という観点から描かれてしまっている。

この点は、「日韓の国境を越える愛」というドラマの謳い文句にも現れているし、『冬のソナタ』で人気の出た韓国の俳優パク・ヨンハを登場させて、「二つの国や民族が過去の経緯を越えてベストフレンドになる」というメッセージを伝えさせていることでも強調されている（八月二三日放送）。ここでも、韓国で生まれ育った韓国人の日韓の歴史的和解への思いと日本で生まれ朝鮮半島の植民地支配の歴史のなかで育ってきた在日三世の生きざまと葛藤が、国籍がおなじだという理由であたかも同列かのように了解されてしまっている。これについても視聴者から厳しい疑問が呈されている。

いま、韓流という言葉で韓国のドラマや映画がもてはやされていますが（自分はそちらの方はまったく見ていませんのでそっちのコメントは差し控えさせていただきますが）、『韓国』がブームになっていることと『在日』の問題はまったく別の場所にあるように思うのです。国籍は同じかもしれませんよ、確かに同じ韓国かも。でも韓国のネイティブの人と、異国で生まれて育ったそれも三世代目の人たちを、同列で取り扱うのってどうなんでしょう（汗）そして、ドラマの中からはそういう雰囲気がぷんぷんと匂ってきたんですよ（苦笑）一言で言ってしまえば「掘り下げがたりない」と感じたというか……韓国は『隣の国』で、いまどんな形であれそれが日本でクローズアップされて友好関係が更に深まりつつあるのはすごくいいことだと思います。でも在日は『あなたの隣にいる人』です。隣の国、じゃない。海を隔てたりしていない。あなたが知らないだけで、あなたの隣に住んでいるかもしれない、あなたの同僚がそうかもしれない、あなたの友達がそうかもしれない……あなたの恋人がそうかもしれない。そういう、身近という言葉だけではとても語れない存在なんです。逆に言えばこのドラマがそういう『あなたの隣に住む在日』を意識させるきっかけを与えてくれるならそれは素晴らしいことです。在日は特別な存在じゃないと思ってもらえるきっかけになるのなら、きっとその気持ちは在日の人にも伝わると思います。ですから、今後、このドラマにはそういう展開を求めています。敢えて原作にない設定を持ち出したのですから、それを極限にまで生かして欲しいと思います。[31]

しかし、フジテレビの公式サイト[32]への視聴者からの書き込みを見ると、日韓を越える恋愛ドラマというモチーフをそのまま肯定的に受け止めているメッセージが多い。もちろん、フジテレビが番組に肯定的なコメントを主に選んでいるためかもしれないが、国境や民族の問題にふれる際はあきらかにドラマを日本と韓国の二国間の問題を描いたものととらえている。

たとえば、「日韓を近づける為のドラマでしょ？　美香と亮介がハッピーエンドになれなかったら、日本と韓国は遠くはなれたままですよー」、「予想に反してハマリました。私達が抱える今後の日韓関係にすっかりスポットを当てたメッセージ性の高いドラマだったからです。」、「韓国が身近になりました。現実には難しいと思いますが、ハッピーエンドになりますように。」、「国境を隔てて恋愛する二人に毎回、感動しています。負けないでって言う思いです。」、「私は恋愛に国籍なんて関係ないと思います……日本でも韓国人を差別したりする目がまだまだあると思います。そういう目を持った人に一度韓国人の人たちと交流して彼らのいい所を少しは見習って欲しいと思います。」、「こんなにも国籍だけで離ればなれになるなんて悲しすぎます……」。

こうした言葉からわかるのも、このドラマは日本と韓国との関係改善に大きな役割を果たすことが肯定的に期待されてはいるが、在日の経験と存在は日本に住んでいる韓国人というかたちで多くの視聴者に理解され、承認されてしまっていることである。

国内の人種的・文化的均質性の脆さを覆い隠す欲望がベトナム文化の消費においては主体なき多文化主義をとおして見えかくれしていたとしたら、『東京湾景』ではそれは、韓流によって肯定的に消費される韓国イメージをとおして在日コリアンという安易に消費できない歴史的主体を新たに分類して承認する試みに現れている。

在日コリアンと呼ばれていたときに共通して横たわっていた、日本社会におけるポストコロニアルな身体性が体現するあいまいさ、単に日本に在住する外国人＝朝鮮人・韓国人ではなく、いずれの意味でも純粋なアイデンティティをもちえない人々の歴史的経験がもたらす安易な了解や括りを阻む「ややこしさ」と、それが在日の人々にもたらす「たえず漠たる不安と緊張を強いられている」状況[33]はそこでは抹消される。

これまで日本の均質性を損なわせ、歴史的暴力の名残を居心地の悪い形で体現するがゆえに不可視なものとして留めおかれてきた存在に目を向けるには、マジョリティにとっての居心地の悪さは緩和される必要があるからである。韓国との関係の改善によって「在日韓国人」という新たな承認可能な範疇がもたらされ、それによって在日コリアンの人々の歴史的経験やアイデンティティがいわば飼いならされているといえる。

それは、国籍が違う、パスポートが違う、選挙権がない、結婚に障碍があるといった現存する差異や差別には目を向けさせる。このこと自体大きな意味があっても、それと引き換えに在日コリアンを周縁化してきた日本の均質性の神話そのものを根本から揺るがすような側面は切り捨てられてしまう。

戴エイカが最近の朝鮮名を留めたまま日本国籍取得を奨励する政府の動きに対して警鐘したように[34]、名前や出自の事実を明らかにすることは日本人とは違うことを示す文化シンボルたりえても、多くの在日の人々の現在を強く規定し続けている差別の歴史に真摯に目が向けられたり、内部から日本人というエスニシティを根本的に揺るがしたりすることには必ずしもつながらない。むしろ「韓国系」というあらたに分類された二流市民のエスニシティの箍のなかに閉じ込めるかたちでのみ、その差異が承認されるのである。

それは歴史なきポストコロリニアリズムであり、多文化状況をマルチナショナルな枠組みへと転換する試みである。植民地主義の歴史に刻印されたものとして在日コリアンの人々が被ってきた苦難や差別、アイデンティティの葛藤を十全に理解しようとせずに、今の問題として了解する。過去の歴史が認識されることはあっても、それはあくまで現在とは関わりのない終わったものとしてであり、いわば忘却するための承認である。

他方、在日コリアンの存在は韓国という視点を通して主に凝視され、いずれの国どちらにも完全に属さない人々の葛藤は咀嚼されてはいない。日本における多文化主義の問題を国と国との間の問題としてマルチナショナリズムの枠組みに摩り替えてもっぱら理解しようとする[35]。それらを通して、日本は「在日韓国人」という他者が存在する社会であることを認めながら、その存在は日本を形作る核の部分とは切り離された安全な他者として了解することが可能となる。

さらなる可能性の模索のために

こうした批判的読みは実際に日韓のメディア文化交流が与えた肯定的な社会的影響を否定するもので

はない。韓流、そして『冬のソナタ』は明らかに日韓の関係性を前進させているし、人々の相互理解もこれまで以上に深く共鳴するものになっている。この意義は間違いなく大きい。

批判的読みは肯定的な変化を否定するのではなく、それをさらに推し進めていくために必要な迂回である。こうした取り組みの繰り返しにしか、いまと異なるより良い未来へたどり着く方途はないし、メディア消費をとおした越境的対話が国という枠組みを超えることはできないだろう。

しかし、逆にいえば、現状の批判的な検証は、現実に起きていることからあらたな可能性を汲み取り、変化の萌芽をていねいに拾い上げることと併せて行われなければ有効ではない。『冬のソナタ』と『東京湾景』をとおしてそうしたさらなる変化の胎動が起きていることは、視聴者によるインターネットのディスカッションサイトでの鋭い批判や疑問に読み取ることができる。

そこでは在日韓国人社会と婿養子の慣習の誤解や、在日の民族主義者は「日本海」とは表現しない、あるいは空港での入出国カウンターは日本人と同じだ、チョゴリにあんな靴は合わないなどの細かい描写の間違いが指摘されている一方、前で引用したような、国境を越える愛というテーマのもとで、韓国人と在日三世が混同されていることに対しても厳しい批判がされていた。『冬のソナタ』のファンの掲示板でも、『東京湾景』に関する議論が展開されている。[36]ドラマが明らかに『冬のソナタ』に刺激され意識して作られていることが関心を掻き立てたきっかけであろうが、そこでは在日への現実の差別の問題が言及されている。

選挙権の問題以外にも植民地化の歴史との関連で在日の今の存在を考えたり、通名を使わざるをえないことや、「在日」というカテゴリーそのものに見て取れる問題など、より多様な問題をより広い歴史的社会的文脈のなかから議論している。

そして、このテーマを最初に紹介したファンは「今私は両国の事をもう少し勉強してみようと思い始めました。出来ることからコツコツと……これもやはり冬ソナ効果だと思います」というコメントを発している。しかし、ここに表れているのは、『冬のソナタ』をきっかけに広まった韓国への関心が『東京湾景』をとおして在日コリアンの問題へとつながったことである。二つの日韓のドラマの連繫的効果として歴史への関心をさらに引き起こしたのである。日本と韓国の関係性、特に韓国への関心の高まりをすでに持ったうえで、『東京湾景』を観たことで日韓の歴史などに関する「学習」意欲がさらに喚起されている。

フジテレビの公式サイトでも、在日コリアンについて直接言及してはいないものの、韓流ブームに疑問をもっていたが「東京湾景」で歴史への関心が高まったというコメントがいくつか寄せられている。

今、韓国ブームですがドラマを通じて歴史にふれる機会があればいいなと思いました。歴史あってこその私たち。これから先もっともっと韓国が身近な存在になってくれればいいなぁと思っています。

このドラマを見て、日韓の歴史のことを考えるようになりました。私は日本人ですが、最近の韓国ブームにはかなり引いています。テレビ欄を見れば、「ヨン様」とか「韓流」とかよく書かれているけど、どうしてそこまでするの？　って思っています。なんだか、表面的なことばかりに熱くなって、根本の韓国の歴史などには触れていない。好きになるのは別に良いのですが、好きになるんだったら、その国の歴史を全て知る必要があるのでは？　と。私は、このドラマをきっかけに、韓国と日本の歴史に興味がわきました。『冬のソナタ』ではなく、「東京湾景」というドラマで。

ドラマが歴史認識を深めることへの新しい方向性を与えてくれたという声は在日三世の女性の立場からも寄せられている。

実は私も、在日韓国人三世で、朝鮮学校に通っていますが、正直言って、今の日本での『韓国ブーム』には少し疑問を感じていました。『私達の歴史も何も知らない人達なのに……』と思っていました。でも、東京湾景を見て、考えが変わりました!!　私達の事を知らない人達には、教えてあげればイイんですよね!!

彼女の言う「教えてあげる」を、在日コリアンの人々からの一方的な働きかけと考えてはならないだろう。差別の歴史はそれを被っているマイノリティから教えてもらうものというマジョリティ側の責任回避に結び付いてしまうからだ。

彼女のコメントはむしろ「共に」行動しようという呼びかけである。日本のマスメディアが在日コリアンを主人公にしたドラマを制作したという事実と掲示板での現状に批判的な視座を持つ日本人視聴者によるコメントが、日本社会での在日コリアンについての現状と歴史についての認識を、日本人も在日コリアンもみんなで共に深めていくことが可能なのだという希望を彼女のなかに呼び起こしているのかもしれない。ドラマの表象だけを分析していては気付くことはできない、新たな批判的想像に向けた連繋の可能性がこれらには表れている。

同じように、多くの在日コリアンの人々が『東京湾景』を見て勇気づけられている。フジテレビのサイトにはストーリーに自らを重ね合わせる多くの共感の声が寄せられている。

私自身在日韓国人三世であり、主人公美香と同じく日本人男性と結婚直前に破談になるという経験があるので、このドラマを他人事とは思えず観ています。韓国ブームと言えども在日韓国人を取り上げたことに驚きましたが、私達在日韓国人の感じている心の中がよく描かれていて感動することもしばしばです。美香・優里と同じく自分自身がいったい何者なのか随分悩んだこともありました。日本人の友人に打ち明けることも出来ずに苦しかった経験があるだけにこのドラマで何か癒されたような気がしました。

私も在日韓国人です。私は今まで韓国人として生まれてきた事を嬉しく思ってはいなかったけれど、このドラマのおかげで自分をまっすぐに見つめなおす事が出来ました。ドラマ『東京湾景』に関わっていた皆さん、感動をありがとう。

在日韓国人の私にとって大変興味深いドラマで、多少「違うかな?」と思う描写はありますが、美香の心の葛藤はかつて結婚問題で国籍の壁にぶつかった時の自分を重ねて見ているようです。

私は美香と同じように在日韓国人です……韓国人になれず日本人になりきれないといった扱いが現状です。……(ドラマを観て)毎回考えさせられ、現実に目を向け、答えが出ない毎日ですが、勇気をもらっています。

皆さん良いドラマをありがとう御座いました。そして、お疲れ様でした。僕は、在日韓国人です。最終回の放送で、公園で弘一が美香に語った「参政権のない人種」痛いくらい僕の胸に響き、男泣きしてしまった。弘一が言った一言一言が、僕の想いのようでした。

どんな展開になるかハラハラ、ドキドキでした。でもよかった、幸せに終わって。私は美香と同じ在日三世ですが、このドラマで二つの祖国を持っているって、素敵なことなんだ、って勇気付けられました(^^♪ありがとうございました。

こうした文章を読むにつれ、社会において長らく不可視の存在にされてきた在日コリアンを主流メディアに登場させた意義はやはりとてつもなく大きいことを実感させる。

しかしその一方では、ドラマの意義を高く評価しながらも、韓国と在日の混同や歴史的視座の欠如に関していくつかの問題点が指摘されていることも見逃すことはできない。そこではドラマが在日の存在と経験の複雑さを咀嚼しそこなっていることへのやわらかい口調ながらも強い憤りが表明されているからだ。

最近の韓国ブームで、多くの人が韓国に興味を持つようになり、うれしいけど複雑です。韓国には興味もつけど在日のことはしられなさすぎる。ドラマも話はステキだけど在日の現実には遠い気もする。日本人の視点というか……

（ドラマを）隔世の感を抱いて観ています……在日を扱ったストーリーがどこまで〈普通〉の日本人に理解されるのか、個人的には良い脚本とは思いつつ、まだ難しいのではとも。外人登録証やパスポートに絡んで在日の位置を説明する以外の手法も使った、もっと踏み込んだ展開になることを望みます。

このドラマを初めて拝見させて頂いたときには正直いってとても複雑な心境でした。今の日本の若い方々がどれだけ私たちの国と日本の過去の歴史をどれだけ認識しているのだろう。私の祖父は植民地時代に強制連行で日本に連れてこられました。今の在日にはそんな人たちの子や孫がたくさんくらしています。今の若い方たちそんな昔の事とおっしゃる方もいると思いますが少なくとも私たちの祖父や祖母（在日一世）達のなかでは昔のことでもなければ、まだ終わった問題でもありません。最近、韓流ブームで私たちの国と日本とがとてもいい関係あるのはとてもいいことだとは思います。だからこそもう少しお互いをよく理解する上でも、過去の歴史はしっかり認識していただければと思います。

今まで在日韓国・朝鮮人は日本社会で決して表舞台に立たない存在だったと思いますが、このドラマを通してたくさんの方々にその存在を知っていただけたと思います。（ただ日本にすんでいる外国人としてではなく、過去の悲しい歴史の跡形としての在日です）今もなお、在日韓国・朝鮮人は賃貸アパートを借りるのも容易ではありません。「事実は小説より奇なり」のように、現実はもっともっと複雑な葛藤や物語があると思います。東京湾景をご覧になったみなさんが、もっと在日韓国・朝鮮人に関心を持っていただけたら幸いです。これからも在日をテーマにしたドラマがあって欲しいと思います。

これらの批判的な意見がより正しいということではない。逆に、勇気づけられている人々がいるからといって、在日という歴史的身体性ではなく日本にいる韓国人というわかり易い図式の有効性を批判すべきではないということでもない。

『東京湾景』に対して異なる意見が混在していることは、在日コリアンの人々の立場や経験がいかに多様であり、一つの均質な集団のものとして理解することができないかについてあらためて教えてくれる。マイノリティ側に位置させられている人々にとってアイデンティティ政治は日常における私的空間がまさにその交渉と対決の場であったとしても、それを克服するのに万人に対して有効であるような正解などないのである。

しかし、いずれの場合も、在日コリアンの視聴者からのコメントを受動的に聞き流すことはできない。肯定的であれ批判的であれ、それらはともに日本社会で彼／女たちが置かれている「二流市民」の立場から発せられたものである。その状況に社会的・歴史的想像力を働かすならば、前述の「共に教えてあげよう」という呼び掛けは、逆の側からより強く発することが求められていることをこれらのコメントは気付かせてくれる。

このことをふまえたうえでマジョリティ側に立つ「日本人」がすべきことは在日コリアンの人々の声をいかなるかたちででも全体化して捉えることなく、それらひとつひとつを自分と関わりのある問題として受け止め、支援することである。教えてもらうのではなく、自分から知ろうとすること。勇気づけられたという声を尊重しながらもそれを安易にもてはやすことなく、在日として生きる苦しみと希望をドラマに重ね合わせている人たちの様々な言葉に真摯に耳を傾け、それぞれの立場を取り巻く問題の深さを理解しようとすることである。

私も在日韓国人です。私のずっと仲の良い友人、誰一人その事を知りません。もし告白してきらわれたらどうしよう、そんなことばかり考えてしまいます。美香が自分の国籍を告白するシーン、感動しました。そんな私にも一度だけ過去に同じような経験がありました。涙がこぼれました……ハッピーエンド願ってます。

いうまでもなく、彼女の涙が表しているのは、単に彼女の個人的経験でも、ましてや「在日韓国人」が主役のドラマ放映をもたらした韓流の肯定的影響力、あるいは情感あふれる恋愛ドラマの語りの力ではない。表象をいっそう深く読み解くことを強いる在日としての歴史的現実と現存する構造化された差別が、彼女にとってのさらなる情感をドラマに与えている。

実際に視聴者はハッピーエンドを期待する人が多かったが、そこにこめられた在日コリアンとして生きる人々の思いは、同じようにハッピーエンドを望んだ日本人視聴者のそれとは大きく異なっている。現実社会と重なり合う強い希望が込められているからだ。

その期待に応えるかのようにドラマは実際に希望を与えるようなハッピーエンドで終わり、それによってさらに勇気づけられた人も多い。繰り返せば、韓流、『冬のソナタ』、『東京湾景』と続く一連の動きは、確かに日本、韓国、在日コリアンの間に新しい関係性を構築するための想像力を育んでいる。

しかし、ここで安住するのはまだ早すぎる。今度は我々ひとりひとりがまだ残された多くの問題と現実との落差に向き合い、現実社会のハッピーエンドに向けて共に取り組んでいく番だ。そのためにも「在日性」の承認に関しての歴史を見渡した批判はどうしても避けて通れない回り道である。

注

1 本稿では、「在日韓国人」との差別化をはかるために、日本の植民地支配時代に朝鮮半島から日本に移ってきた人、あるいは祖父母や父母を有する朝鮮籍、日本籍の人々までも含む呼称として「在日コリアン」を使用する。尚、名称に関する政治性やそのなかの多様性などについての簡潔な説明については徐(2004)を参照。

2 『ニューズウィーク日本版』 一九九九年一一月一七日号、五二―三頁。

3 『アエラ』、二〇〇二年九月一六日号。

4 リー・ドンフー(2003)。

5 岩渕(2001)第6章参照。

6 伊藤守(2003)。

7 Ang, Ien. (2003)

8 「朝日新聞」、二〇〇四年五月二一日。

9 「朝日新聞」、二〇〇四年五月一八日。

10 岩渕(2002)参照。

11 たとえば、権(2004)、鄭(2004)など。

12 Carruthers, Ashley. (2004)

13 人気のある日本の俳優、監督、脚本家がかかわった映画『GO』(二〇〇一年)は在日コリアンを扱ったポピュラー文化としてはじめて主流市場で成功を収めた作品であるが、その商業的成功の代償として、在日と日本人との不均衡な関係の描写について表層的で、日本人観客に受け入れやすいものになっているといった批判がなされた。しかし、在日三世の作者がいうように、「在日」というテーマを純文学として重厚に描くのではなく、「いまの日常感覚を持ったエンターテインメント」として提示したいという意図は、安易な消費の次元を越えて結実している。映画をとおして日本では不可視な在日の存在と差別の実態が公共の言説空間で認知されたことの意義は大きいし、また少なからぬ在日の若い世代の人たちがその映画の「国境線なんか俺が消してやるよ」というメッセージに力を得てもいる。

14 テーラー(1996)。

15 上田ほか(2002)参照。

16 「朝日新聞」、二〇〇四年七月一八日。

17 『アエラ』、二〇〇二年一月一四日。

18 「朝日新聞」、二〇〇二年五月一四日。
19 「朝日新聞」、二〇〇四年八月二一日。
20 権（2004）。
21 「朝日新聞」、九月二日。
22 パスポート取得の便宜性や北朝鮮政府への失望感などから実際に朝鮮籍から韓国籍へ移す人々は増えており、現在では後者の数は前者のおよそ三倍以上にのぼっている。
23 「朝日新聞」、二〇〇四年七月三〇日。
24 たとえば李（2002）
25 「朝日新聞」、二〇〇四年六月二三日。
26 「朝日新聞」、同上。
27 小倉千加子（2004）。
28 http://bbs5.otd.co.jp/570361/bbs_plain
29 http://tb.plaza.rakuten.co.jp/mimimotozi/diary/200407050000/
30 「朝日新聞」、同上。
31 http://www.myprofile.ne.jp/blog/archive/acquire-mind/25
32 http://wwwc.fujitv.co.jp/wankei/index2.html
33 徐（2004）
34 Tai　(2004, 369)
35 岩渕（2004）参照。
36 http://www.innolife.net/bbs2/list.php?bbs=bbs1&pg=25

参考文献

Ang, Ien.（2003）「テレビドラマに見る文化的親密性」、岩渕功一編『グローバル・プリズム――「アジアン・ドリーム」としての日本テレビドラマ』平凡社

Carruthers, Ashley. (2004) 'Cute logics of multicultural and the consumption of the Vietnamese exotic in Japan', *positions* 12 (2): 401-429.

鄭大均（2004）「新・韓国ブーム　対等な眺め合いへ一歩」、朝日新聞、九月一三日

伊藤守（2003）「九〇年代の日本テレビドラマに見る女性性の表象」、岩渕功一編『グローバル・プリズム――「アジアン・ドリーム」としての日本テレビドラマ』平凡社
岩渕功一（2001）『トランスナショナル・ジャパン』、岩波書店
――（2002）「「つながるアジア」の誘惑――ポピュラー文化がもたらす対話の可能性」、吉見俊哉ほか（編）『アジア新世紀　第4巻　市場』岩波書店
――（2004）「スペクタクル化される『ナショナル』の饗宴――メディアにおける『普通の外国人』の商品化」、テッサ・モーリス＝スズキ、吉見俊哉（編）、『グローバリゼーションの文化政治』、平凡社、三〇一―三五〇頁
権容奭（2004）「「ヨン様アイランド」の不思議な住人たち」、『ニューズウィーク日本版』、八月一一／一八日号
リー・ドンフー（2003）「日本のテレビドラマとの文化的接触――受容の様式と語りの透明性」、岩渕功一編『グローバル・プリズム――「アジアン・ドリーム」としての日本テレビドラマ』平凡社
李恢成（2002）『可能性としての「在日」』、講談社文芸文庫
小倉千加子（2004）「男よりテレビ　女よりテレビ――恋は『障害』から『障碍』へ」、週刊朝日、八月一三―二〇日号
徐京植（2004）「ディアスポラ紀行第1回　わだちのフナ」、『世界』六月号
Tai, Eika. (2004) "'Korean Japanese': A new identity option for resident Koreans in Japan', *Critical Asian Studies*, 36 (3): 355-382.
チャールズ・テイラー／ユルゲン・ハーバーマス他著、エイミー・ガットマン編（1996）『マルチカルチュラリズム』、佐々木毅・辻康夫・向山恭一訳、岩波書店
上田正昭、杉原達、姜尚中、朴一（2002）「歴史の中の在日」、『環』一一月号

コラム

バイリンガルのラジオ番組を作ることの実験性

柳川素子

二〇〇四年七月二日から四日にかけ、福岡で開催されたワークショップ「越境的文化変容」の期間中に、参加者である九州大学（福岡）と延世大学（ソウル）の学生が中心となり、共同で「ラジオドットエフ特別企画――越境的文化変容」と題したラジオ番組を制作した。

ここで私たちが実践したことは、「実験的」に「バイリンガル」の番組を作る試みだった。しかし、なぜ「実験的」に「バイリンガル」なのか。その意味は企画時には曖昧なものではあったが、実際に番組を作るなかで更なる実感として捉えることができるようになった。ここでは少し、「バイリンガル」の番組を作ることの「実験性」について考えたい。

そもそも一般的に、通常放送されている日本におけるバイリンガルのラジオ番組にはいくつかの機能が想定されている。まず、積極的な番組内容の聴取を期待するものとして、その可聴範囲に在住している外国人向けに情報を提供するということ、あるいは日本人が外国語習得や異文化への興味関心という理由から聴くことを目的とすることが挙げられる。

また、母国語でない言葉がダイレクトに耳に入ってこないため、ＢＧＭとして聴かれるという場合も考えられるし、外国語を放送に使用すること自体に、「外国語＝格好よいもの」という印象にとらわれたイメージ戦略の意味合いを含んでいることも否定できない。

しかし、この「越境的文化変容」における番組構成は、そういった一般的なバイリンガルの番組における目的とは一線を画した内容を形成することになったと自負している。では、それはどのような意味においてなのだろうか。

私たちが制作したのは二本の三十分番組である。その模様は二〇〇四年七月十一日、十八日の両日、二三時～二三時半の時間帯に、福岡市中央区天神を拠点とするコミュニティFM「Free Wave天神エフエム」でオンエアされた。

この「ラジオドットエフ」とは、私が所属する音楽団体「.F（ドットエフ）」のスタッフにより製作している番組で、週一回、天神エフエムで放送しているものだ。[*]今回は番組のなかで、ワークショップを契機に番組特別企画を立案し、日韓両国の学生を中心とした、日本語・韓国語の二ヶ国語使用による音源紹介プログラムの製作を試みたのである。

番組では九州大学と延世大学の教員と学生が、それぞれ自分の紹介したい音源をあらかじめ一曲準備し、交代で曲の紹介を行った。基本使用言語は日本語で、韓国語を日本語に翻訳するという形式をとった。通訳は、延世大学の平田由紀江とパク・ソヨンが担当した。

紹介した音源は計十二曲。十二人が選んだ多種多様な音楽からは、日本と韓国のまさに「今」が垣間見られる。一人一曲という制約の他は、準備段階から音源の種類や内容については全く制限せず、その結果として、それぞれが普段聴いているもの、気に入っているもの、好きなミュージシャンのもの、あるいはこの機会に紹介してみたいもの、といった観点から、形態やジャンルを越えた様々な音楽が集まることとなった。それは日本と韓国の音楽、しかもポップ、ロック、ヒップホップ、R&B、ハウス……というように様々なジャンルとして位置づけられるバラエティーに富んだものである。

　こうした音源を素材に番組の制作を進めた。天神エフエムという放送局がコミュニティFMであり、可聴範囲が福岡市内という限られた区域であること、そして番組がもともと情報番組であるという性質などから、形式上は主に日本語を使用し、韓国の若者文化としてのポピュラー音楽を日本人聴取者に向けて紹介する、という形式をとった。

　だが番組を制作し終えてみて感じたのは、この三十分×二週分、計一時間の記録が、単なる情報の紹介にとどまらず、それ以上の意味を持つものとなったのではないか、ということである。結果的には、番組を作る過程そのものが、通常想定されたかたちでのバイリンガルの番組の目的とは一線を画したものとして実感されたのだ。

　今回は、普段は生活者として日本と韓国という異なった場所や環境で日常を送っている番組の参加者ひとりひとりが、音楽という切り口からみたそれぞれの日常の断片を提示し、二つの言語と混在する文化の交錯を通して、それらをひとつのラジオ番組というかたちに編集し、情報として発信することを試みた。この試みで私が実感したのは、日本の音楽／韓国の音楽として、国境を境にただ単に分離し、対比される異文化ではなく、連続しつつその根底をなしている、現在進行形の文化の混淆である。

　それは、現在盛んに取り上げられている「韓流ブーム」のような、劇的で、なおかつ突如起こったかのような変化ではないかもしれない。しかしその反面、ゆるやかに、しかし確実に継続してきた文化の交錯と融合、受容と消費の影響を見て取ることができるのだ。それらは大々的に取り上げられることもなく、明確な形で認識されていないものの、日本と韓国のポピュラー文化にとって重要な基盤となりつつあるのである。

　具体的な事例を挙げてみよう。番組の中でパク・ソヨンの紹介した韓国人女性ラッパー「t」の作品には、日本のヒップホップ、R&Bのミュージシャンが参加している。また、キム・ハクシルが持参した音源の「ローラーコースター」というユニットは、日本の「渋谷系」音楽の影響を受けているという。

知られているように、韓国には日本文化の段階的開放政策が存在し、音楽に関することでは、二〇〇四年一月の第四次開放で日本語による音楽ソフトの流通が認められるまでに長期にわたる段階的な制限があった。

しかし実際はそれ以前から、すでに海賊版の流通やインターネットを通して日本のポピュラー音楽の受容、消費は起こっていたのである。これらの現象にも、そういった政策とは違った方向性を持つ自律的な文化の動きが関与している。

一方で日本においても、これらの情報の共有はすでに起こっており、インターネットのキーワード検索だけでも、「t」や「ローラーコースター」に関する日本人の音楽ファンのコメントを多数見ることができる。

この二つの事例のどちらに関しても指摘できることは、それらの情報が、「日本と韓国」という枠組みというよりはむしろ、「ヒップホップ」、「R&B」「渋谷系」などといった細分化された音楽ジャンルという特定の範囲内を中心にやりとりされつつあるということだ。

「ローラーコースター」には、すでに「渋谷系」の中心的な存在でもあるピチカート・ファイヴの小西康陽によるミックスが存在している。このことは、音楽制作シーンの現場レベルでの文化の混淆を象徴的に示しているだろう。ある特定の音楽を好むコミュニティの中ではすでに、国境を感じさせない音楽の消費の一形態として情報が共有され、受容されつつあるという状況が認められるのである。

こうした事例から、音楽という分野のなかで、すでに様々な形で交錯している日本と韓国の文化変容の一端を垣間見ることができる。もちろん韓国における日本文化の受容には歴史に端を発する様々な感情が内在している。それらの複雑さをはらむ事情は決して看過されるべきではない。だがその一方で、このような文化の内部で、純粋に音楽によってつながれる変化がたえず起こっていることもまた事実である。

また、こういったフレキシブルな情報の流れを加速させたのは、近年のインターネットの普及である。特に韓国における高水準のブロードバンド環境の定着は、大きな影響を及ぼしている。このことに関しても、興味深い事例を紹介しておきたい。

先日（二〇〇四年九月）、私はソウルで延世大学の友人たちに再会した。その際、音楽とインターネットについての個人的な関わり方や使用状況、考えや意見についてのインタビューを行ってきた。それぞれの話す内容からは多くの示唆が得られたが、全体に共通するのは、インターネットを使用して音や映像を含めた情報を収集し、自分に合わせて取捨選択する機会が、より自然な形で日常化しつつあるということだ。

日本ではいまだ、インターネットの情報というと、文字と画像を中心としたものという側面が強いように感じられる。最近ようやく、音楽を聴く、映像を観る、といったことも一般化してきたのだが、韓国の状況には及ばないという現状である。これには大きな容量のファイルを簡単にやりとりできるブロードバンドの普及が大きな影響を及ぼしている。早期に政策として取り組み、普及を推進した韓国では、インターネットを介した音楽や映像の流通がすでに広範囲に行われている。

インタビューでしばしば登場したのが、韓国内のインターネットのポータルサイトである。そこには数々のコミュニティが存在し、特定のものに関する情報交換を行っているという。そこで交換される情報とは単なる文字情報にとどまらず、音源や映像の流通も多く見受けられる。

たとえば、Ｊ-ＰＯＰの同好会に所属して韓国内では発売されていない音源を聴くことができる。好きなミュージシャンのレア音源を探すことや、興味のある音源を試しに聴いてみることも多いようである。また、日本でも最近話題となっているＰ２Ｐ型ファイル交換ソフトも多く使用されている。自分に合った方法で、興味を満たす情報を供給する選択肢が多数存在し、しかもそれをより簡単な方法で受容できる基盤が整っているのである。

もちろんこれらの事例は、著作権の観点からは非常に問題とされるかもしれない。実際、韓国では急速に著作権の整備が行われつつあるという現状もある。インタビューの中では、著作権に関しての戸惑いなども多く聞かれた。

しかしその一方で、自由に情報を検索し、コミュニティを形成し、自分で情報を集積してコーディネートしていく過程に面白さがあることも確かである。そしてそういった個人的な経験の範囲が広がることによって、それぞれの間に新たな関係性が生まれてくるかもしれない。そこに文化の発展の可能性を見ることも可能ではないだろうか。

今回経験したような文化のゆるやかな交錯は、いってみれば多々ある文化現象の中でのわずかな一端にすぎない。それが単にある種の特異な状況下での出来事でしかないとの指摘もされうるだろう。しかし、ある時点での個人の経験の集積は、文化を捉え、語る上で重要な役割を果たしているともいえる。

現在様々な形で浮上している「韓国文化を消費する日本人」、あるいは「日本文化を消費する韓国人」というイメージなどとはまた違った、文化の交錯と共振がそこに存在するのである。それは、「韓流ブーム」のような爆発的な文化変容の表象と、並列して語られるべき事象であるはずだ。

「韓流ブーム」が起こっているといわれ、日本においては一般的に韓国の文化がますます身近になりつつある。韓国においても日本文化開放が大幅に進み、日本のポピュラー文化の受容が更に増加するであろう。こうした日韓相互の状況変化に加え、インターネットによるネットワーク化の進展によって、地図上の国境を越えた情報の受容や発信が事実上身近なものとなってきた。こうした要素が混ざり合うことによって、日韓の大衆文化には大きな転換点が訪れている。その背景を認識した上での今回のラジオ番組の製作は、ささやかな試みではあるが、重要な意味を持つものとなったことを期待したい。

普段は生活者として、音楽の聴き手＝情報の受け手である私たちが、ラジオというメディアを使い、情報の送り手として日本と韓国の「今」を実感させる内容の番組を組み立てていくということ。なおかつ、日本と韓国という二つの国の間にあるように見える「文化の差異」を、日常を表現する言葉と音楽によって近づけていくこと。この二重の意味を持つ実践は、交錯する文化の現在を捉え、切り取るためにふさわしいものになるのではないだろうか。

最後に、今回の番組制作について快諾してくださった天神ＦＭの皆さんに、この場を借りてお礼申し上げたいと思います。ありがとうございました。

Free Wave 天神エフエム：http://www.freewave777.com/

＊「.F（ドットエフ）」とは、福岡を拠点に、音楽をはじめとした文化に関する情報の発信を、主にウェブサイト、ラジオ番組、イベント企画・運営などを通して行っている団体。活動等の詳細についてはウェブサイト（http://dotf.jp）に掲載している。通常の「ラジオドットエフ」は、主に福岡の音楽・美術・芸術といった文化に関わる人をゲストに招き、その活動内容やイベント告知などの情報で構成している。

II
韓国における日本ドラマ

5 韓国における日本大衆文化の受容と「ファン意識」の形成[1]

キム・ヒョンミ　平田由紀江　訳

表では門を閉めつづけ、裏門は開けっ放し、左手では拒絶の態度を示し、右手ではいそいそと受け取る——これが過去三〇年のあいだ、韓国社会が日本の大衆文化に対してとり続けた態度である。[2]

1　はじめに

『日本の大衆文化をパクる』というタイトルのついた本の序文で、著者である文化研究者ト・ジョンイルは、韓国社会が日本文化に対してとりつづけてきた態度が、生産と受容という二つの側面で腐敗構造を生み出してきたと主張している。

つまり、日本の文化商品が非公的なルートを通じて韓国に流入することにより、大規模な裏市場が形成され、非合法商品の流通が受容の腐敗構造を生み出した。さらに、公的なルートでの輸入が禁止されていることに目をつけた韓国の文化生産者たちは日本の文化商品の形式や内容などを「パクリ（剽窃・模倣し）」続け、生産の腐敗構造を生み出した、というのである。

日本文化の流入に反対する人々は、日本文化は低俗で質の低い暴力的なものであると主張し、日本文化の本質を規定してきた[3]。その一方で、文化の創造性と自律性を強調してきた韓国の一部の文化研究者たちは、韓国政府が日本文化を受け入れてこなかったことが、日本文化「模倣」の傾向をあおり、結局は韓国の文化商品の競争力を弱めてきたと主張している。この二つの立場は、日本文化のグローバルな流通と歴史的変化に関する具体的な考察に欠けたまま、日本文化の影響力についての一般論を強調しているにすぎない。

韓国では一九九八年四月一七日に日本大衆文化の段階的な開放の方針が発表され、その年の一〇月には日韓首脳会談での「日韓パートナーシップ宣言」とともに、過去五五年間禁止されてきた日本大衆文化の第一次開放が実施された[4]。

これは、一九六五年の日韓国交正常化以降、日本大衆文化のうちで唯一アニメが、日本の原作者や制作者の名前を出さないという条件で韓国のＴＶでの放映が許可されて以来[5]、日本大衆文化に対して行われた最初の措置であった。二〇〇四年一月からは、最も大衆的な日本のＴＶドラマの輸入とＣＤの販売が許可されたため、日本大衆文化に対する関心が高まっている。

しかし、公的な流通経路がなかった過去数十年の間にも、日本文化は韓国へ流入していた。過去数年間に、様々なジャンルの日本大衆文化の「ファンクラブ」が広範囲に形成されたばかりでなく、現在では日本で発売された最新のアルバムやドラマが韓国のインターネット上で紹介され、受容されており、その流入に時差はほとんどなくなってきている。

政府の政策や日本の植民地支配に対する反感が理由で、日本大衆文化を韓国社会に流通させることができないという現実や、文化の流れは政治論理によってのみ規定されるという点を強調するとき、実際に日本と韓国の間に継続的に存在してきた文化の流れの歴史的過程を見落としがちになる。

本章の分析は、文献調査、インターネット調査、それにインタビューをもとに行われた。インタビューは、日本大衆文化、すなわち音楽、ドラマ、マンガ、アニメ、ゲームなどのファンであることを自認する人々を対象に、二〇〇一年三月から二〇〇二年一〇月までの間に実施された。

インタビューした二〇名は、年齢別に、三〇代が四人、二〇代が一三人、一〇代が三人、男女別では女性十一名、男性九名である。本章では、自らを日本大衆文化のファンであった／であると考えている人々が、いつ、どのようなルートで日本大衆文化に接し、どのように積極的な文化商品の消費者となっていったのか、また当時日本文化の非公式ルートがどのようなものであったのか、についても見ていきたい。

また、インターネットが大量に普及した一九九九年以降、日本大衆文化のファンになった人々を中心に、インターネット上での同好会の運営方式と参与方式などについての質問を行い、そうした人々が日本大衆文化のファンとしてどのように他の人々との、あるいは同好会内部での「差別化」をはかっていくのかについて分析する。

2 韓国における日本大衆文化の受容過程――「模倣」、「混淆化」、「ファン意識」の形成

岩渕功一によれば、一九九〇年代に入り、日本大衆文化がよりトランスナショナルな形で広がりをみせており、日本は文化的へゲモニーの不均衡を巧みに利用してアジアと日本をつなげようとする帝国主義的な欲望をあらわにしているという[6]。岩渕は、かつて日本の被植民地国だったアジア諸国では、日本大衆文化が「文化外交」としての性格を持つ点を指摘している。つまり、日本政府は、自国の大衆文化を国際交流基金や外務省傘下の関連機関を通じて政策的にアジア地域に広げていくことで、日本の外交政策の一環として活用してきた、というのである。

しかし、韓国の場合、こうした日本の文化外交は十分にその効果を発揮することができなかった。韓国政府は文化政策を樹立した一九六〇年以降、最近まで、自国の民族主義的アイデンティティを主張するという点において終始一貫した態度を崩さず、日本文化の受容を全面的に禁止してきた。

日本大衆文化に対する禁止政策が長いあいだ続けられてきたのは、その流入が、植民地時代に日本が韓国社会に行った歴史的な暴力の記憶を風化させてしまうのではないかという国民的憂慮があったからである。

最近になって実現された日本大衆文化開放もまた、植民地の記憶を持つ台湾が一九九三年に断行した

それと比べれば、遅ればせながらという感がある。にもかかわらず、日本大衆文化は様々な非公的なルートを通じて、韓国社会に長らく存在してきた。

西欧の大衆文化が「文化的ヘゲモニー」を獲得し、ライセンス契約、輸入ルートの確保や知的所有権などの合法的ルートを経て存在してきたのとは違い、日本大衆文化は漫画や小説等のいわゆる「海賊版」や、「ベッパン」と呼ばれるレコードなどの「非合法商品」という形で存在してきたのである。

また、韓国は日本の衛星放送の電波圏内にあるため、アンテナを通じて家庭でも簡単に日本文化に接することができた。[7] 日本大衆文化は「模倣」や「混淆化」を通じてその文化的形態が韓国大衆文化に深く刻まれてきたのだといえる。

日本大衆文化の「パクリ」が韓国大衆文化の生産と受容の「腐敗構造」を広範囲に形成する原因となったことについて論じたイ・ヨン他は、若者文化、漫画、アニメ、映画、ポピュラー音楽、ファッション、広告、新聞等、あらゆる領域にわたる日本大衆文化の剽窃・模倣について分析している。[8]

この本のなかで韓国映画の剽窃に関する歴史的分析を行ったヤン・ユンモは、一九六〇年代のシナリオ作家を「剽窃マシーン」と呼び、また、一九八〇年代に活躍したある映画監督を「コピー機並みの機能しか果たしていない」と酷評し、[9] 模倣の深刻さを指摘している。

キム・ピルドンは、韓国大衆文化界が一九八〇年代半ばまで「表現と創作の自由を抑圧されていたため、競争力や創意力を育成する条件が整っていなかった」とし、模倣によってその命脈を維持するしかなかったと論じている。[10]

しかし、模倣に対する本格的な論争が起こったのは一九九〇年以降である。これは韓国の「日本映画マニアたちの情報収集とその共有」によって、文化商品を比較し評価することのできる消費者の出現と、インターネット上の同好会等を通じて具体的な模倣内容についての情報が流れ始めたためである[11]。

インターネットは、非公的に存在してきた日本大衆文化の消費者が集団的なファン意識を構成するのに一役買ったといえる。また、「模倣」や「混用」を見分け、それを告発したりもできる、日本大衆文化の消費者のための場として登場したのである。本書7章でも見られるように、一九九〇年代に流行した日本のトレンディー・ドラマと、一九九〇年代以降に登場した韓国のトレンディー・ドラマを比較分析したリー・ドンフーは、日本のトレンディー・ドラマの内容、形式、BGM等の一部が「模倣」によって韓国ドラマと結合していく様子を分析している。

TVドラマやCF、CD等で日本の大衆文化が「模倣」されたり、「部分的に借用」されることにより、韓国の受容者は自分たちが受容する文化の「国籍」を知ることなしに、韓国と日本の大衆文化が混ざり合わさった「混成的」文化商品を幅広く受容してきた。

こうした混成化は、韓国の大衆文化受容者が「日本的な」趣向をなんの抵抗もなく受容する過程において主な役割を果たしてきたし、また、これは、日常的に日本文化が移植されるルートでもあった。東・東南アジアで日本の歌が受け入れられるのは、日本がアメリカの大衆音楽を巧みに「アジア化」することにより、親近感を与え、聞きやすい音楽に変えたためであるという指摘は、二重の「文化的混用」を経ているという点をよくあらわしている。すなわち、アメリカの洗練されたポップスを「アジア的趣向」

に変容させた日本のポピュラー音楽が、再び韓国的な趣向に変容し、流行するということは、既にその音楽の中にいくつもの文化的異質性が含まれていることを意味しているのだ。[12]

実際に、私がインタビューを行った、日本文化のファンであったとか、ファンであると自認する人々の多くは、「韓国の歌を聞くと、日本の歌と似ていたり、部分的に同じであることがすぐにわかる」と言った。アニメや漫画の場合にも、日本のものを翻訳・翻案したものが大部分であったため、日本大衆文化は韓国人の「情緒」構造に深く関わっているのである。

しかし、最近韓国で日本大衆文化が広く受容され、人気を得ているのは、日本文化をグローバル文化商品の一つとして消費する新世代消費者層の登場と関係している。アジア地域の急激な近代化過程における、新中産層の急増と新世代の消費者層の広範囲な形成は、国籍の異なる文化商品を同時に消費することを可能にした。[13] しかし、日本大衆文化の消費者の爆発的な増加にもかかわらず、彼／彼女らがどのように日本文化を経験し、意味付与してきたのかについての議論はそう多くない。[14]

次に、韓国における日本大衆文化の受容状況と、「ファン」を自称する人々の具体的な経験を通じて日本大衆文化が受容され、意味付与される過程を考察する。

3 日本大衆文化受容――その歴史的経験

韓国における日本文化流入に関する言説の共通点は、公的な流入が禁止されていたにもかかわらず、日本文化が韓国にいつも「蔓延」し、「飽和」状態であったと強調している点である。日本文化開放前の主な議論の中には、日本文化の浸透を「主体性の喪失」であるとか、「新植民地的な支配」の形態であるとするものが多かった。

また、最近の開放に関する議論は[15]、だいたい次の三つに分けられる。一つ目に、日本の文化産業の経済的な影響力や韓国文化産業に対する破壊力などを憂慮するもの[16]、次に、むしろ開放によって非公的な流通ルートを経て入ってくる質の低い日本文化を遮断できるのではないかというもの[17]、そして最後に、開放以降、憂慮していたほど日本文化の影響力は大きくないというもの[18]である。

私がインタビューを行なった、日本大衆文化の「ファン」を自称する人々には、一般の人々に知られていないものを消費することによって「文化的優越感」を感じていたという共通点があるが、その一方で、時代によって変化していく言説の影響を受けながら、彼／彼女らなりに文化の受容を統制してきたという経緯がある。私がインタビューを行った人々が代表的な例であるとは言えないかもしれないが、ここでは、その語られ方が時代によって移り変わり、日本大衆文化が消費・流通・受容される過程の変化を強調するために、日本文化を違った方法で体験した各世代の特徴を明らかにしていこう。

(1)「低俗な商品」と民族アイデンティティの葛藤

第二次世界大戦後の李承晩政権は、「反共・反日」をその統治イデオロギーとして、日本大衆文化の流入を禁止してきた。一九六五年の日韓国交正常化以降、日本大衆文化の流入は禁止されてきたが、その一方で、経済面では日本の資本を誘致しようとする動きが活発であったし、日本の各種製品の流入は、大規模なものであった。

一九六六年に、キム・ジンマンは、光復節以前には、主に西欧文化を取り入れてきた日本文化が韓国へ精神的な影響を及ぼしてきたのに対し、それ以降は、テレビのセットや乗用車といった、日本の廉価な製品や嗜好品輸入が大規模に行われている点を指摘している。[19] 彼は、このような例を通じて、日本を通じて西洋のものが入ってくるという慣行や、日本のものをそっくり真似るという状態から抜け出さなければならないと主張している。

当時、通称「倭色物《ウェセンムル》」と呼ばれていた日本文化は、物質的・技術的な面では進んでいるが、文明的には質の低いものとされていた。また、日本文化は「退廃的」なものとして理解されていたが、これは日本文化それ自体の性格に起因するというよりは、韓国の近代化政策と日本資本との関係性によるものである。イ・ヨンヒは当時の経済発展政策が、韓国国民の「道徳的、精神的、思想的な矮小化」をもたらすという理由から、韓国政府の物質主義的な経済開発政策を批判している。

一九七〇年代半ば、韓国政府は、日本の政治、経済、文化、軍事力を取り入れようとする政策を打ち立て、外国人のための「夜の華」たちに夜間通行禁止時間を無視することのできる「観光要員証」を発行していた。この物質主義的な発想！　これは一九四五年以降、我々が民族の精神を確立できなかったせいなのである。[20]

日本の経済システムにがっちりと統合されてしまったにもかかわらず、その一方で、民族主義と反日を国家統治イデオロギーとして政権を維持していた時期だったため、日本資本に対しては積極的な誘致を、そして、日本文化に対しては、日本文化の名残を清算するために、その流入を強力に統制する政策が徹底的に行われていたのである。

このような状況の下、日本の男性資本と韓国女性の性的関係を媒介とする「キーセン観光」が、日本文化の「退廃的な性文化」の象徴となっていく[21]。

一九八〇年代に出版された多くの書物は、日本文化の流入を文化帝国主義や新植民地的支配として解釈し、日本大衆文化を、多くの場合「サムライ・ニッポンものと、エロティックで退廃的なものという、二つの特徴を持つもの」として説明している[22]。また、日本大衆文化の受容が抑制された理由は、「生産」優位の近代化政策が「消費」を抑圧したこととも関係している。近代化政策が表現の自由を抑圧する軍事主義体制と結びついて、文化消費を極度に制限し、文化を楽しむことすらも反道徳的なものであるという認識を生んだのである。

一九七〇年代後半に、中学生だった三八歳の女性（A）は、そのころはじめて日本の音楽に接したと言い、自身が「一〇代で日本の音楽にハマった第一世代だ」と自認しつつ、そのきっかけについて次のように説明している。

中二の時、ビデオデッキを買った。当時ビデオデッキを持っていた家はほとんどなく、ベータ型だったためにほとんど日本のビデオしか見られなかった。当時、ロッテ一番地[23]ができ、そこに日本のビデオテープを売っている店があった。日本人を対象にした雑貨屋のようなところだったのだが、ビデオテープが今でいう複製テープのように安っぽいものではなく、とても高級にみえた。両親は、主に美空ひばりのコンサートのビデオを借りてきて見ていたし、私は近所に住んでいた友達と一週間に一度その店へ行って、紅白歌合戦などのビデオを見た。当時人気だった松田聖子や、河合奈保子などが出ているプログラムを借りてきて楽しんだが、彼女たちが歌合戦をする場面や、私生活を断片的に撮影したものを見せてくれるプログラムが多かった。（A三八歳、女性）

彼女が見たビデオテープは、主に日本人企業家やその「現地妻」、または韓国の上流層によって利用されていたという。ビデオの貸出料も高く、日本大衆文化に接すること自体が一種の「レベル」をあらわしていたし、希少価値のある文化を消費するという点で、それを消費する人々の間に特権意識が生まれたという。

当時、韓国に紹介された日本文化は、主にコンサートの様子を撮影したビデオであり、韓国には一〇代の歌手がほとんどいなかったため、日本の一〇代のアイドルスターが活躍する「おませでかわいい」姿はとても新鮮で洗練されたもののように感じたという。

しかし、日本文化を受容する人々は、韓国社会が日本文化の流入を規制するために長い年月をかけて構築してきた言説の影響も受けていた。すなわち、日本文化の「流入」を防ぐためにつくられたイデオロギー的な言説は、日本大衆文化がいかに劣ったものであるかを強調し、日本文化によって韓国社会が汚染される危険性を強調するものであった。

過度に扇情的で、暴力的であるために「有害」であるという論理は、日本大衆文化の流入を防ぐ社会的な言説であったし、そのために、日本文化を経験するというのは特権階級に属する人々の「特権」であると同時に、「隠しておきたい恥ずかしいこと」でもあったという。

自らが直接経験した日本文化が低質でなく、また扇情的でなくても、日本の大衆文化を好きであるということはそういう趣味があるということだ、というのが日本文化に対する一般的な意見だったのだ。それは、日本文化を受容する人々にとって、時と場合によっては隠しておきたい話であったという。

当時（一九七九年）日本の雑誌は一冊三千ウォングらいで、とても高かった。雑誌の中には実物大ぐらいのポスターがついていて、それを切り取って部屋中に飾り天井にまで貼り付けた。友達が遊びに来る度に驚きうらやましがったので、日本文化を受容するということは、ある「階級」をあらわすものであったと思う。高校の時には、日本の雑誌を読もうと思って第二外国語で日本語を選択しようとしたが、学校の先生にとめられた。日本語は当時、勉強のできない生徒が選択する外国語であり、そうでない生徒はフランス語かドイツ語を選択した。

しかし、高校三年生の時、ボーイフレンドとつきあい始めると同時に日本に対する関心をもたないようにしようと決めた。なぜか日本のものが好きだということが恥ずかしいことに感じられ、彼には秘密にしていた。大学に入ってからは、日本関係のものは不名誉なことであるという気持ちが強く、日本語も勉強しなかったし日本の歌やビデオも見なかった。意識的に日本のものを頭から全部なくそうとしていたんだと思う。（B三七歳、女性）

一九七〇年代後半から一九八〇年代半ば頃まで、大学街に広く浸透していた「ポストコロニアル運動」は、日本文化や日本語を「文化的に劣ったもの」として扱う傾向が強かったし、アメリカやヨーロッパのポップソングが日常的な文化であったのに比べ、日本文化はほとんど大衆化することはなかった。当時日本のポピュラー音楽に心酔していた人々は、日本文化は「レベルが低い文化」であり、あさはかな趣味であると考えられていたために、日本文化が好きだということを公に口にすることができない環境にあったという。

しかしそうした中でも、『ギンギラギンにさりげなく』、『恋人よ』、『ブルーライトヨコハマ』等の音楽は大学街で爆発的に流行した。また、学生運動グループ内ではマルクスをはじめとする左派学者たちの本が出版禁止または輸入禁止であったため、ひそかに日本語版をコピーして学習教材として使用していたりもした。日本の小説の中でも時代物や、処世術等のビジネス関連本はもちろんのこと、学術書などは翻訳や翻案という形で韓国で広く流通していた。[24]

(2)「非合法商品」と「趣向」の発見

少なくとも一九八〇年代頃まで、韓国の若者は、文化商品の主な受容者ではなかった。当時は好きな歌手のレコードを買うということもめったになく、主にラジオに流れる音楽を録音して聞くといった状況であった。

一九九〇年代に入り、韓国社会が本格的な消費資本主義社会に突入してからは、一〇代、二〇代が積極的な文化の受容者として登場しはじめた。戦後から一九八〇年代にかけて、明洞《ミョンドン》や清渓川《チョンゲチョン》の卸売り商などによって、非合法のコピー商品という形で広く流通していた日本の小説やポピュラー音楽を受容した人々は、日本の教育を受けたことがあったり、日本語を流暢に話すことのできる、当時五〇代以上の人々が大部分であったのに対し、一九八〇年代半ば以降、日本文化の新しい受容者層が登場しはじめる。[25]

彼らは日本植民地時代を経験していない新しい受容者層として、本格的に日本文化の「ファン意識」を形成しつつあった、当時一〇代、二〇代の若者たちであった。日本のCDや映画、ドラマのビデオテープも直接台湾や日本から韓国に入ってくるようになり、日本のCDや歌手のポスターもミュージックショップ経由で流通するようになった。明洞《ミョンドン》地域と江南《カンナム》地域は、日本のCDやドラマをコピーして販売する店が、日本大衆文化の受容者の間で知られるようになり、日本文化の流通地域となったという。こういったミュージックショップを通じて、日本文化のコピーと本物が同時に販売されるようになったのである。

日本大衆文化を楽しむ人々の裾野は広がったが、依然として日本の文化商品は「非合法な流通品」であったため、積極的な受容者でない限り日本の商品を買うことはそう簡単なことではなかった。現在二八歳で、中三の頃から日本のドラマを見はじめたという男性（C）は、友人を通じて知った江南にあるミュージックショップで日本のCDを買うようになったという。

江南《カンナム》駅の四番出口にあるお店だったのだが、普通の店のように見えるが中に入ると別の部屋があり、そこで日本のものを売っていた。中三のときはお店の主人がCDを勧めてくれたが「非合法」だという思いが強く、怖くて買えなかった。してはいけないことだと思ったから。高二になってからまたその店に行って、はじめてCDを買った。当時、三万ウォン払って、日本から輸入されたものを買った。だんだん頻繁に買うようになるにつれて、本物と偽物の区別ができるようになってきた。台湾や香港で製造されたものはつくりが粗雑な感じがしたし、日本のものは洗練されていた。台湾製のCDはでこぼこだったが、ソニーのものは最後まできちんとつくったものだという感じがした。値段は日本製が二倍ほど高かった。（C二八歳、男性）

一九九〇年代半ばごろからインターネットを利用して日本文化を楽しむ同好会が生まれ、日本に留学した者たちに最新の情報を送ってもらい、日本大衆文化を楽しむ人々の「公的な意見や情報交換の場」が初めて登場する。こういった同好会は主に自らが組織した長期的な「上映会」を通じて好きな歌手の公演のビデオを一緒に見たり[26]、映画の場合には、日本文化院などの上映会を利用することもあった[27]。また、日本語教室での日本語の授業を通じて日本のドラマや映画に接した後、ドラマや特定のアーティストのファンになる場合も多かった。日本語教室では日本のドラマの目録が多いほど学生が集まりやすいといった噂があったほどで、日本語教室が日本大衆文化の流通と受容の場となることもあったのである[28]。

また、三〇歳の男性（D）と、二九歳の男性（E）の例は、大学に入ってから日本文化に触れるようになったケースである。彼らは幼い頃からテレビアニメ、映画やゲームを通じて日本文化を自然に受容してきた世代として、日本文化に対する長い間の「慣れ」が、のちに日本文化に対する親近感を持つのに大きく作用したという。二九歳の男性（E）は、マンガは幼稚だと考えていたが、日本のマンガを読むようになり、マンガが主な文化テクストになりうると確信したという。

私は中学生の時、とても面白かったマンガが日本のものであると知った。日本のマンガは女の子のキャラクターが特にかわいかったし、レーザー光線がでる場面がかっこよくて、それ以来日本のマンガばかり読むようになった。高校生のころは、マンガ自体が幼稚に思えて、クラスメートのほとんどが『ドラゴンボール』を読んでいたのに自分だけは読まなかった。大学に入ると、周りでは日本のマンガやアニメに熱狂する者が多かった。特に宮崎駿監督の作品をビデオで全部見ていたし、自分もそのころから、一人暮らしの友人の家で、毎週ビデオを見ていた。日本のものはストーリーが強烈で、メッセージ性が強い。その後日本や日本文化に対する考えが大きく変わり、日本のものは洗練されていてかっこいいと思うようになった。（E二九歳、男性）

三〇歳の男性（D）は、大学時代に自分と共に日本大衆文化に心酔した人々は、日本に対する民族的な感情がないわけでも、政治的な意識が低いわけでもなく、むしろ社会意識が高かったのにもかかわらず日本のマンガやビデオを熱烈に好んだと語った。政治と文化は分離しているものであると考える傾向が強かったというのだ。

別の男性（F）の場合も、大学に入ってから日本の文化を熱心に受容するようになったケースである。はじめは禁止されているから、といった好奇心から見始めたのだが、当時、文化的趣向を見せびらかす傾向にあった若者たちの間では、日本文化をよく知り、楽しむことが、ある意味で羨望の対象となっていること知り、日本のＣＤや非合法のビデオテープを集め、友人たちに貸し出すようになったという。

私は一九九六年度に大学に復学したのだが、当時、周りのみんなは文化的に新しいものを探していた。日本文化を楽しむようになったのは、完全に、同年代の友人達の文化を通じてであった。もし評論家などが出てきて日本文化について語ったとしても、これといった影響力は持ち得なかっただろうが、一番の親友が「日本って面白い」と言って勧めてきたら、友達を信じて一緒に見始めるようになる。自分が日本文化を楽しむようになった後、他の友達に勧めながら、友達に、どんなのが面白いかと尋ねられるようになり、自分が文化的に洗練されていて独特な人間のように見られているようで、気分がよかった。日本のものを一緒に見るようになった友人たちと親しくなり、いつも一緒に行動していた。（F 男性）

一九九〇年代半ば以降、友人や同僚のあいだでCD-ROMで日本のアニメやドラマ、歌手のライブをコピーして互いに交換するといったことが流行し、インターネットを通じて本格的に日本大衆文化の同好会が登場しはじめた。韓国で非合法のCDやビデオを通じて日本大衆文化に積極的に接していた男性（C）は、日本語を習うために六ヶ月間日本に留学した際、韓国に戻れば稼げるだろうという思いから、空ビデオに日本のドラマや映画を録画しはじめた。彼は、日本のドラマのビデオを大量に持ち帰り、大学街で売りさばいたという。

彼は、積極的な受容者という立場から商売に転じ、日本のドラマを流通させはじめた。

日本から戻ってくる時、かばん三つに日本のドラマを録画したビデオを持って帰ってきた。一番好きな女優が出ているドラマ全部をビデオに録画して、五千ウォンで友達に売った。当時、韓国のCD・ビデオショップでは一万ウォンぐらいが相場だったから、五千ウォンというのは安いほうだった。原本になるビデオ二本を用意して、それから空ビデオに録画して、それを大学街中心に売りあるいた。チラシを配り、大学の前で会って代金をもらい、品物を渡すというシステムだった。客は主に、日本語を勉強している人や、女性たちだった。二ヶ月ぐらい商売をして、とても大変だったのでやめた。
（C二八歳、男性）

このようなコピー商品がよく売れるのは、商品の希少価値というだけではなく、日本大衆文化が「非合法」なため、韓国に入ってくるのに時間がかかるためでもあった。すなわち、日本では流行が過ぎても、韓国で特定のスターやドラマなどのマニアグループが遅れて形成されれば中古品でも高く売れたし、コピー商品や海賊版も、原本と同じ価値のあるものとして流通させることができた。しかし、インターネットを利用した同時的消費時代は、このようなコピー商品の流通・販売の消滅をもたらした。

一九九〇年代に入り、韓国における日本大衆文化の受容者たちは、政治的イデオロギーと文化的嗜好は「分離」して考えることができると考え、日本の文化テクストを広範囲に受容し、流通させたのである。つまり、「日本のアニメーションのファンではあるが、日本社会全体に対する好感をもっているのではない」といった言葉には、これ以上、大衆文化の国籍性が、ある文化を受容する際に参考にする主な要素とはならないという意味が含まれている。

(3)「洗練された美」と典型的なジェンダーの破壊

ヒョン・スンムンは、一九八〇年代以降、安全地帯などの日本の歌手や、彼／彼女らの歌う歌がLP版や写真などというかたちで流入し、日本の歌手のファッションやヘアスタイルなどが同時に流行り始めたことについて述べ、これを「統合的流行モード」と呼んでいる。[29]
この議論によれば、特定歌手の歌だけではなく、彼/彼女らが表現するスタイルのビジュアルな面が好きで真似たりするファンが登場し、ファンたちは特定スターを「演じる」ようになったというのである。
韓国における日本大衆文化のファンのうち、一部は、日本文化の強力な影響力について、ビジュアルな側面が強いというふうに述べている。特に、筆者がインタビューを行った人々のうちの何人かは、日本と韓国の大衆文化の間の大きな差をジェンダーの記号やイメージと関連づけて語っている。伝統的なジェンダー役割と二項対立的なジェンダーイメージが固定化している韓国社会とは違い、日本の歌手のジェンダーはいつも誇張されていたり、曖昧だったりする。こうした点がファンタジーを刺激し、韓国文化と区別されるような洗練された部分が強調され、「模倣」という効果をつくりだすのだというのだ。
一九八〇年代はじめに日本の音楽をビデオで見た女性（A）は、当時、日本の男性歌手のなかには、韓国の男性とは違ってパーマをかけた長い髪をした者が多く、顔もきれいで、スカートをはいて登場することもあったといい、それは日本が先進国で、洗練されているからだと思ったと語った。
一九八〇年代半ばには、日本のファッション雑誌のモデルをまねた、「シスターボーイ」や「アンノン族」と呼ばれる人々、すなわち外見だけでは男女の区別が難しいファッションの日本文化ファンが、鍾《チョン》路《ノ》や明洞などで見かけられた。[30]当時、こうした「性別を判断することが難しいファッション」の若者は、日本の雑誌を通じて「薄っぺらな消費、享楽的な外国文化」に感染した人々としてのみ認識されていた。[31]
しかし、こうしたジェンダーの破壊がファッションなどを通じてのみ表現されたとはいえ、日本大衆文化は、韓国という地域の文化が提供しえなかった文化的創造力と資源を提供したという点で、受容者にとっては、既存の価値観を破壊するような力を提供してくれたということになる。

韓国で最も人気があり、幅広いファン層を獲得しているＸ ＪＡＰＡＮも、両性的なイメージを巧みに表現している代表的な例である。ヴィジュアル・バンドであるＸ ＪＡＰＡＮのファンの男性（Ｃ）は、メンバーのひとりであるヒデが死んだとき、日本での葬式にまで参加するほどの熱烈なファンで、彼らの歌が「心の琴線にふれるのでとても好きだ」という。当時、韓国にはなかったヴィジュアル・ロックというジャンルは、ロック音楽の表現する抵抗性や男性性を強く表現しながらも、化粧をし、髪を飾った女性的イメージを取り入れていたため、たいへん神秘的で洗練されて見えたという。

韓国の受容者たちは、日本大衆文化が追求してきた「ジェンダーの曖昧性」から、都市的な洗練美と神秘的な感覚を読みとっているのである。ジェンダーの曖昧性は、最近の「日本の美男子」に対する韓国の少女たちの熱狂にも通じるものがある。

一七歳の女性（Ｎ）は、日本の他の文化には関心がなく、自身が楽しんでいるのはジャニーズ事務所所属のジャニーズJrだけだという。

ジャニーズという日本のタレント事務所所属の男の子たち（ジャニーズJr）が本当に大好き。男の子だけどかわいいし、繊細で、美形が多い。彼らが出演したドラマとＣＦがすべて載っているサイトを主に見ている。彼らに手紙を書こうと思い、日本語教室に通ったこともある。（Ｎ一七歳、女性）

一五歳の女性（H）は、日本の音楽とマンガに接し、最近コスプレをはじめたという。[32] 彼女は日本のマンガである『HUNTER×HUNTER』に登場するキャラクターの衣装でコスプレに参加したが、男性のキャラクターに変装でき、実際の性別とは関係ない、新しい性別に「変われる」ということが面白いと感じたという。

韓国のマンガ／アニメは、まだまだ純情ものが大半を占めており、典型的な性役割に基づいているため、韓国の一〇代にジェンダースイッチの面白さを提供できていない。彼／彼女らは、日本マンガ／アニメのコスプレを通じて自分の実際のジェンダーを変えられるパフォーマンスを楽しんでいるのである。コスプレを通じて、「ふだん抑圧されていたもうひとりの自分の姿を表現したり」、「逸脱行為、禁止された冒険をしているようで気持ちいい」といった感想は、[33] 日本文化の受容を通じて大衆文化資本を獲得していく若者たちのアイデンティティを表しているのだ。

4　日本大衆文化の「同時間的」消費時代

『新世紀エヴァンゲリオン』最終版の上映初日に、東京に向かう定期便は、韓国のアニメマニアたちの専用機と化し、また、『彼と彼女の事情』の新作エピソードが集められたCDの発売当日には、ソウルのコンピュータでそれがそっくりそのまま楽しめる時代である。[34]

この一文は、インターネットを利用して、ファンたちが最新の流れをどのように同時間的に受容しているのかを、断片的にあらわしているといえる。

韓国社会では、モデムからＡＤＳＬのようなインターネット網に、携帯電話を利用したモバイルネット接続が可能になるまでの一連の変化が超スピードで起こっている。まる一日かけてダウンロードしなければならなかったアニメも、短時間でダウンロードを完了できるようになった、現在のＡＤＳＬ環境は、日本と韓国の大衆文化の「同時的な交換」を可能にしたのである。インターネットを利用して、グローバルで多様な文化を自分のパソコンで楽しむという新しい世代が、文化消費の主役として登場したのである。

日本大衆文化もしくは特定のアーティスト名などのキーワードを入力すれば、日本の最新曲からドラマまで、あらゆる情報を動画とともに得ることができる世代にとって、日本大衆文化はひとつの「趣向」であり「選択」として理解され、その「オリジナル」の国籍は、それを受容するかどうかを決めるのになんの影響も与えない。

また、様々な翻訳サイトの存在と、自発的に日本語を韓国語に翻訳してサイト上に載せるファンたちにより、外国語の壁も低くなったといえる。

このような受容と趣向の同時間性は、「転移」と「移動」という結果を生みだしている。韓国歌手のファンから似通ったジャンルの日本の歌手のファンになったり、マンガのような印刷物からアニメのような動画のファンに転じたり、と、限りなく流動的な特徴をもつようになっている。

(1)「転移」と「移動」の経験

(a) アーティスト「転移」

日本の歌手のファンのなかには、韓国の歌手のファンサイトで日本の歌手を知ったというケースもある。二一歳の(I)は、韓国の女性グループS.E.S.の熱狂的なファンであったが、S.E.S.が日本のSPEEDをまねたものであると聞き、オリジナルを見てみたいという思いからSPEEDに興味を持ち、その後、似たような系列のモーニング娘の熱狂的なファンになった。

また、BoAのファンであった(M)は、BoAの日本進出を応援していたが、SM企画と提携している日本のavex所属の歌手のファンになった。同様に、一五歳の(H)は、一年半前から日本の大衆文化に接しているが、そのきっかけとなったのは、韓国の歌手であるS.E.S.のファンサイトの掲示板に載っていた日本の歌手の歌を聴いたことだという。

S.E.S.のファンが集まる同好会サイトの小グループ責任者である私の友人は、J-POPをこよなく愛していた。とくにSPEEDの島袋寛子が好きだった。S.E.S.とSPEEDが日本で同じステージに立ったことがあり、それからSPEEDの曲を好きになったという。私は、その友人が日本の歌手たちのライブ風景を動画で掲示板に載せたのがきっかけで、SPEED、Gackt、MALICE MIZER、GLAY、浜崎あゆみ、安室奈美恵などの曲を聴くようになった。SPEEDが解散した後は、メンバーそれぞれがソロで活動しはじめたので、彼女らの曲を聴いた。私が歌える曲は、SPEEDの『ALL MY TRUE LOVE』だが、同好会サイトの掲示板には日本語の字幕もついているし、その下にハングルで発音が記入してあるため、日本語ができなくても歌うことができる。歌詞の意味を理解するために日本語の辞典をひいて勉強することもある。ハングルでの発音表示がついていない曲も時々掲示板に載るが、そうした場合には、歌ってみたいからだれか発音表示をつけてほしい、というふうにレスをつけておくと、(日本語ができるだれかが)発音表示を載せてくれたりもする。(H 一五歳、女性)

これは、公的な流通ルートがそれほど多くない現在でも、興味さえあれば日本大衆文化の受容者になるのはたやすいことだということを意味している[35]。アナログ世代が、「文化」の大衆化は政策的な規制と政治的条件に左右されると信じる一方で、デジタル世代はインターネットがもたらす無差別的で同時間的な「情報」のひとつとして、日本大衆文化を経験しているのである。

旧世代が日本大衆文化に接する際に、日本文化全般に対して熱狂したり評価したりするのに比べ、今どきの一〇代は、アメリカのポップソング、韓国の曲、日本の曲などを選んで受容しながら、自らの文化的受容者としての位置を決めているのである。つまり、アーティストの国籍に関係なく、自分の趣味に合うものとして、日本大衆文化が選択されるのだ。

彼/彼女らは、日本文化に対する総体的なイメージとアイデアを持って日本文化を評価したり好きになったりするというよりは、特定ジャンルやスターを好むからこそ「消費」する世代なのだ。二三歳の男性（O）は、日本のものだからといってなんでも好きだったり、全部嫌いだったりするのではなく、日本のロックが好きなので日本のロックを聴くのだという。

XJAPANが好きなファンの中にも、韓国にはほとんどないハードコアというジャンルなのでXJAPANが好きだという人々がいると同時に、バラードの『ENDLESS RAIN』などを聴く人々もいる。日本の歌手の曲だからといってなんでもいいわけではない。XJAPANのロックを聴く人々は、韓国の曲を聴くときにも主にイブだとか、アンダーグラウンドのロックバンドの曲を聴く。（O二二歳、男性）

(b) 単一文化テクストからメディア・ミックス的なテクストへの「転移」経験

二一世紀の文化産業は、文化商品間の有機的なつながりを利用して最大の利潤を確保するような、文化複合体を目指している。特に日本の大衆文化産業は、ジャンル及び素材の多様性と、優れた広告戦略を誇っており、メディア・ミックス的な性格が強いことで有名だ。韓国のように、メディア間の境界がはっきりしている場合とは異なり、日本大衆文化は制作段階からメディア・ミックスを目指し、最大限の利益を得るために、生産の多層化を行っている。

このような日本の大衆文化産業の特徴は、一過性のものでは終わらない、熱烈で忠誠心の強いファンを創出する原動力となっている。ファンたちは、自分の好きなあるひとつのジャンルにとどまらない、いろいろなジャンルへの転移を経験しながらファン意識を形成しているのだ。

例えば、日本のマンガを例にとってみると、最初は週刊誌や同人誌を通じて紹介され、その後単行本が出版される。そのマンガがアニメや映画（劇場用アニメ）になったりして、DVDとしても発売される。そのアニメで使用された曲がCDとして発売され、また、場合によっては、声優が歌う曲もCDとして発売されたりする。

こうした一連の商品を受容する過程を経て、特定ジャンルや声優の「ファン」層が形成されていくのである。筆者のインタビューに応じた人々の場合、このような一連の過程を通じて特定の歌手や作家のファンになったケースが多かった。また、少なくとも二つ以上のメディアを往来しながら日本の文化商品を消費していた人も少なくなかった。

『北斗の拳』のようなマンガが好きだったが、このようなマンガはゲームとしても売っていた。マンガを読んだ後、こうしたゲームをエンディングまで全部やってみたい思いにかられ、結局やってしまう。（J二四歳、女性）

J-POPファンの場合、プロデューサーとプロダクション、あるいはレコード会社へと、興味の範囲が広がっていくケースも多い。

一九九七年に、検索サイトでキーワードを「日本の音楽」にして検索したら、安室奈美恵のサイトがヒットしたので見てみた。サンプル動画を見てみたら、とても気に入った。当時、韓国の歌手は、みんな「口パク」で歌っていたのに、安室奈美恵はダンスしながら実際に歌っていた。彼女のプロデューサーは小室哲哉で、彼と手を組めば必ず成功するという記事を雑誌で読み、TKスタイルの歌手を好きになりはじめた。TRF、華原朋美などをインターネットで必死で探した。TKファミリーが全員avex所属だから、avexから出た曲はたくさん聴くほうだ。(S二二歳、男性)

(2) インターネット上における「同好会」という文化

日本大衆文化関連のインターネット上の同好会の数は現在千以上にのぼり、ジャンルや分野、アーティスト、作家、プロダクション別に細分化されている。

同好会は特定の趣向をもつ人々の集まるところであり、情報交換や翻訳を通じて集団的なファン意識を形成し、それを維持するのに決定的な役割を果たしている。一九九八年に日本大衆文化の同好会を結成した二五歳の男性(X)は、韓国で超高速インターネットが登場した一九九八年当時、日本のインターネット環境は依然として良くなかったため、日本のサイトで資料を探すのは困難であり、韓国のインターネット上での同好会は、韓国人によって資料が蓄積された「自生的」な性格が強いと指摘している。

インターネット上での同好会には、会員登録だけして活動をしない者から、毎日情報を提供する熱心なメンバーまで様々な会員がいる。現在、音楽同好会の資料室運営者の一人である男性(P)は、一日のうち、かなりの時間を同好会掲示板の情報を更新するのに使う。彼は二年前まではJ‐POPについて全く知識がなかったが、友人などの助けをかり、膨大な情報を得ることができたため、一種の使命感をもって掲示板に情報を提供しているという。

情報は主にNHKから見つけてきたり、日本の芸能新聞であるスポニチを見たりする。NHKの番組編成表を見て、歌手のコンサートを録画する。掲示板に動画を載せたり、ときには別の同好会サイトに入って情報を集めたりもする。日本のインターネット事情は遅れているから、情報を集めるのは容易なことではない。でも、日本のサイトでもよく探せば情報が載っているサイトもある。他の同好会にはこういうサイトのことは秘密にしておく。情報量によって会員数が変わってくるからだ。（P二五歳、男性）

趣味の合う人々同士で「同好会」を作り、その同好会を少しでも結束力のあるコミュニティとして維持していくために、情報を提供し続けていくことで他の同好会と競い合う。このような心理が働いているためか、日本大衆文化の拡がりは、インターネットを基盤とした同好会文化への依存度が高い。同好会の活動は、日本文化を同時的に受容するのに決定的な役割を果たしている。

日本で七月三〇日にCDが発売されるとしたら、二八日にはレコード店にそのCDが入荷している。

だから少なくとも発売日前日には買えるということだ。以前は一ヶ月待たないとインターネットでそれを聴くことができなかった。でも最近では七月二九日には既にインターネットに全部載っている。だから、日本人よりもはやく聴くことも可能なのだ。（Q 二三歳、男性）

日本で放映されたＴＶドラマがわずか数時間で「翻訳」され、字幕処理され、同好会の掲示板に載る。このような翻訳や字幕処理をする人々は、その速さと正確さのために同好会上で「尊敬」されることとなり、「能力」のある人物として認められる。同好会で「能力」のある者は、めぼしいサイトで情報を見つけてきたり、これを韓国語に翻訳できる者なのである。

字幕だけ処理するという人や、情報を更新するのが趣味だという有名な人たちがいる。マニア層だけが見るようなドラマやアニメは、こうした有名な人たちに送って字幕をつくって欲しいと頼めばやってくれる。その代わり、めずらしい動画を送ってあげたりすればいい。（R 二二歳、女性）

同好会のメンバーのうちの一部は、「積極的なファン」という立場にとどまらず、実際に自分の好きなスターを積極的にまねたりもするし、音楽関連の同好会のメンバー同士が好きなバンドのコピーバンドを結成して演奏したりもする。また、サイト管理者と同好会のメンバーは、集団的なファン・アイデンティティを形成しながら、最新バージョンを共同購入したり、関連グッズを売買しながら「信頼関係」

を持続的に形成していく。

しかし、最近、日本文化の開放が進む中、同好会は日本の商品の版権を購入した韓国の企業との緊張関係にある。日本のアニメが好きだという男性（S）は、「インターネット上のあらゆる同好会資料室に、血の雨が降っている」と言い、現在の緊張関係を説明している。

日本のアニメの版権を購入したD社とY社が、うちの同好会の資料室にあるすべての資料が法律に違反するものであるとして、すぐに削除しろといってきたので削除したことがある。違反すれば同好会が廃止されるため、仕方なく削除した。資料室にあった『新世紀エヴァンゲリオン』も、昔のものなのに版権がD社にあり、新作アニメもみんなどこかの会社が版権を買ってしまった状態なので、無料で見るということが、だんだん難しくなってきている。（S二三歳、男性）

今まで日本大衆文化を自由に楽しんできた同好会は、韓国企業による統制という壁を前に、新たな方法を模索中である。MP3を利用したコピーが禁止され、同好会の構成員達はWinMXを含む多様な共有プログラムを通じて企業の「権利」に対抗しているところである。

(3) ファン・アイデンティティ——「マニア」と「ライト(lite)」

日本大衆文化ファンの間では、ファンのカテゴリーが大きく二つに分けられる。一つは「世代別」の区分であり、どんなアーティストや作家の作品に接してきたのかということを中心に、ファン文化の歴史的系譜を比べるというものだ。もう一つは、スターや特定ジャンルとの関わりにおける「忠誠度」と「専門知識の有無」によるものである。

アニメファンである二三歳の男性（T）は、韓国のアニメファンを世代別に三つに分類している。

第一世代は『超時空要塞マクロス』世代（または『機動戦士ガンダム』世代）で、韓国に輸入されたアニメを見てファンになった世代。第二世代は、『ああっ女神さまっ』世代で、非合法のビデオやインターネットを通じて『ああっ女神さまっ』を見た世代。このとき日本アニメファンは爆発的に増加した。自分もこの第二世代に属しており、『ああっ女神さまっ』のＤＶＤは宝物である。第三世代はいろいろなものが出てきてちょっと分類が難しいが、たぶん『新世紀エヴァンゲリオン』世代？　この世代は自分のアイドルがなにか（誰か）によって分類され方が変わってくると思う。（Ｔ二三歳、男性）

また、日本のポピュラー音楽で有名な韓国のサイトの運営者の一人は、韓国Ｊ‐ＰＯＰ世代を次のように分類する。

現在の三〇、四〇代は、長渕剛、三〇代初めから半ばぐらいまでは安全地帯が好きだった世代だ。彼らは清渓川にあった店で、昔の「ベッパン（非合法のレコード）」というものを買っていた世代である。二〇代半ばすぎぐらいの人々は、ＸＪＡＰＡＮで、彼らが韓国で人気があったのは一九九五、一九九六年以降である。その下の世代（現在二〇代ぐらい）は、本当に趣向が様々である。日本に関しても、一つの大きな流れというよりは、そのなかで自分の世界を追求したりするようなものになりつつあるようだ。（Ｘ二五歳、男性）

自らを真のファン、あるいはマニアであると自認する日本大衆文化のファンたちは、日本文化をどのように消費するかによって、ファンを「区別」している。インターネットは日本大衆文化の消費者層を拡げるのに貢献したが、一方で、代金を支払わずに消費する「手軽な」消費形態を定着させた。

このような消費条件の変化は、日本文化輸入の解禁と関連してファンの種類を区別し、順序をつけるような言説を作り出している。日本文化の熱狂的で従順なファンであると自認する人々は、ファンという、少なくとも一つ以上のジャンルに深い関わりを持ち、特定の作家やアーティストに対する長い間のつながりを通じて大変深い知識を獲得した人々である。そして、なによりも、自らのファン・アイデンティティを実践するために、オリジナル版を根気よく購入したり、所蔵したりしながら「継続的な費用の支出」を行っている人々である。彼／彼女らは、文化消費のみならず、文化商品を購入することによって経済的消費も行っている人々を、真のマニア、もしくはファンであると認識している。

日本マンガやアニメのファンだという二〇歳の（Ｕ）は、「ほとんどを借りて見たりとか、インターネットでダウンロードして見たりする。こんなところでお金を使いはしない」と述べ、自身を「消極的な消費者」だとしている。

こういう消極的な消費者は、マニアたちから「ライト（lite）」と呼ばれている。「ライト」は、「インターネットの普及により、無料でテクストをダウンロードして大衆文化を受容する者たち」であり、「深くハマっていない人々」として定義づけられている。

マニアが、オリジナルを購入・収集したり、日本文化商品を販売する人々と知り合いになったり、また、日本のインターネット上で直接商品を購入したり、同好会への積極的な映像や曲の提供を行ったり、ある程度の日本語レベルを持っている、などといったことで特徴づけられるとすれば、「ライト」はこういった経験もなく、貢献度の低い人々を意味する。

マニアたちによるこういった区別は、マニアとしての優越感を根拠とするものでもあり、かつて、日本文化商品の希少性のために、最新情報を得たり、商品を買うために懸命に努力した経験に対する自負心によるものでもある。自らの人生のある時期を「情熱」的に過ごしてきたファンとしての経験が、現在の自尊心となり、意味化されているのだ。

ショップ毎に異なった情報があるため、あちこち走り回らなければならなかった。どこどこになになにがあるという情報を入手したら、どんなに遠くても買いに走った。常連客になると、店のほうから連絡をくれた。自分の趣向をわかっているから。私は、『ああっ女神さまっ』が終わるまで、ずっとアニメ好きでいるだろう。（V二〇歳、男性）

「ライト」たちは、「日本文化の輸入が解禁されて開放がすすみ、ライセンス商品が入ってきてもそれを買うことはないだろう」という人々である。そのくらい「軽く」関わっているので、いつでも足を洗うことができるという意味である。

自らをマニアと「ライト」の中間ぐらいであるとする（Q）は、「ライセンス商品が入ってきて、安い値段でしかも近場で好きなアーティストのCDを買うことができるなら、ライセンス商品を買うだろう」と言う。日本大衆文化のファンが比較的広範囲に拡がっているにもかかわらず、好きな歌手のオリジナルの最新CDを、安い値段で買えるようなルートを見つけられない現在の状態では、インターネットを利用してダウンロードするという方法が最も一般的である。これは日本文化の受容者だけに限ったことではなく、二一世紀のアジア的な文化消費の特徴でもある。

「インターネットができなくて、流通ルートが限られていた時には、むしろマニア層が多かった」という言葉どおり、日本大衆文化を受容することで文化的な優越感をもち、その過程でファンとしての実践を行うことを当然のことと考えていた人々と、よりたやすく日本文化に接することのできる人々のあいだで、誰が本物のファンなのかという論争が起きている。強力なファン・アイデンティティをもつ人々は、日本文化開放の影響力は、思ったより大きくないとして、次のように語っている。

> 日本文化開放となっても、買う人（ファン）は日本のオリジナルを買うだろうし、他の人々は無料でないかぎり、買わないだろう。面白いが、お金を出して見るほどではないと思っているため、みん

な買わないのではないだろうか。韓国にも、日本の公式ファンクラブに加入している者もいる。彼／彼女らはライブコンサートの先行予約や体系的な情報を得ることができるから、日本で商品を買うだろう。（Q二三歳、男性）

日本大衆文化の開放は、過去三〇年間蓄積されてきた日本大衆文化のファンの系譜を変化させていくであろうし、その過程には論争も起こるであろう。日本大衆文化のファンたちは、文化に接していること自体や知識的な問題よりも、特定アーティストやジャンルへの忠誠度、そして、オリジナルを買ったかどうかによって、真のファンかどうかを決めているのである。

5 結びにかえて

異文化同士が国家の境界を超えて出会ったとき、その文化がどう読まれるのか、どう解釈されるのかを理解することがますます重要になってきている。

韓国内での日本文化の流通、受容のされ方は、韓国と日本の間の政治的で政策的な措置によって規定されたり、技術的な条件の影響を受けたりしている。公的な流通経路の不在により、日本大衆文化は様々な非公的ルートを通じて韓国で流通し、受容され、日本文化を受容する人々のアイデンティティは歴史的状況によって変化してきた。

国家間の文化交流が相互文脈的でなければならないということについては、いかにして日本で生産された文化テクストが韓国で全く違ったふうに受容され、経験されてきたかに関する具体的で実証的な研究を通じて理解することができる。

日本大衆文化の開放と、インターネットを利用した同時間的な受容を通じて日本的なものに対する希少価値がなくなり、韓国での日本文化の受容者たちはこれ以上自らの受容経験を「説明する」必要を感じなくなった。

今では、こうした人々は日本的なものに興味を持つのではなく、ジャンルやアーティストに対する興味や趣向のうち、偶然日本のものを選んだにすぎないと主張している。しかし、このようなグローバルな文化受容者たちとは違い、日本大衆文化のファンという文化的アイデンティティを確立しようとする人々は、依然として韓国政府の文化政治、日本大衆文化を輸入、流通させようとする企業の所有権問題などの構造的な課題と闘いながら、日本文化の同好会秩序を形成しているのである。

注

1 本論文は、韓国語で書かれたものの日本語翻訳版である。韓国語論文は、二〇〇三年『韓国文化人類学』第三六集一号に掲載された。翻訳にあたって、字数の都合で一部割愛・編集している。
2 ト・ジョンイル (1998: 2)
3 ジョン・ヒョンミン (1996)
4 日本文化の第一次開放（一九九八年一〇月二〇日）では映画、ビデオ、出版部門が、第二次開放（一九九九年九月一〇日）では公演が、第三次開放（二〇〇〇年六月二七日）では劇場用アニメとポピュラー音楽の公演、ゲーム、

TV番組の一部が解禁となった。そして二〇〇四年一月に、日本のTVドラマがケーブルチャンネルで放送されるようになり、日本の曲のCDを含めた日本大衆文化の開放が行われた。しかし、日本の娯楽プログラムをはじめとする全面的な開放（第五次開放）の時期は決まっておらず、日本のTVドラマの影響力を考慮し、今後、その時期を検討していく予定であるという。

5　リー・ドンフー (2003)

6　Iwabuchi (2002)

7　キム・ジョンヘ (1991)

8　イ・ヨン他 (1998)

9　ヤン・ユンモ (1998: 91)。ヤン・ユンモ(1998)は、イ・ミレ監督の『泥沼から抜け出した私の娘』（一九八四年作品）は、日本の斎藤光正監督の『積み木くずし』（一九八三年作品）の「完璧な韓国語版日本映画と言っても差し支えないほどにパクリの典型」（88）であり、『Wの悲劇』（一九八五年作品）は同名の日本映画（一九八四年作品）の完璧な剽窃であると指摘している。

10　キム・ピルドン (2001: 265)

11　ヤン・ユンモ (1998: 94-95)

12　このように日本の音楽やドラマの韓国内での「現地化」の過程は、流通体制が確保されていなかった状況で「模倣」を通じて行われてきた。XJAPANの場合は韓国のノクセクチデというグループが『ENDLESS RAIN』を剽窃したことが知られた後に、韓国に紹介されはじめた。韓国のダンスグループであるルルラは日本のアイドルグループである忍者の『お祭り忍者』を剽窃したことで、社会的論争となった（菅野 2000）。

13　最近、韓国研究センターが行った調査によれば、全体の七〇％が日本大衆文化に触れた経験があると回答しており、女性よりも男性が、そして年齢が低くなるにつれて日本大衆文化に触れた経験があると回答した者が多いことが明らかになった。日本大衆文化の中では、「漫画」「アニメ」「雑誌」の順に触れた経験が高くなっており、高年齢層では「雑誌」「ビデオ」「テレビ番組」への接触率が高くなっている。

14　日本大衆文化の受容規模については、正確な統計がない。キム・ピルドン (2001:55-56) によれば、漫画の場合、日本漫画のコピー版の占有率は八〇％であり、劇場用アニメの場合、一九九六年に韓国政府の審議を経て輸入された漫画のうち、六一・六％が日本のものであった。また、日本のタレントのファンクラブは三〇〇にのぼり、日本の衛星放送を受信する世帯は五〇〇万世帯にのぼっているという。文化観光部の二〇〇〇年六月二七日付報道資料によると、日本大衆文化に接した経験がある者は、一〇代では出版文化が八四・三％、テレビ番組が三七・四％、ビデオが五〇・四%、映画が四九・六%、ゲームが六三・五%、大衆音楽、公演が〇・八%となっており、二〇代ではそれぞれ六四・四%、四〇・七%、四七・〇%、四一・一%、三九・〇%、一・七%、三〇代ではそれぞれ三六・四%、三七・三%、三五・五%、一八・二%、一八・二%、〇・五%、また、五〇代ではそれぞれ六・三%、二四・九%、一二・六%、七・一%、一・六%、〇・八%となっている。低年齢層ほど日本大衆文化に触れた経験が豊富なことがわかる（文化観光部報道資料、文化 2000. 6. 17. http://www.mct.go.kr/uw3/dispather/korea/data_room/open_data.html.）。

15　カン・インモ(1999)；キム・ソニョン (2001)；キム・ジョンクム (2000)；キム・ジョンシン (2001) などを参照。

16　ソン・ヨンウン(2000)

17　キム・ヘジュン(1998)

18　キム・ヒュジョン(2000)；ジョン・ジュンホン(2002)

19　キム・ジンマン(1966: 28)

20　イ・ヨンヒ(1984: 214)

21　一九七〇年代半ばから行われた日本人のキーセン観光は、イ・ヨンヒ(1984: 214)が指摘した通り、日本側の統計資料にもはっきりとあらわれている。一九八三年に韓国観光をした日本人は、五六万四千人であったが、日本側の統計資料によると、そのうち男性が九四%、女性が六%であった。同資料によれば、ヨーロッパ地域と米国を訪問した日本人のうち、男性は五一%、女性は四九%であり、台湾の場合は男性九一%、女性九%と、韓国と同様の性別不均衡を読み取ることができる。

22　ソウル市立大学 大学文化編集室(1986: 256)；チェ・ヨンイル(1985)

23　訳注：蚕室《チャムシル》にあるロッテデパートの地下街。輸入品を販売する場所として話題を呼んでいた。

24　ソウル市立大学 大学文化編集室(1986: 256)；チェ・ヨンイル(1985)

25　日本の雑誌や書籍類はおもに外国書籍専門店などを通じて販売されていたが、その中心は明洞地域だった。一九八六年に行われた、あるインタビュー調査によれば、当時、明洞には一四箇所の外国書籍専門店があり、中流から上流階級以上の人々が主な客であったという。これらの書籍専門店は、「日本に住む日本人や、旅行客から入手する場合もあるが、市中に出回っている多くの日本の雑誌は政府の許可のもとに販売されている」ということであった（ソウル市立大学大学文化編集室 1986: 261）。

26　菅野(2000)

27　キム・ヘジュン(1998: 16)

28 坂本知壽子(2002)
29 ヒョン・スンムン(1998: 23)
30 チェ・ヨンイル(1985: 229);ソウル市立大学 大学文化編集室(1986: 257)
31 チェ・ヨンイル(1985: 229)
32 一九九〇年初めに、はじめて韓国に入ってきたコスプレは、一九九六年以降、本格的に盛んになり、ユニテルなどのサイトに同好会掲示板ができたという。インターネットコミュニティであるダウムには、コスプレ関連の「カフェ」と呼ばれる同好会掲示板が千以上に達し、全国で六〇〇を超えるコスプレサークルがあるという。コスプレドットコムなどのコスプレ衣装の制作会社もあり、二〇〇二年に開かれた、「二〇〇二ソウル国際まんがアニメーションフェスティバル(SICAF)」のコスプレ会場には一万人の人々が押し寄せたと報道された(『大韓毎日』二〇〇二年一〇月三〇日、一六面)。
33 『大韓毎日』二〇〇二年一〇月三〇日、一六面
34 イ・ヨンベ(2000: 19)
35 韓国最大のファンクラブを持つXJAPANの場合、そのCDが国内搬入禁止となっていたにもかかわらず、約二〇万枚が流通しており、海賊版もあわせると一〇〇万枚が流通していたと推測される(イ・ウヌ、http://home.mokwon.ac.kr/'thepress/321-321)。

参考文献(★は韓国語文献)

★イ・ヨン他編(1998)『日本大衆文化をパクる』ソウル:ナムワスプ
★イ・ヨンヒ(1984)「日本の文化浸透を警戒する」『新東亜』300:206-215
★イ・ヨンベ(2000)「日本大衆文化第三次開放と韓国アニメーションの発展方案」『民族芸術』61:18-21
★カン・インモ(1999)「日本大衆文化「段階的開放」政策」にともなう対応方案に関する研究——日本大衆映画と韓国メディア文化産業を中心に」西江大学校言論大学院修士論文
★キム・ジョングム(2000)「日本大衆文化開放に関するメディアの報道形態分析」江原大学校情報科学大学院修士論文
★キム・ジョンシン(2001)「日本大衆文化に対する開放・受容体制に関する研究」中央大学校行政大学院修士論文
★キム・ジョンヘ(1991)「韓国青少年の日本衛星放送の視聴に関する研究」高麗大学校新聞放送学科修士論文
★キム・ジンマン(1966)「なにを受け入れるのか」『高大文化』27-30
★キム・ソニョン(2001)「日本大衆文化開放と青少年の意識変化に関する一考察」セミョン大学校教育大学院修士

論文、未刊行
★キム・ヒュジョン（2000）「影響わずか、文化輸出のチャンスとして活用すべき――日本大衆文化第三次開放の意味と影響」『新聞と放送』356:144-148
★キム・ピルドン（2001）『リアクションの芸術、日本大衆文化』ソウル：セウム
★キム・ヘジュン（1998）「韓国映画、インディーもメジャーもない」『ニューメディアジャーナル』62:15-17
★坂本知壽子（2002）「禁止された文化に対する欲望と消費行動――日本大衆文化コミュニティーの変遷を例として」文化研究学期末論文
★ジョン・ジュンホン（2002）「韓日映画市場開放、損か得か」『文化芸術』273:18-24
★ジョン・ヒョンミン（1996）「日本大衆文化の開放に関する研究：韓国文化産業の発展を中心に」釜山大学校大学院社会学科修士論文、未刊行
★ソウル市立大学 大学文化編集部(1986)「日本文化、浸透の背景と実態」『ソウル市立大 大学文化』第9号、pp.248-267
★ソン・ヨンウン（2000）「日本大衆文化へのドアは開かれた――事実上の完全解放、余暇のアイテムを急いで揃えねば」『週刊韓国』1829
★チェ・ヨンイル（1985）「韓日文化交流の現況と本質」『高大文化』25:223-233
★ト・ジョンイル（1998）「日本大衆文化をパクる―2　腐敗の構造〈序文〉」イ・ヨン他『日本大衆文化をパクる』ソウル：ナムワスプ、pp.53-110
★ヒョン・スンムン（1998）「多様性、緻密さ、そして歌手の商品化を学べ」『ニューメディアジャーナル』62:23-25
★ヤン・ユンモ（1998）「剽窃論争に見る、戦後の韓国映画」イ・ヨン他『日本大衆文化をパクる』ソウル：ナムワスプ、pp.53-110
★リー・ドンフー（2003）「韓国トレンディ・ドラマの文化的形成――脱国家的文化受容様式を中心に」チョ・ヘジョン他『韓流とアジアの大衆文化』ソウル：延世大学校出版部、pp.125-153
Fiske,John (1996) "The Cultural Economy of Fandom", in Lisa A. Lewis(ed.), *The Adoring Audience-Fan Culture and Popular Media*, London & New York: Routledge.
Iwabuchi, Koichi (2001) "Uses of Japanese Popular Culture: Trans/nationalism and Postcolonial Desire for 'Asia'", *Emergences*, 11(2):199-222.
――(2002) *Recentering Globalization: Popular culture and Japanese transnationalism*, Durham: Duke University Press.
菅野朋子(2000)『好きになってはいけない国――韓国Ｊ‐ＰＯＰ世代が見た日本』文藝春秋

6

インターネットにおける日本ドラマ流通とファンの文化実践
——消費者制作の字幕によるテクストの変容[1]

パク・ソヨン　平田由紀江　訳

1　はじめに

二〇〇四年一月に実施された日本大衆文化の第四次開放には、CD等の販売とテレビ番組の放送が含まれている。これによって、ほとんどすべての日本大衆文化が法的規制なしに韓国で流通されるようになった。[2]

現在、一九九〇年代から今までに制作された多くの日本ドラマが韓国のケーブルテレビで放映されている。『フレンズ』や『アリー・マイ・ラブ』、『セックス・アンド・シティ』など、外国ドラマといえば米国ドラマ一辺倒だったが、今では日本ドラマが重要な位置を占めはじめているのである。大衆文化商品を中心に、アジア内の同時代性はますます強まっており、日韓が共有する文化的な経験もどんどん増えていくだろう。

しかし、実は韓国における日本ドラマの消費の場は、主にケーブルＴＶではなくインターネット空間である。これは、番組制作側の著作権を無視し、動画を加工し、流通させるという「違法」行為をその前提としている。

過去の植民支配の経験に基づく「日本大衆文化流入および配布禁止措置」という政府の方針のため、韓国における日本大衆文化消費は、これまで、厳格な法の網をくぐり抜けるファンたちの積極的な努力と、彼らが開発した独自の商品の入手ルート、そしてメディアの発達に依存するかたちで行われてきた。

この意味では、二〇〇四年の日本ドラマ解禁は、それほどの大きな波及効果をもたらすことができなかったといえる。これには次のような要因がある。第一に、二〇〇〇年ごろからインターネット同好会を中心にすでに数多くの作品が流通していたという点。そして第二に、依然として日本のドラマが、地上波ではなく、衛星放送やケーブルテレビでしか放送が許可されていないという点である。[3] このことは、インターネット空間で活発に行われている日本ドラマ消費のあり方を際立たせる契機ともなった。

キム・ヒョンミは、二一世紀のグローバルな文化産業は、その地域の技術的状況や文化消費の固有の性質によって特徴づけられる、と論じている。「異質」な象徴的効果をもつ文化は、国境を越えて流通する過程で、異質で多様なかたちで消費されているのである。[4]

本章では、ファンの能動的活動が創り出す、日本ドラマ消費のあり方とその特徴を、ドラマのインターネットにおけるテクスト化の過程のうちに捉え、この特徴が、ドラマにおける台詞の翻訳と字幕にあらわれていることを見ていきたい。そして「消費者」であり同時に文化の「媒介者」でもある彼らの視線が、字幕を双方向的に構成し、生みだしていくことを分析する。

インターネットでテクスト化された日本ドラマの分析は、インターネット上で日本ドラマが加工、流通、消費される同好会、P2Pサイトについての調査と、そうした空間で活動している「文化媒介者」(同好会サイトの管理人、映像加工および字幕制作者、ファイルのアップローダーおよびダウンローダーたち)と一般の消費者へのインタビューに基づいている。

さらに、現在消費されている日本ドラマを具体的な事例として、主にその字幕にみられる翻訳と文化実践を分析したい。ここでは、こうした字幕が「もともとの意味」と一致しているかどうかを明らかにしたり、ある特定の傾向を見つけたりしようというのではない。むしろ、正規に輸入されたテレビ番組とは違った、「字幕」にみられる翻訳者の多様な「介入」がどのような文化実践を反映するのかを、現在の韓国大衆文化の場との関係性において把握していきたい。

2 トランスナショナルな文化テクストと消費者の「文化実践」

ミシェル・ド・セルトーは、「消費者の生産」について論じ、イメージとTV視聴に費やす時間(行動)についての分析は、文化消費者がこの時間にイメージを「作り(makes)」、「行うこと(does)」についての研究として付け加えられなければならないと述べている。[5]

特にトランスナショナルに消費されるドラマは、番組が作られた場所の文脈とは違った認識をされるため、新しい意味体系の中に置かれることになる。そして、様々な形で「混淆化」と「ローカル化」の過程をともなうのである。

アジアを横断するドラマ、特に日本ドラマについての多くの研究は、日本文化がアジア地域でどのように消費者の日常と重なり合い、彼女／彼らの文化的創造力を構成してきたのかということに焦点をあててきた。

いくつかの研究において重点的に分析されているのは、ドラマの内容や背景についての欲望の体系や、「日本」という国家的アイデンティティの再解釈[6]などである。こうした研究においては、消費者自らが属する社会的・文化的・経済的な文脈によって様々なかたちでドラマを受容する能動的な消費者の姿が浮き彫りにされている。

韓国でもやはりドラマの消費は日常性と同時性を備えたものである。ドラマを通じた日韓の文化的距離感は次第に縮まってきている。こうした状況において、本章で注目するのは、「なぜ消費者たちは日本ドラマを視聴するのか」という問いではなく、消費者が「生産」にも加わっているという点である。韓国におけるインターネット空間での大衆文化消費の広がりという特徴は「日本ドラマ」の視聴経験それ自体に変化をもたらした。

「能動的」な消費者がインターネット空間で流通させるために「オリジナルな」番組としてドラマを加工していく過程で行われる「翻訳」は、正規ルートの字幕翻訳とは違った文化的な実践として新しいテクストを生み出している。したがって、私たちは、このような翻訳がなされる文脈、すなわち日本ドラマ消費の歴史的変化とメディア・テクノロジーの変化を見ていく必要があるだろう。

アパデュライ[7]は、グローバルな文化の流れは五つのダイナミックで不規則な景観（スケープ）からなっていると述べているが、ここでもテクノスケープとメディアスケープが有機的なつながりを保ちながら、日韓の間の文化テクストのトランスナショナルな流れを加速化させており、消費されるイメージとその媒介の景観はオリジナルとは違った形で構成され、変容している。

ケリー・フー[8]もまたこうした側面に注目し、日本ドラマがＶＣＤという手軽で便利な海賊版メディアという形で販売され、全世界の中国語圏コミュニティで「中国製」として広がっていく、複雑な制作および流通過程について分析している。中国で流通するＶＣＤは、時空間の限界や法の領域を超え、「海賊行為」にふさわしいフレキシブルで効果的な技術としてドラマ消費と交換の場を作り出したのである。

またキム・ヒョンミ[9]は台湾での「韓流」についてエスノグラフィーを行い、近年のアジア地域内における文化の流れは、前近代的な流通体制と新技術が合わさった「複製文化」であるという特徴を持つと指摘している。彼女の分析によれば、韓国ドラマが台湾の文脈に合うような形で再生産される過程において「文化翻訳」がなされるのだ。つまり、テレビ局への輸入・吹き替えの過程において、アマチュアレベルの翻訳者が短時間の翻訳を試みて、オリジナルのテクストにはない冗談を挿入したり、ミンナン語を混ぜて吹き替えをしたりと、韓国ドラマが台湾の意味体系の中に取り込まれ、変容させられたというのである。

キム・ヒョンミの議論は、正規に輸入されたテレビ局で行われる文化翻訳とローカリゼーションの過程を説明するものだが、ここで私が考察したいのは、インターネット空間でドラマを流通させるファンの自発的な翻訳過程である。

文化商品の「販売」あるいはテレビチャンネルでの「放映」の際の「二次的な加工過程」と、インターネット上でドラマを流通させているファンたちの「二次的な加工過程」は、金銭的利益に結びつかないという点だけでなく、テクストへの介入の仕方もまた異なるものである。

韓国政府が長期間にわたり日本大衆文化の流通を「違法」とし、法的に統制を加えてきたという歴史的条件のもとでは、日本文化の消費は、ファンの能動的な役割が重要であった。ここでは字幕は客観的に意味を伝達する「完成品の一部」ではない。そして、日本ドラマはファンたちがもとの台詞をできるだけ効果的に伝達しようと努力し、自らの表現手段でありコミュニケーションの場である開かれたテクストとして、オリジナルなTVプログラムとしてのドラマを徐々に変容させていく場なのである。この意味で、ファンは、二次的な生産者であり同時に消費者、もしくは文化媒介者であるということができるだろう。

3　インターネット・テクスト化される日本ドラマ

韓国における日本ドラマは、長い間その輸入が禁止されてきた。公式ルートでの消費は不可能であったため、非公的なルートを通じて消費されるのが当然だと見なされた。もちろん、CD、雑誌等の流通が禁止されているにもかかわらず、非公的なルートでは、かなり以前から流通していた。

たとえば、日本の衛星放送は、釜山等の日本に近い地域で受信可能であった。一九九〇年代には日本ドラマの影響で韓国にもトレンディ・ドラマが流行りはじめ、TV局のプロデューサーたちは、番組改編の時期になると日本の衛星放送を視聴することのできる地域にわざわざ出向き、日本ドラマを見ているという噂も広まっていた。

しかし、日本大衆文化の他のジャンルであるアニメーション、映画、音楽等では少数のマニアックなファンの活動が活発であったのに比べ、ドラマはその技術的な限界により、その消費は容易ではなかった。一九九〇年代のインターネット上でのコミュニティサイトにおけるアーカイヴは、低画質、低容量の、傷ものファイルが大部分であった。そのためにインターネット上の同好会サイトでは、テクストとイメージの情報のみが共有され、映像のほうはビデオにコピーした後に実物を取引きしたり、オフラインの上映会などを通じて広められたりしていた。

しかし、二〇〇〇年に入り、韓国内のインターネットでブロードバンドが一般化し、高容量の動画ファイルの送受信が容易になるにつれ、日本ドラマの消費は急速に広まっていった。これは、韓国社会でインターネット上での大衆文化消費が一般化されていったのと関係している。高容量ファイルを保存できるサイトの登場により、音楽や外国ドラマ、映画のみならず、TV番組や、マンガ、大衆小説などの出版物に至るまで[10]、多くの文化テクストが、インターネット上でファイルとなり、消費されはじめたのである。

高容量ファイル共有システムの登場によって可能となったインターネット空間での大衆文化テクストの流通の増加は、時には著作権法とのからみで、法的なトラブルの原因となったりもするが、現実にはこの非公的なルートでの消費が依然として拡大傾向にある。韓国における日本ドラマの消費はインターネット空間においてはじめて可能となったといえる。

一度制作されたドラマの動画ファイルは、数多くの「同好会」サイトとP2P共有サイトに広まっていく。実際、数多くの中・小規模の日本ドラマサイトが存在し、一般のエンターテインメントサイトやコミュニティサイトも、競争力を高めるために「日本ドラマ」をひとつのコンテンツとして保有している場合もある。

また、資料を直接交換するP2Pサイトでは、自身のサイトを日本ドラマ限定にしているユーザーも見られる。[11] さらには、ファイル自体を提供し、共有するというよりも、ストリーミング配信[12]を利用して掲示板の書き込みを読むように日本ドラマを見ることのできるサイトもある。こうしたサイトは画質がテレビと大きな差がなく、ドラマを保存することができるダウンロード方式とは違い、小さいサイズの画面に画質も選べないという限界があるが、掲示物を読むように一度のクリックで動画を再生し「時間に縛られずに最少の努力でドラマを見ることができる」という特徴を持っている。

ダウンロードの概念とは違った、ストリーミング配信により、大容量保存スペースを提供していた一部のサイトを中心に拡がっていた日本ドラマは、韓国の一般的なポータルサイト内のコミュニティにも数多く登場している。

ユーザーは、様々なルートを通じて十一、十二回からなるひとつのドラマを「まるで一編のマンガ全巻を一晩で読み終えるように」、視聴することもある。そして、テレビでドラマを見なかった人々や日本大衆文化にそれほど関心を持っていなかった人々も、少しずつ日本ドラマの世界に「入門」しはじめている。日本ドラマは次第に「日本文化」に対するマニアの熱狂の対象としてばかりでなく、大衆的なメディアになりつつあるのだ。

インターネットの前で過ごす時間が長くなり、可能な限りの文化的ソースをファイルで共有、保存し、個人所有のコンピュータのモニター画面で鑑賞することが一般化した現在、韓国の大衆文化シーンにおいては、日本ドラマもまた、自国のドラマとは違った、面白くてバラエティに富んだジャンルのうちのひとつとして登場したのである。

こうした消費形態は、多くの日本ドラマがインターネット空間で流通していることを示すものでもある。また、そのトランスナショナルな流通の速度もだんだんと速くなっている。二〇〇四年の前半に放映されたドラマのうちの多くが、わずか一日もしくは二日遅れでインターネット上で流通していた。

新聞などのメディアでは、ケーブルテレビにおける日本ドラマの不人気の理由のひとつとして、すでにインターネット上での視聴が活発に行われており、ケーブルテレビはその流通速度やバラエティの面で、とうていインターネットにかなわないという点を指摘している。インターネットでの視聴は時間に束縛されないという長所があり、テレビに比べても画質が劣らないという点から、視聴者はわざわざテレビを利用する理由がなくなったというわけである。こうした状況は、インターネット空間でのドラマ消費が単にファンのコミュニティであり情報共有の場というだけではなく、テクストに接し、鑑賞するための中心的なチャンネルとなっていることを表わしている。

では、日本におけるドラマ放映から、韓国の消費者に届くまでの加工作業の過程を見てみよう。日本でドラマが放映されると、日本の視聴者もしくは日本に留学中の同好会員によって、ハードディスクレコーダーやＤＶＤレコーダーにデジタル録画され、その後、ファイルエンコーディングを経て、ハードディスクに保存される。これは日本のＰ２Ｐプログラム、Ｗｉｎｎｙを通じて迅速に国境を越えて流通し、韓国内の同好会資料室にアップロードされたり、同好会の外に無断で流出され、他の同好会やＰ２Ｐサイトで直接アップロードされたりもする。

オリジナルがＤＶＤである場合、少し違った過程を経ることとなる。

まず、ＤＶＤの場合、ドラマ終了後六ヶ月ぐらいの時間を置いて発売されるため、厳密な意味での「同時的な消費」とは言い難い。発売されたＤＶＤには普通、コピー防止機能がついており、暗号がかかっている。暗号を解読し、コンピュータに映像を移す行為をＤＶＤリッピング（Ripping）というが、ＤＶＤリッピングには高性能のコンピュータと長時間（五時間～八時間以上）の作業が必要とされ、高価なＤＶＤを購入しようとすると、相当な投資が必要となる。しかし、ＤＶＤリッピングの過程を経て作られたファイルは、ＤＶＤとほぼ同様の画質であるため、依然として主な加工方式として用いられている。

次に、同好会の「字幕チーム」または個人の字幕専門家によって「字幕ファイル」が作られる。これらの動画ファイルや字幕ファイルは同好会資料室にアップロードされたり、同好会の外に無断で流出され別の同好会やP2Pサイトを通じて消費者のコンピュータのハードディスクにダウンロードされたり、ストリーミング配信サイトなどで消費者によって再生産される。

二次的な加工作業には多大な努力と技術が必要である。各過程の作業を担当するファンの二次的な加工作業は高度に組織化されており、映像担当、翻訳家、監修、シンク作業担当[13]というかたちでチームが構成されている。

翻訳は、二度にわたってチェックされる場合も多い。大規模の日本ドラマ同好会では同好会内で組織された作業チームがあり、チームリーダーの指揮の下、各翻訳者の作業が組織化されている。翻訳チームを募集する広告を見ると、高度な言語能力はそれほど必要とされていない。基礎的な日本語レベルでも翻訳作業に参加できるため、映像翻訳者を志す者が、基礎段階で翻訳作業に参加したりもする。

なぜこのように自発的に時間とお金をかけるのかについて、「日本ドラマが好きだから」と答えていることからもうかがえるように、彼女／彼らは自然にこの過程に参加する積極的な消費者としての立場をとっている。一部の大規模サイトを運営する運営者は、自主制作（加工）する日本ドラマを有料コンテンツ化する動きを見せているが、出発点はどこまでも資料を共有しようとするファンとして、なのである。

以上、日本ドラマがインターネット空間で消費されるテクストに変化する際に、技術とハードウェアを保有するファンが自発的な消費者として二次的な加工に関与する過程を見てきた。翻訳はその意味を伝達するという面において、トランスナショナルなテクスト消費に欠かせないものであると同時に、最も創造的な役割を果たすものである。次節では、「日本ドラマ」の字幕に彼女／彼らの声が、どのように反映されているのかを見ていく。

4　日本ドラマと消費者の字幕制作

テレビという、公的で一方通行的なメディアにおいて制作されたドラマがインターネット消費のために加工される過程には、私的で個人的な消費者としてのまなざしが投影される。その特徴は、一つに、テクストに対する一種の「作家性」の強調であり、二つ目に、ストーリーを説明するための字幕の挿入、三つ目に、翻訳以外の介入があげられる。

4・1　「作家性」の強調

二次的な加工に関わったファンたちは、たいていの場合、ドラマの主題歌が流れるオープニングに自らの名前をドラマのスタッフやキャストの名前と共にのせるのが一般的である。これには翻訳者、シンク担当者、動画製作者、ＤＶＤ提供者の名前はもちろんのこと、所属同好会の名前も含まれている。

また、ドラマの視聴者は翻訳に対して「一言コメント」や「レス」を通じてフィードバックが可能なため、一つのテクストが完成しても、視聴者の反応によっては修正作業が行われることもある。その際、まるで出版物の「改訂版」のように、修正日が記されることもある。また、ドラマの終わりに、「私がはじめて制作した字幕です。つたない出来ですが、最後まで見てくださったみなさまに感謝します」などというコメントが付け加えられることもある（『いつもふたりで』（フジテレビ、二〇〇三年））。

前節で見てきたように、一度加工されたドラマは様々なチャンネルに広がってゆく。最初は動画ファイルと字幕ファイルは一緒に提供されるが、繰り返し他のサイトやP2Pユーザーのファイルフォルダへと渡っていく過程で、動画ファイルと字幕ファイルが別々に流通したりすることもある。字幕ファイルのみを開いて、それが不完全な字幕だと判断された場合、別の字幕ファイルを探す視聴者もいる。ファイル名を動画ファイルと同名で保存しさえすれば、別々にダウンロードしても同時に再生できるのである。動画ファイルは画質の鮮明度や容量の大きさが、そして字幕ファイルはその内容と質が考慮される。

無断流出禁止というひとつのマナーをユーザーが自発的に守っているとはいえ、こうした行為の拡がりは食い止めることができない。ひとつのドラマが流通すればするほど最初に加工版を制作した「作者」の存在は薄れていく。すなわち、インターネットを通じてテクストが無差別に流通している状況で、一次生産者（ドラマ制作者）の名前と媒介者自身の名前を挿入することは、二次加工者としての功績を挿入する過程であるともいえる。

ピーター・コロック[14]は、インターネット空間において公共財を生産する際にユーザーが金銭的な利益を望まない自発的な貢献と生産活動を行うメカニズムについて研究し、その動機のひとつとして「重要な情報の生産/伝達者としての名声を得ること」を挙げたが、これはその文脈で考えることができるだろう。こうした字幕には、IDとEメールが明記されており、字幕制作における一種の責任と権利を伴っている。

4・2　字幕と注釈、そしてイモティコン（絵文字）――文化媒介者としての積極的な文化翻訳

字幕は翻訳された文章を提示する画一的なテクストではない。そこには様々な方法で文章の翻訳だけでは足りない意味を伝えようという機能が働いている。

字幕は、もちろん意味の伝達を重要視してはいるのだが、なめらかな表現がうまくできないという時にその補助的な役割を果たすのだ。そうした意味で、字幕はまるで注釈のように機能している。

たとえば、日本ドラマ『恋ノチカラ』（フジテレビ、二〇〇二年）で、酒に酔った主人公がある動きをしながら「ニン、ニン、ニン!」と叫ぶシーンがある。字幕には「ニン、ニン」という韓国語表記と共に、「（注）忍者ハットリくんの真似」であると書かれている。これは、字幕制作者が、主人公がアニメ『忍者ハットリくん』を真似していると説明しているものと考えられる。

このように、特定の主人公が他の芸能人の真似をしたり、歌を口ずさんだり、また、日本ならではの食べ物が登場するシーンなどでは、このような「注釈」を入れることによって、自分が知っている情報を動員し積極的な説明を付け加えるということも、数多く見られるのである。

同じ場面で主人公は、「ノリノリで盛り上がるでござる〜」といい、ここでもアニメキャラクター『忍

者ハットリくん』の真似をしているのだが、このような台詞は韓国語に翻訳するには多少無理がある。字幕製作者は本来の意味を一般的な言葉に一度置き換えて、その後に「(時代劇で使うような敬語)」というふうにカッコ書きで注釈を加えている。

これは、翻訳して意味だけを伝えようとしても伝えきれない微妙な言葉遣いや(日本の)芸能界情報等を、翻訳者が持っている知識を使って説明しているのである。

動詞の語尾変化によって独特で複雑な感情と状況が表現される日本語と韓国語のもつ特徴のため、これを理解し、適切な表現に翻訳するのは大変なことである。たとえば、ドラマ『HERO』(フジテレビ、二〇〇一年)で、ある登場人物が、毎日のように続く深夜十二時までの残業について不満を述べる。日本語では「また十二時かよ〜」という彼の台詞は、「また十二時なのか?」というような、情報を確認しようとするものではない。翻訳者は、発話者の意図どおり、「また十二時か。」と翻訳したが、その後ろに「(やだ〜)」と彼の心情を付け加えている。つまり、翻訳した文章をスムーズにしたり、細かい部分まで翻訳することなしに、翻訳者はこうした説明を付け加えることによって、自らの翻訳でカバーしきれなかった意味を伝えようと努力するのである。

意味を伝達する以外に、言葉遣い自体が感じさせるイメージや感覚もまた、さまざまな方法で翻訳される。『トリック』(テレビ朝日、二〇〇三年)を例にとれば、関西弁を使う矢部刑事と、彼と共に行動し、「あやしげな方言」を使う石原刑事の助演二人組は、爆笑を誘うコミカルなキャラクターとして人気を得た。この際、字幕は方言自体が与える面白味を伝えるために、矢部刑事の台詞を慶尚道《キョンサンド》の方言で、石原刑事の台詞を全羅道《チョルラド》の方言で表現した（ケーブルテレビで放映された際にはすべて標準語で字幕処理されていた）。感嘆詞や悪口なども発音そのままに字幕化された。

もともと日本での関西弁や出身地不明の方言がもつ情緒や意味は、韓国の方言が持つそれとは同一のものではないが、こうした字幕の工夫は、東京にある大学の教授である主人公と、助演の彼らが駆使する言葉遣いの差を韓国での文脈に置き換えて、日本語がわからない視聴者でも雰囲気をつかめるようにしている。

言葉遣いを翻訳の中で生かそうとして、むしろオリジナルに忠実になろうとする場合もある。『ごくせん』（日本テレビ、二〇〇二年）の場合を見てみよう。このドラマのストーリーは、やくざのボスの娘である熱血女教師、「山下久美子」が、いわゆる「問題児」が集められたクラスの担任になり、悪戦苦闘するというものである。強烈な表現と、独特なキャラクター、そして「学校」という環境に対して、韓国の一〇代、二〇代が感じる親近感と異質感が調和し、韓国では大ヒットとなった作品だ[15]。

このドラマで生徒たちは、主人公である教師を「ヤンクミ」というあだ名もしくは「お前」と呼び、まるで友達のように接し、会話の中で敬語は使われないわけだが、これは、生徒たちの反抗的な性格を考慮したとしても、韓国では倫理的に問題があるとされ、ほとんど受け入れられないのである。

二〇〇四年に、ケーブルテレビで放映された際には、生徒の言葉遣いは、一〇〇%ではないにせよ、できるだけ敬語で字幕処理されていた。これには多くの視聴者が不満を表明し、以前にもまして、『ごくせん』のようなドラマはインターネットでダウンロードして見なければならないと言われるようになった。「韓国の情緒に合わせることが重要だとしても、（主人公の）三年B組のみんなが先生に敬語を使うのは不自然で我慢できない[16]」というのだ。

文章だけでは表現できない微妙な感情や言葉遣いを表現するということは、非常に重要なことである。台詞の裏に隠された心情を説明するのにカッコ書きを付け加えるのと同様に、しばしば「イモティコン（Emoti-con）」（日本でいう絵文字）が使われる。

周知のとおり、「イモティコン」は、文字がコミュニケーションの中心となっているインターネットや携帯電話の画面に、記号や文字を使用して人の顔の表情を描く、一種の絵文字である。日本と韓国の場合、コミックマンガに親しみの深い一〇代〜二〇代を中心に、平面化、記号化された豊富な感情表現が共有されている。

とりわけ韓国では、こうしたイモティコンが人と人とのコミュニケーションにもちいられる言語という手段を超えて、文化テクストを構成する表現方式の一部となっている。それを示す端的な例として、インターネットの掲示板に寄せられた、アマチュア作家たちによるインターネット小説が挙げられる。イモティコンは、記号や文字を組み合わせ、それを文章に挿入する、いわゆる「通信言語」となっている。

たとえば「インターネット小説」は男女間のちょっとしたロマンスがストーリーの中心となっているが、その状況や感情を言葉で細かく描写するというよりは、口語体の台詞をそのまま表現し、通信言語であるイモティコンで、その感情を表現する独特のものである。

そして、そうした特徴が言語破壊をもたらしているのだという厳しい批判にも拘わらず、一部のインターネットユーザーから脚光を浴び、小説として出版されたり、映画化されたりしている。本として出版される際でもこれらの小説は、そうした通信言語をそのまま反映させており、映画化されたとしてもその字幕にはイモティコンが挿入されたままとなっている。

イモティコンの使用は、インターネット空間でのチャット、メール、掲示板などのコミュニケーションという特徴を越え、さらにはオンライン、オフラインという境界を越えて、コンピュータ通信が生み出した文化的形式のひとつの特徴としての地位を獲得したのである。

そうした背景から、インターネットが主なチャンネルとなっている日本ドラマの字幕に登場するイモティコンは、ごく自然に受け入れられている。そして、文字だけでは不十分な感情やキャラクターの性格を正確に把握することを可能にしているのである。

特に日本ドラマはマンガがその原作となっている場合が多く、内容のみならず、台詞、表情、効果、背景処理等の表現方法においてもマンガ的なコードを積極的に取り入れている場合が多いために、イモティコンを利用した翻訳は、より頻繁に行われている。

たとえば、さきほど見てきたようなドラマ『ごくせん』は、原作のマンガが日韓両国で発売されているばかりでなく、ドラマの中の表現自体がコミカルで、ユーモアにあふれたテクストである。したがって、その字幕にはイモティコンが頻繁に挿入されている。

主人公の「ヤンクミ」は、家では組織の部下たちに、学校では生徒たちに対して強烈なカリスマ性を発揮し、暴力に対抗するパワーを持っているように見えるが、近くの警察署で働く片思いの刑事の前では限りなく不器用で女性的な態度に変わる。彼と食事するチャンスをつくってあげるという同僚教師の言葉を聞いて顔を赤らめ、「はい」と答えるヤンクミの少々オーバーとも思われる声や態度は、視聴者の笑いを誘うものだ。これを翻訳者は、「はい♡」という風に、ハートマークをつけて表現している。

同じドラマでは、主人公ヤンクミと敵対関係にある教頭先生が、ヤンクミのクラスの生徒を追い出そうとして逆に恥をさらす場面がある。学校中が見守る中、逃げるように席を立つ教頭先生が、自分の周りにいる生徒や教師をかき分けながら言う台詞に、翻訳者は「どけT^T」というふうにイモティコンをつけている。

発話者は背を向けているが、涙を流しながら口元のすねた感じを表現しているこのイモティコンからは、険悪さというよりもむしろコミカルな悪役のキャラクターがうかがえる。この「どけ」や、「(やだ〜)」のような表現からもわかるように、こうした字幕では、文法に忠実であるというよりも、むしろ少々オーバーでコミカルなマンガの台詞のように、話しことばをそのまま文字化する傾向が強いのだが、これもまた、正規のテレビ放送の字幕とは違った部分である。

あるキャラクターの雰囲気や感情など、「台詞」自体よりも意味があると考えられる部分を翻訳者は適切なイモティコンで伝えようとしているのである。これは、テレビ番組として制作されたドラマが、韓国のインターネットユーザーの間で共有されている文法を使って表現され、新しくコード化される過程であるといえる。非公的な経路の空間が、規範を超えた非文法的な言葉の変容を許しているのである。

4・3 翻訳以外の介入——消費者としてのまなざしの反映

意味の伝達以外にも、翻訳者は自らの声を字幕に反映させることがある。登場人物の感情を表現したり、意味を伝えることとは全く関係のない、翻訳者の「コメント」を字幕に挿入する場合である。これは二次加工者が、一方通行的ではない、視聴者との対話を積極的に試みているものといえるかもしれない。

こうした「コメント」の挿入は、視聴者に、まるで翻訳者と視聴者が共にテーブルを囲んでドラマを見ているような感覚をもたらす効果を持つが、それとともに、翻訳者の、消費者としての視線がより明らかになる地点でもある。

このような例として、まず、翻訳者自身も台詞の中の日本語を理解できなかったことを認め、言い訳を試みている場合が挙げられる。たとえば、『恋ノチカラ』では、フランス料理店で主人公が料理を注文する台詞を、「まず前菜は、@$#%…」と翻訳した字幕が登場する。

翻訳者は難しいフランス料理の名前を聞き取れず、その部分を、意味のない記号で処理してしまったのだ。これは通信言語やマンガにおいて聞き取れなかった言葉や複雑な言葉、それに大声で何か叫んだりした言葉を表現する際に、しょっちゅう使われる方法である。そして、「(すみません。フランス料理を食べたことがないもので……)」と、翻訳者自身が視聴者に弁解する言葉が字幕の後につけられている。

また、登場人物が早口で話している部分については、「(なにを言っているのか聞き取り不可能)」とか、「(聞き取れた方は教えてください)」という文句を挿入して次の台詞に進んでしまうこともある。

こうした安易な翻訳は、多少無責任だとも言えるかもしれない。不完全な字幕でドラマを視聴するのを避けるために、あらかじめ字幕ファイルだけを開いて字幕の出来具合をチェックしたりする視聴者もいる。しかし、省略されてしまった翻訳が、テクストを理解するのに大きく支障を与えることはまれで、多くの場合は「スピーディなアップロード」に重点が置かれているためそれほど問題にはならない。

ドラマが掲示版の掲示物のようなかたちでサイト上に載せられている場合、視聴者は、不完全な部分を見つけたらドラマを見ながら書き込みをしたり、どんなふうに翻訳したらよいかという議論を交わしたりし、その過程で字幕が修正されることもある。

これは翻訳者が積極的な「消費者」の一員であり、専門翻訳家ではないのと、消費空間が正規の放送局でないゆえに起こりうる現象である。字幕は視聴者のフィードバックとコミュニケーションが行われうる、開かれた場として存在するのだ。

このため、日本語の実力が専門翻訳家レベルでなくとも、比較的簡単に翻訳作業および二次加工作業に関わることができる。また、不完全な翻訳が許されるので、短時間に多くのテクストが生み出されるのである。

翻訳者が視聴者としての感想を字幕に挿入することすらある。これは、ドラマの主人公の台詞がない場面や、ある台詞に対して翻訳者が感想を述べたい時に挿入される、コメントのようなものである。

二〇〇四年に放映されたTVドラマ『アットホーム・ダッド』（フジテレビ、二〇〇四年）を例にとって見てみよう。このドラマでは、大手広告会社のディレクターだった主人公が、突然職を失って専業主夫となり、生まれてはじめて家事をすることになって、悪戦苦闘する姿が次々とコミカルに描かれている。翻訳者は、主人公が洗濯機に洗剤を入れすぎてしまう場面で、「めっちゃたくさん入れてる……くくくっ。」という自らの感想を挿入している。これは単なる感想であるかもしれないが、同時に、台詞のない、視聴者が見逃してしまいがちな部分を強調するという、翻訳者の役割を意味するものでもある。

また、『恋ノチカラ』では、けんかの場面での「ちび！」という台詞の後に、「(－_－;;)」という、翻訳者の感想が顔文字で挿入されている。これは、「ちび」という言葉のように、韓国語と日本語では攻撃性が異なる語を用いる時にしばしば起こる現象である。韓国では「ちび」というのはさほど攻撃的な意味を持たない。翻訳者は、なぜけんかの場面でこんなことを叫ぶのだろうという意味で、こうした表情の顔文字を挿入したのである。

また、ドラマについての全般的な評価も登場する。若い男女と家族間の関係を描いた『末っ子長男姉三人』（TBS、二〇〇三年）では、最終回が終わったところで、「面白く、また多少教訓めいたところのあるドラマでした」というメッセージが挿入されている。翻訳者が考えるドラマの意義が、視聴者に伝わるかたちとなっているのだ。

また、『トリック』の第二話が終了した時点では、「だんだん面白くなってきましたね。引き続きお楽しみください。」というコメントが添えられている。このように視聴者の興味を引こうとする翻訳者の意図が垣間見られたりするのだ。

「感想の挿入」はまた、ファンとしてのアイデンティティを積極的に示すものでもある。さきほど述べた、『ごくせん』の一場面で、カリスマ性のあるキャラクター、「沢田慎」は、問題児の集まりであるクラスの生徒の全員が二〇～三〇点を取った英語のテストで、一人だけ満点を取った。字幕は、「すげえ。こいつ一〇〇点取ってんじゃん」というクラスメートの台詞をそのまま翻訳し、その下に、「(彼の完璧さときたら……ふっ)」と付け加えることで、沢田慎役の俳優、松本潤への愛情を表現している。人気アイドル「嵐」のメンバーである松本潤は、韓国で爆発的な人気を得た同ドラマで広く知れ渡り、韓国の大型ポータルサイトの人気キーワードとして登場したこともある。

ファンとしての愛情を翻訳者が表現するということには、特定人物や特定ドラマのファン同好会で字幕が制作されているということも関係している。他のファンと一緒にドラマを見るということを想定し、こうした特定人物についての感想を挿入しているのである。

たとえば、『恋ノチカラ』の字幕は、女性主人公役の深津絵里のファンクラブで制作されたものである。深津絵里演ずる籐子は、同居人である春菜が恋に落ちる姿を見て、「春菜ちゃん、きれい」と言う。字幕はまずその台詞を翻訳し、次に、「籐子さん、あなたのほうが百倍きれいだよ！(^＿^)」というコメントを挿入している。自分より若くて女性らしい春菜が付き合っている、貫井という男性を、知らず知らずのうちに好きになっていく籐子が春菜に対する羨望と愛情の混ざった複雑な感情を伝える台詞に対して、翻訳者は深津絵里のファンとして、彼女が演じる籐子に激励の言葉をかけているのだ。

日本ドラマの消費は、決められた編成時間や周りの状況に気を遣わずにすむ、個人化されたメディアであるパソコンを通じて行われている。ここでは、開かれたテクストである字幕によって、二次加工者と消費者とのコミュニケーションが行われているのだ。
消費者は、こうした事実を見逃してしまいがちではあるが、台詞と台詞の間に挿入されたコメントに共感したり、レスを書き込んだり、一人で笑ったりする。そして、字幕制作を通じて流通に「貢献」する翻訳作業者たちは、自らの意見や解釈、それに感情等を挿入しながら自己表現の手段であり文化実践の場としての日本ドラマを奪用しているのである。

5 終わりに

字幕は、日本ドラマを完結されたテクストとしてではなく、消費者の視線と製作者の視点が交叉する相互的テクストに変容させる。そこでは、規範的な文字の限界を克服するために、創造的な意味伝達方式と翻訳者の解釈が取り入れられ、視聴者はこれを自然に受け入れるのである。この一つの文化現象のなかでは、様々なレベルの言語能力と技術を持つファンが活動しており、非公的な流通にもかかわらず、体系的でスピーディに作業が行われ、多くのドラマがインターネット空間で流通することを可能にしている。

ひとつの文化テクストが国境を越えて消費されはじめる時には、文化翻訳の過程とローカル化の過程を経ることとなる。大衆文化の場合、文化翻訳によるローカル化の過程はそれを流通させるビジネス側と放送システムによって行われることもあるが、消費者の積極的な介入と奪用によって行われることもある。これは行為者が置かれているローカルの文脈において、そこで共有されている意味を解読して記号化するという文化実践を通じて行われるといえるだろう。

本章では、そうした事例として韓国において日本ドラマをインターネット空間で積極的に流通させようとするファンによる字幕制作が、もとのテクストの内容を新たに生み出す過程を通じて、どのように日本のドラマテクストが文化的な変容を遂げるのかということを見てきた。消費者はこうして再生産されたテクストを自身の日常と照らし合わせ、オリジナルテクストが表わす意味とは違った読み方をしていくのである。

それは、ひとつの文化テクストが流通し、消費されたという事実を見るだけでは、トランスナショナルな流れによって起こる、共通のダイナミックで複雑な文化経験を説明するのは難しいということを表わしている。「能動的な消費」の意味と実践もまた、ローカルの文脈によって様々なやり方で行われているのである。

注

1 本章は、二〇〇四年七月に行われた九州大学と延世大学の文化研究ワークショップでの共同発表内容に基づいている。今回は「字幕」に焦点を当てたが、本章の前半部は、共同発表者であるキム・ハクシルとの共同作業を基にしたものである。

2 韓国政府は一九九〇年代後半から日本大衆文化流通禁止の壁を段階的に開放した（第一次開放は一九九八年、第二次開放は一九九九年、第三次開放は二〇〇〇年、そして第四次開放は二〇〇四年に行われた）。第四次開放における特徴は、大衆文化の公演とCDの販売を全面的に許可し、ドラマの放映を部分的に許可した点である（文化観光部『日本大衆文化開放現況』www.mct.go.kr）。

3　ケーブルTVの視聴率は、地上波放送に比べてかなり低く、さらに日本ドラマは、ドラマ視聴の主な時間帯を避けて番組編成されるという不利な条件で放映されている。そのため多くの場合、一パーセント前後という低視聴率を記録している。

4　キム・ヒョンミ（2003b: 152）

5　De Certeau (1984: 7)

6　Leung (2002); 岩渕 (2001); 中野&呉 (2003)

7　Appadurai (1996: 33-36)

8　ケリー・フー（2003）

9　キム・ヒョンミ（2003b）

10　出版物をコンピュータでスキャンした画像ファイルをページ送り専用のプログラムを使用して読む。マンガをスキャンしたファイルはすでにかなり以前から流通しており、小説の場合、最近では文書ファイルでも流通しているのが実状である。

11　韓国の代表的なP2Pサイトの場合、厳密な意味での一対一（peer to peer）でのファイル交換が行われるというよりは、サービスサイトから個人が一定の空間を割り当てられ、不特定多数のユーザーに保有しているファイルを公開するという特徴をもつ。したがって、ファイルの保存スペースをある特定のコンテンツで構成するユーザーも出てきている。

12　インターネットで音声、映像、アニメーション等をリアルタイムで再生する技法のこと。ストリーミング方式で提供されるマルチメディア・ファイルを鑑賞する場合、ファイルをハードディスクドライブにダウンロードせずにリアルタイムで再生することによって再生時間が短縮され、ハードディスクドライブの容量に制限されることはない。ストリーミングメディアはインターネット放送が活発に行われるきっかけとなり、ダウンロードが不可能なため、著作権にひっかかりにくい。

13　Synchronizing, Sync編集という。字幕制作ソフトの使用によって、すでに制作された字幕内容と映像のタイミングを合わせる作業を意味する。

14　Kollock (1999: 228)

15　二〇〇四年一月〜三月、ケーブルチャンネルであるSBSドラマプラスにて放映された『ごくせん』は、最高視聴率四・八％、平均視聴率二・七％を記録した。

16　ポータルサイト「ネイバー」の個人ブログの日本ドラマレビューより
http://blog.naver.com/tntn3.do?Redirect=Log&logNo=140001149229

参考文献（★は韓国語文献）

岩渕功一（2001）『トランスナショナル・ジャパン――アジアをつなぐポピュラー文化』岩波書店

★キム・ヒョンミ（2003a）「台湾における韓国文化――文化翻訳と混淆化を中心に」チョ・ヘジョン他『韓流とアジアの大衆文化』ソウル：延世大学校出版部 pp.155-178

★キム・ヒョンミ（2003b）「日本大衆文化の受容とファンダム（Fandom）の形成」『韓国文化人類学』第36集1号

中野嘉子&呉咏梅（2003）「プチブルの暮らし方――中国の大学生が見た日本のドラマ」岩渕功一編『グローバル・プリズム――〈アジアン・ドリーム〉としての日本のテレビドラマ』pp.183-219、平凡社

フー、ケリー（2003）「再創造される日本のテレビドラマ――中国語圏における海賊版ＶＣＤ」岩渕功一編『グローバル・プリズム――〈アジアン・ドリーム〉としての日本のテレビドラマ』pp.99-126、平凡社

Appadurai, Arjun (1996) *Modernity at Large: Cultural Dimensions of Globalization*, Minneapolis: University of Minnesota Press.

De Certeau, Michel (1984)"General Introduction", *The Practice of Everyday Life*, Berkeley:University of California Press.

Leung, Lisa (2002)"Romancing the Everyday: HongKong Women Watching Japanese Dorama", *Japanese Studies*, Vol.22, No.1,65-75.

Kollock, Peter (1999) "The Economies of Online Cooperation", Mark A. Smith ed., *Online Communities*, New York:Routelge, 220-239.

NATE 日本ドラマサイト
http://club.nate.com/jsps/club/club-index.jxp?p-club-id=jdc

KOREA.COM　日本ドラマ同好会 http://club.korea.com/jmdc

NAVER　日本ポータル、日本カフェ http://cafe.naver.com/japancafe.cafe

7

リメイクの文化的戦略

──『やまとなでしこ』と『窈窕淑女』の翻案の事例

リー・ドンフー　長尾洋子 訳

1 序

単独のグローバリゼーションという概念は、アジアと西欧の間だけではなくアジア内部における文化的──あるいはメディアの──多様で離接的な諸次元を考慮していない。確かに一九九〇年代におけるアジアでの日本のメディア製品は欧米のメディア文化の覇権に挑戦した。この間、日本の大衆文化はアジア諸国において文化横断的な現象を先導する資源として機能していた。

九〇年代末には、韓国の大衆文化は、直接的・間接的に日本人の影響をうけつつ、もうひとつの資源として姿を現した。アメリカ合衆国はメディア製品をアジアに送り込むもっとも重要なグローバル・プレイヤーにとどまっていたが、韓国周辺のアジア諸国におけるメディア市場の相互浸透の深化はグローバルなテレビ市場における複雑な新秩序の兆しを示したのである。[1]

韓国の大衆文化は、欧米とくにアメリカ合衆国のメディア文化の輸入とともに進展した。言い換えれば、特徴的な韓国のテレビ文化は、アメリカのメディア文化の文脈に沿って形成されてきたのだ。しかし、この文化横断的なネットワークにおいては、もうひとつ考慮に入れるべき点がある。それは、韓国の文化の形成における日本の媒介的な役割である。より具体的にいうと、日本のメディア文化は、韓国の文脈で欧米の文化を内面化する重要な手段となったのである。

これは、三六年間におよぶ日本人による植民地化の経験と、日本のメディア製品の輸入禁止にもかかわらず起こったプロセスである。九〇年代を通じて複製品の非公的の流通経路による日本のテレビ文化の流入は軽蔑とともに報道されていたが、日本の大衆文化の受容は韓国のテレビの語りの形式に多大な影響を与えた。

九〇年代、日本のテレビ番組の輸入は公的には規制されていたにもかかわらず、この間日本のテレビ文化は国境を越えて急激に影響力を増した。韓国の「トレンディ・ドラマ」はこの非公的な文化の流入の空間に九〇年代前半に形成されたものである。

九〇年代後半までにも、韓国のトレンディ・ドラマの独創性が疑われることも少なくなかった。しかし、二〇〇〇年代前半には韓国のテレビ産業は剽窃に対する非難に対してより一層気を配るようになったとともに、アジアを横断する文化商品としてのトレンディ・ドラマの価値に気づいたのである。韓国のトレンディ・ドラマは、露骨な剽窃のリスクをおかすより、トレンディ・ドラマ自体が内包する資源を発展させたり、合法的な翻案に取り組もうとした。

一六話からなるミニシリーズ『窈窕淑女』（「洗練されたマナーの婦人」の意、SBS、二〇〇三年）は、正式に日本のドラマ『やまとなでしこ』のリメイク版を謳った事例にあたる。

『窈窕淑女』は高い視聴率を得ることはできなかったし、しばしば貧弱なリメイクだとの批判を受けたが、韓国の視聴者が日本のドラマについて語り、韓国のドラマと比較し、また韓国のドラマの文化的アイデンティティを考える契機をつくった。

本章は、生産慣行、ドラマのテクスト、視聴者の受容の観点からこのトランスナショナルな過程を解明しようとするものである。『窈窕淑女』の物語《ナラティブ》が日本のドラマとどの程度類似し、どの程度異なっているかだけでなく、韓国の視聴者がこの物語にどのように反応したのかも検証する。『やまとなでしこ』と『窈窕淑女』の物語戦略の比較に加えて、『窈窕淑女』についての視聴者の言説に注目することで、韓国において日本のテレビがいかに文化的意味を与えられているかを考えてみたい。

2　日本の大衆文化に対する文化的態度

韓国政府は一九四五年に日本の植民地支配から解放されて以来、日本の大衆文化の輸入を禁じてきた。ようやく日本の大衆文化開放政策を宣言したのは九〇年代後半のことである。韓国にとって、日本は「近いけれども遠い」他者／抑圧者とみなされてきた。日本の経済的成功は西欧の資本主義を受容するためのモデルないしマニュアルとして羨望の対象となったが、日本の植民地主義による痛切な経験は容易に忘れられることはなかった。

日本や日本人についての韓国民衆の言説は、日本の植民統治の痛切な集団的記憶がどれほどひろく徹底して浸透しているかを示している。戦時中の日本人のステレオタイプは悪魔であったが、それは日本のビジネスマンや日本の政治指導者のナショナリズム的な発言、「歪められた」歴史教科書、韓国の戦時「慰安」婦あるいは性奴隷に対する不適切な謝罪と補償、日本在住の韓国人末裔の不平等な法的地位、獨島〔訳注：竹島〕をめぐる領土紛争に繰り返し表象されている。これらすべてが、過ぎ去った日本の軍国主義の精神を何年にもわたって、絶え間なく思い起こさせるのだ。

サルトルは、「私たちは私たちの存在の全構造を認識するために他者が必要なのだ」とかつて述べたが、[2]近代韓国は日本を重要な「他者」、つまり韓国自身の社会‐文化的アイデンティティを知る媒介としての「他者」として見た。韓国は古代、日本の文明に影響を与えたことに誇りを持っており、日本経済から学ぶことに熱心である。ホミ・バーバ（1994）が主張するように、人は他者をあざけり否認するが、他者との差異は他者を欲望させるのだ。

日本や日本人についての大衆の言説は「嫌悪と魅了」や「憎悪と敬慕」の二元論を克服することはほとんどない。これらの言説は極端になりやすかったし、さらに、日本のイメージを「われわれ」の民族の自律とアイデンティティとの関連で記述しようとしてきた。日本の帝国主義の被害者としての根深い集団的記憶は、韓国政府の日本との文化交流政策に影響を与えた。

韓国政府がはじめて日本の大衆文化に対して開放政策を宣言したのは一九九八年であった。日本の大衆文化を「段階的に」国内市場に徐々に開放すると発表したのだ。これは一九六五年の国交正常化よりも長く続いた、数十年にもわたる禁令を覆す重要な宣言だった。

開放の第一段階は日韓共同制作や日本の俳優を特集した韓国の作品、三大映画祭（カンヌ、ヴェニス、ベルリン）で受賞したか、又はアカデミー賞を受賞した日本の作品といった限られた範囲の映画とビデオが対象となっていたにすぎなかった。しかしながら、国内テレビに対するその後の「諸段階」の波及効果について大いに懸念されているのは、たとえば「思わせぶりで扇情的な」番組の露骨な表現が国民感情や文化的アイデンティティーを破壊するかもしれない（国民日報、一九九八年四月一日、二六頁）、若者が日本の有名人に大きく影響を受けるかもしれない（京郷新聞、一九九八年四月二七日、二五頁）、最悪のシナリオとして韓国は日本によって文化的支配下におかれるかもしれない（韓国日報、一九九八年四月二三日、二二頁）というものである。

これら多くは日本のテレビ番組の流入に対して極端に神経質であり、日本への文化的従属の可能性を心配していた。一方、肯定派は、開放は日本の文化製品の市場を正常化するであろうし、剽窃行為を根絶し、強靭な文化を養い、グローバルな流れと歩調を合わせるだろうと主張している。このように、開放には利点があるのにもかかわらず、日本の植民地主義者の苦い思い出は無意識的・意識的に日本との現在の文化交流に文脈を与えてきたのである。

一九九九年、二〇〇〇年には第二、三段階が続き、コンサート、国際的な賞を受けた映画やアニメーション、コンピューター・ゲーム、テレビ番組の一部といった、より広範囲にわたる日本のポップカルチャーの品目が解禁された。二〇〇〇年には、韓国のテレビ局ははじめて日本で制作されたスポーツ番組や報道番組を輸入することが許可された。第一段階と比べ、第二段階と第三段階はずっと広い射程をもっていた。第四段階と二〇〇二年開放完了にむけての最終段階はしかし、二〇〇一年に帝国時代の日本の戦争犯罪を糊塗した中学校向けの歴史教科書が認定された際、保留となった。

二〇〇三年には、韓国政府は日本の大衆文化に対して国内市場を拡大することを約束した。韓国政府は、それまでの開放が国内の文化にそれほど深く影響を与えなかったと確信し、この開放は文化的競争力を高めるだろうと述べた。一七歳以下には禁じられている映画や日本語の歌も二〇〇四年以後は解禁されるだろう。

しかしながら、政府は、日本のテレビドラマやその他の娯楽番組と並んで、日本の劇場用アニメーション映画の輸入はまだ認めていない。政府は開放が多様な文化を体験する機会を増やし、国内の文化産業の競争力を向上させたことは認めてはいるが、日本のテレビドラマや娯楽番組への自由な接触が韓国文化への望ましくない文化的影響をもたらすだろうという一般の人々の根深い不安をおさえることはできないでいる。

開放への賛成・反対の議論は模倣行為についての言説のなかでも再生産された。模倣は一九九〇年代に盛んとなり、この行為について多くの熱い議論がたたかわされた。それは次のように要約されよう。第一に、これらの模倣行為は大きな経済的損失および国際的非難の原因となる訴訟沙汰になりかねない。

第二に、模倣行為は日本への文化的依存をさらに加速させかねない。第三に模倣行為は国内の放送人の倫理意識を麻痺させるかもしれない。第四に、模倣行為は国内の独創性を弱め、さらにはグローバル・マーケットにおける韓国の番組編成の競争力を減じてしまいかねない。第五に、日本の番組へのさらなる依存は良質の多様な番組編成を享受する国内視聴者の権利を侵害するだろう。

視聴者が原作を見つけ批判を交換する回路が増えるにつれて、彼らは日本の番組が「任意に」流入することに対してとても神経質になった。韓国の報道はしばしばこのような批判をとりあげ、報じている。

模倣行為への批判は主に日本の番組を模倣するプロデューサーに集中している。しかし、実際には米国の番組から借用した事例も数多く存在する。若者層をターゲットにした国内のシチュエーション・コメディの伝統の基礎をつくった人気番組『三人の少年と三人の少女』（MTV）は米国NBCの『フレンズ』のシチュエーション・コメディ形式を踏襲しているし、舞台装置や人物造形も米国の番組に似ている。一九九〇年代初頭の米国のトーク・ショーのフォーマットをはじめて導入した『ジョニー・ユーン・ショー』は、『デイヴィッド・レターマンのレイト・ショー』や『今夜もジェイ・レノと』のフォーマットの模倣である。『今夜のエンターテイメント』のフォーマットをなぞった娯楽ニュース番組もあるし、また『百万長者になりたいのは誰』に似た『生中継アイラブ・クイズショー』というクイズ番組さえある。これらの番組が盗作と非難されることはめったにない。明らかに模倣行為なのだが、日本の番組の模倣ほどには批判されないのだ。

二〇〇〇年以降、模倣行為についての一般の人々の言説は減少したが、これは模倣行為がなくなったことを意味するわけではない。視聴者がメディアにより注目するようになり、日本の番組市場への開放が差し迫るとともに、韓国のテレビ産業は以前にまして非難に対して神経質になり、フォーマットを購入することに関心を持ちはじめたのである。

これによってあからさまな盗用は減少したが、同時に日本の番組を部分的に流用する方法はより複雑化した。韓国の放送局のひとつであるMBCが一九九九年にはじめて正式に購入したとき、この行為は「公然の複製行為」と否定的に見られた（朝鮮日報、一九九九年七月一四日、四二頁／ハンギョレ新聞、一九九九年七月一九日、一二四頁）。韓国の放送局はグローバルなフォーマットを積極的に購入するようになっていたのだが（韓国日報、二〇〇二年八月二〇日、四八頁）、制作に対する怠慢から一時的な便宜のために購入する点が多くの非難を招いた（文化日報、二〇〇二年八月八日、一九頁／同二〇〇二年七月二四日、三七頁）。

二〇〇二年にはMBCは日本のテレビ会社と二本のミニシリーズ――TBSとは『フレンズ』、フジテレビとは『ソナギ―雨上がりの殺意』――を共同制作した。日本のテレビをこのようなやり方で持ち込むことについては賛否両論があり、視聴率も高くはなかったが、この共同制作の文化横断的効果は注目を浴びた。日本のテレビの直接流入に関する規則は厳しいが、韓国と日本の放送局のコラボレーションは許容されると考えられるようになった。

一般の受容度もソウル放送システム（SBS）が『やまとなでしこ』のリメイク計画を発表した時点でさらに高まった。さらに、『窈窕淑女』はリメイク作品であるとの宣伝は当初から視聴者の注目を集めた。『窈窕淑女』への視聴者の反応は韓国における日本のテレビの流入に対するつきることのない、しかし変化してゆく文化的態度を示している。次につづく各節ではこの点について論じていきたい。

3　番組翻案の様式

(1)　不正翻案

韓国の放送産業は七〇～八〇年代にかけて急速に発展し、費用効果の高い地元の番組フォーマットを追求した。日本のテレビの番組編成とスケジューリング慣行は米国の放送ノウハウを作り変え、ローカルな慣行を創造する成功モデルと見なされた。放送産業が視聴率や競争に気をもむようになるにつれて、韓国の放送局は日本のネットワーク番組を積極的に真似はじめた。

一九九一年には民間放送会社であるSBSがKBSとMBCというふたつの公共放送会社間の競争に参入した。これは視聴率調査会社メディア・サービス・コリアがピープル・メーターの技術を導入した時期およびゴールデン・タイムの娯楽番組のネットワーク・スケジューリング（しばしば直接競合しているのだが）が増加した時期と重なった。またこれは国内の視聴者が、国内の番組がグローバル・スタンダードに達することを要求していた時期でもあった。放送産業は視聴率で成功をおさめるために効率的な方法が必要であり、また日本のテレビ番組は良いモデルだと考えられたのだった。

一九九〇年代には、模倣行為は広範に行なわれており、韓国と日本の娯楽番組のあいだにはほとんど相違が見られないとの不満が多く見られた[3]（中央日報、一九九八年五月五日、二三頁）。この間、ドラマでは一六件が盗作疑惑を持たれ、娯楽番組では四六件が報告された[4]。韓国の国会がKBSを監査した一九九七年には一八六六人のテレビ制作者の五九・一％が外国の番組の模倣を濃厚にほのめかしているとされた（中央日報、一九九七年一〇月一五日、四六頁）。非常に多くの場合、娯楽番組のジャンルは複製と盗作の深刻な問題を抱えているとされている。

現に、一九九九年に韓国研究センターが二〇〇人の韓国人テレビプロデューサーに対してどのジャンルの外国の番組がもっとも模倣あるいは盗作されやすいかたずねたところ、九〇％以上が娯楽番組をあげた。

韓国の放送法に規定されている条項は盗作を禁じているが、実際に懲戒審査を受けた事例はほとんどない。盗作に対する制裁を加えるのは、特に証拠が不十分な場合は容易ではない。たとえば、一九九九年韓国放送委員会は『ソ・セウォンのスーパーステーション』（SBS）に公式に謝罪をするよう要請した。その中の「最大指名手配」のコーナーがフジテレビの番組の一部の模倣である疑いがあったためだ。この要請がなされた直後、韓国のプロデューサーはこのコーナーを中止し、不利な証拠を湮滅した。日本の娯楽番組は公的には禁じられていたが、法的に盗作だと決定付けることは容易ではなかった。これは陰で模倣行為が横行する結果を招いた。

他方、韓国のドラマは他の娯楽番組ほど日本の文化製品からのアイディアの借用や模倣を非難されてこなかったが、いわゆる韓国のトレンディ・ドラマは批判の対象となることもあった。[5] トレンディ・ドラマが誕生する以前、ドラマはめったに模倣行為の槍玉にあげられることはなかった。一九八〇年代まではドラマのジャンルは地域に固有の物語（storytelling）形式と考えられていたのである。

ただひとつ『カンナニ』のみ、日本の有名なドラマ『おしん』を模倣していると批判された。しかしながら、九〇年代には日本のドラマはテレビ番組制作における最先端の流行が見られるとして多くの韓国人プロデューサーを刺激した。韓国で最初のトレンディ・ドラマとされる『嫉妬』（一九九二年）は韓国においてトレンディ・ドラマブームをつくり出したが、『東京ラブストーリー』の模倣疑惑があった。一九八八年、ＭＢＣのミニシリーズ・ドラマ『青春』は、一九九七年の日本のドラマ『ラブ・ジェネレーション』を真似ているとの批判を受け、中止された。このケースは放送会社が公的に盗作を認め、措置をとる決断をした初めてのケースとなった。この後、プロデューサーは露骨な盗作にたいして一層の注意を払うようになった。

日本の原作をどの程度参考にしているかを見極めるにあたって、不正翻案はクローン型、発展型、コラージュ型に分類することができよう。クローン型は日本の原作を直接模倣している番組、発展型は日本の番組の特定部分を応用ないし拡張して独自の形式を創造しているものをさす。コラージュ型は参考にしたいくつかの日本の原作を混ぜ合わせて構成した番組である。クローン型はもっとも頻繁に盗作と結びつけて考えられがちだ。模倣の程度にしたがって、このタイプは原作の語り《ナラティブ》の全て、あるいはほとんど全てをなぞっているものと、特定部分や表象技術を模倣しているにすぎないものとに分けられる。

いくつか悪名高い模倣の事例――その大半は娯楽番組だが――として、一九九三年には『挑戦、ミステリー特急』（MBC）は『クイズ、マジカル頭脳パワー』（日本テレビ）の、また『家庭用品を手に入れよう』（SBS）は『百万円クイズハンター』（テレビ朝日）真似だと指摘された（韓国放送研究所 1993）。このタイプのコンテストあるいは舞台装置は外国の番組に類似していると言われていた。

一九九九年、さらなる番組模倣の事例が見つかった（韓国放送研究所 1999参照）。たとえば、『ゲーム・ショー　ハイ・ファイブ』（SBS）は『東京フレンドパークⅡ』（TBS）の盗作の疑いがある。『ラブ・ジェネレーション』の模倣であるといわれている『青春』の冒頭はこのタイプにあたるといえよう。ホストのふるまいや内容面での地方色、あるいは番組編成上の慣行や生産性といった大きな文脈に由来する些細な違いはあるが、クローン型が番組模倣の疑いを免れることはほとんど不可能である。

発展型は日本の番組の特色を拡張し創造的に再解釈するものを指している。たとえば、バラエティー・ショー『ソ・セウォンの世直し（以下世直し）』は当初、村に住む老人を娯楽目的のために物笑いの種とする『さんまのスーパーからくりTV（以下スーパーからくりTV）』中の三分クイズコーナー「ご長寿早押しクイズ」や「からくり今週の傑作ビデオ」を模倣していると批判された。

『スーパーからくりTV』と比較して韓国の『世直し』はこのコーナーの時間を徐々に拡大し、いささか異なった文脈に置き換え、村に住む老人の暮らしを繊細に描写した。『世直し』は田舎の老人の時代遅れの態度で視聴者を笑わせはするが、素朴な、都会の自己中心的な価値体系に汚染されていない田舎の生活を映し出している。

日本の「ご長寿早押しクイズ」が近代的な生活についていけない田舎の老人をからかうのに対して、『世直し』は田舎の健全さを再発見し、ノスタルジーや優しい気持ちを喚起させる。どちらの番組も都会の生活者あるいは若い世代の眼からみた田舎を眼差してはいるが、韓国の番組は故郷のノスタルジックなイメージを強調している。二〇〇〇年の一〇月に番組中止となるまで、『世直し』は村に住む老人を大きく取り上げつづけた。

また『嫉妬』は『東京ラブストーリー』の模倣だと言われているが、内容と特定の場面からいえば、韓国における語りの伝統だけでなく文化的規範を反映した独特の表現を実現した。同様に、『星に願いを』（一九九七年MBC）『トマト』（一九九九年SBS）は日本の漫画『キャンディ・キャンディ』と『ハッピー』からそれぞれアイディアを得ていると指摘されたが、どちらも典型的なシンデレラのテーマを用い、繊細、軽快かつ「トレンディな」語り口で人気を博している。

コラージュ型は複数の番組の要素を組み合わせて新しい語りを構成するものだ。直接の模倣に向けられた非難をかわしつつ、コラージュ型は日本の原作から発想や要素を奪用して混合する。

一九八八年に初めて放送されたとき賛否両論を巻き起こした韓国の娯楽番組『好奇心天国』（SBS）が一つの例だ。この番組が情報と娯楽を新しい方法で組み合わせ、既存の番組との差異化に成功している見方がある一方で、『めざましテレビ』（フジテレビ）の「めざまし調査隊」の拡大版を模倣していると批判された。盗作の疑いがあるにもかかわらず、『好奇心天国』は人気を得、『よろしい、ベールをあげなさい』（KBS2）、『科学の不思議世界』（KBS1）という類似の連続番組が後につづいた。『好奇心天国』は、普通の人々の疑問に調査や実験を通じてこたえようとする、数多くの日本の情報娯楽番組から材料を得ている。

代表的な例をあげれば『めざましテレビ』(フジテレビ)の『めざまし調査隊』、『ためしてガッテン』(NHK)、『大発見!恐怖の法則』(テレビ朝日)、『発掘あるある大事典』(フジテレビ)、『所さんの目がテン!』(日本テレビ)、『紺野美紗子の科学館』(テレビ朝日)、『たけしの万物創世記』(テレビ朝日)、『特命リサーチ200X』(日本テレビ)である。

これらの日本の情報娯楽番組は内容やフォーマットにおいて非常に多様な情報提供を行っているが、『好奇心天国』は共通の語り方を流用している。つまり、この番組は特定の番組の語りを研究して優れたものをつくるのではなく、日本の情報娯楽番組に共通の語りの形式を踏襲して、いくつかの表象技術を流用/奪用し、韓国人視聴者に対して新しい番組形式を紹介している。したがって特定の番組の盗作だという非難は逃れているというわけだ。

(2) 合法的な翻案

不法模倣行為は広範に行なわれているが、それらに対してほとんど制裁措置はとられなかった。一九九三年後半、日本のTBSの国際エージェンシーはKBSの『日曜競馬』がTBSの『風雲たけし城』を模倣しているとして公式書類を送り、そのフォーマット使用料三万ドルを請求した(ハンギョレ新聞、一九九四年八月一六日、八頁)。そしてこの警告が出された直後、この番組は中止された。一九八八年にはこの代理店はＳＢＳの『特命、父の挑戦』のプロデューサーに対して正式にフォーマットを購入するよう要請した。ＳＢＳは自らの怠慢を謝罪しその番組を中止した。韓国のテレビはフォーマットを購入する取引、とくに日本からの購入には不慣れなのである。

一九九九年ＭＢＣは正式にフジテレビから『恋ボーイ恋ガール』のフォーマットの版権を正式に購入した。ＭＢＣはこれを『イブの城』という番組の「ラブトレイン」コーナー（出演者が特別列車に乗り込み愛の告白をするが相手の答え如何で進路が変わるという趣向）に使用している。列車を愛の告白の手段とするやりかた自体は目新しい発想だったとはいえ、語りの構造は新しいものとはいえず、他のバリエーションがすでに用いられていた。

たとえば『美しい出会い』（ＳＢＳ）の「ハートの選択」コーナーは同じようなプロットを持っており、出演者がひそかに恋焦がれる人に愛を宣言するというものだ。「ハートの選択」と「ラブトレイン」は告白と応答を描写する手段においては異なっている。『イブの城』は既存の交際番組から自らを差異化することなく、結果としてあまり注目を集めなかった。一クール放映された後中止された。

二〇〇〇年代初頭、韓国のテレビ産業は盗作への非難を以前にまして懸念し、合法的なフォーマット使用を考えるようになった。二〇〇二年にはいくつかの娯楽番組が正式に日本のフォーマットを翻案した。

『日曜日、日曜日の夜に』（ＭＢＣ）の「ブレイン・サバイバー」コーナーはＴＢＳの二時間スペシャル『ブレイン・サバイバー2』のフォーマットを翻案している。このクイズ番組のポイントは、知識でなく記憶力と直観が必要とされるということにある。ひとりが絵を描いたカードから単語を連想し、それと関連のある単語や色名を順番に挙げていくというものだ。

「ブレイン・サバイバー」コーナーは表象技術にくわえてその主要なプロットを『ブレイン・サバイバー2』から借用している。しかし、同じ番組を単純に再生産しているわけではない。多様性に富んだ出演者を登用し、これら一六名のなかからの勝者が賞金を奨学金として母校に贈ることになっているのだ。

二〇〇二年まで、フォーマットは主に特定の場面を翻案する目的のために輸入されていた。日本のテレビ番組の全面的な門戸開放が近い将来にさしせまっていることから、韓国の放送産業は国内的な盗作疑惑だけでなくグローバルな番組編成・フォーマット販売代理店にさらに注意を払うようになった。グローバルなテレビ・フォーマット、特に日本のフォーマットは模倣行為を通じてすでに韓国に持ち込まれているが、競争力の高い日本の番組の版権への需要が高まるにつれて、無断改作への圧力は高まるであろう。

『窈窕淑女』は日本のテレビドラマの合法的な翻案の初期の事例である。脚本の主題としては『やまとなでしこ』に直接由来するが『窈窕淑女』は異なったプロットと人物造形を展開している。

4 『窈窕淑女』と『やまとなでしこ』の間にみる語り方の類似と相違

『窈窕淑女』(二〇〇三年)は、貧困のうちに育った思い出から裕福な男性との結婚を夢みるが、最後には真実の愛の価値に気づく女性を扱っている点で、『やまとなでしこ』（二〇〇一年）の主題を再生産している。しかしながら、このドラマは一一回からなる連続ドラマ[6]を時間的には二倍をこえる一六回のミニシリーズ[7]に仕立て、そうたくさんではないが原作とは重要な違いをもった作品となっている。

両番組にみられる人物造形と物語戦略の様式を比較することによって、ここでは、韓国のドラマがどのような仕方で国境を越えた翻案や（再）解釈を行なうのかに着目したい。このふたつのドラマがどの程度類似しているか、あるいは異なっているかを分析するために、人物造形とその相関だけでなく、登場人物の「語りの企図（narrative project）」とプロットの流れに焦点をあてる。

この分析は語り《ナラティブ》は物語《ストーリー》とプロットからなる概念とするチャトマンの議論にしたがっている。[8] 物語は登場人物や事件といった要素が因果関係にのっとって構成されるものであるのに対して、言説はその物語が描写される仕方、たとえばプロットの流れや語り手の役割、表象技術などを通じて検証される。

チャトマンによれば、登場人物は「特性の範列」ないし「ひとまとまりの特性」、すなわち現実世界から類推される「比較的安定した個人の資質という意味での特性」である。[9] 特性は出来事としての語りの進行につれて視聴者の意識の中で形成されていくのだとチャトマンは述べている。視聴者は現実の生活の中の人々になぞらえることで登場人物を解釈しているのだ。

ライチはチャトマンの登場人物は特性の総和だとする定義に対抗して、登場人物とは「虚構の語り（diegesis）に先行あるいは潜在し、かつその一部が虚構の語りそのものにも備わっているような特性のまとまり」[10]であると述べている。視聴者が登場人物の中に見出す永続的な個人の資質にチャトマンが関心を寄せているのに対して、ライチは物語を投影している登場人物の機能に焦点をあてる。

　この論考では、それぞれのドラマが主要登場人物を描き出すコードを見極めようとするだけでなく、語りにおける各登場人物の役割の機能、すなわち「語りの企図」を問題にしていく。人物造形の様式、登場人物の語りの企図、プロットの流れを分析しつつ、それぞれのドラマのテクストの生産者が、どのようなテクスト戦略を用いて視聴者とコミュニケートするのかを明らかにしたい。

(1)　人物造形と相関

　ミンギョと桜子はどちらも貧乏に愛想をつかしてお金のみが幸せの鍵だと固く信じるスチュワーデスである。ふたりとも非近代的な貧困地域を抜け出して、消費的な場で新しいスタイルの生活を営みたいと願っている。ふたりの物質主義者ぶりは服装を通じて示されている。ふたりとも美貌を武器に金持ちのふさわしい結婚相手を求めている。

　他方、相手役のヨンホはかつては天文学者だったが今は餅屋を営んでおり、欧介はかつて数学者だったが今は魚屋を営んでいるというように、若干異なった仕事ではあるもののともに温かい心の持主である。この男性ふたりは物質主義な価値観よりも精神的、倫理的な価値を重んじているという設定である。またこの二人はかつての恋人との別れや亡くなった父の借金を払うために学問をあきらめねばならなかったという辛い思い出をひきずっている。

　どちらのヒロインも出会ったばかりの時はミンホや欧介が裕福な男性だと勘違いするが、ほどなく彼らの経済状況を知る。ゲームソフト会社SUNYの副社長ドンギュ、そして東十条病院の跡取りである医者の司といったヒロインたちの夢をかなえてくれそうな男性たちがフィアンセ役である。この二つのドラマは類似した登場人物を設定している。しかしながら、彼らの人物造形と相関の詳細は異なっている。

『窈窕淑女』のミンギョは桜子ほどうまく自分の内面を隠すことができない。桜子が自分の感情をほとんど見せず貧しい男性に対する冷淡さを維持するのに対して、ミンギョは自分の感情に忠実であろうとする。たとえば、普段着のシャツやピッピ人形や針金製の指輪、そしてヨンホがくれたヒトデに愛着を示している。彼女はヨンホの家ですすんで病気の子供の世話をしたり（これはフィアンセの誤解を招いてしまったが）、ミンホの父が船員ではなく行商人であることを発見したドンギュの父デチャンの侮辱に満ちた言葉に抗議する。

桜子は結婚間際までできるだけ多くの合コンに出ようとするのだが、ミンギョは合コンの女王の異名を維持することはできない。ミンギョの性格は、桜子が裕福な男性に対してもっている性格ほど強固ではない。ヨンホの性格も欧介とは異なっている。欧介は桜子が冷淡だと優しく受けとめ、彼女を変える努力をほとんどしないのだが、ヨンホはミンギョの金のための人生という考え方に積極的に反駁し、ドンギュに挑戦する。さらに、ドンギュは司のように親切で礼儀正しい裕福な男性ではなく、あからさまにミンギョを金で釣ろうとする。

『やまとなでしこ』の若葉に対応するスヨンはもはや謙虚にヨンホを尊敬することをやめ、ヨンホの愛を得るためならどんな努力も惜しまない。『窈窕淑女』では広々としたマンションに住む裕福な老人が強

司（医師、東十条病院の後継者）
経済力に惹かれる ↑↓ 結婚を望む
桜子（主人公、スチュワーデス）
愛 ↑↓ 貧しさを嫌う
欧介（相手役、魚屋）
↑ 愛　↑↑ 支える
桜子（スチュワーデス）　**欧介の母**
佐久間（友人、医師）
真理子（佐久間の妻）
紳一郎（友人、銀行員）

表1　「やまとなでしこ」の主要登場人物相関図

力なパトロンに変貌しヨンホにきびしく接するが、ヨンホをゲームソフト会社の後継者とすべく応援する。

『やまとなでしこ』の登場人物に比べ、『窈窕淑女』は善と悪を対照させたり競合させたりする平板な人物を登場させ、彼らの内面的な変化の描写を犠牲にしている。『窈窕淑女』は『やまとなでしこ』の筋を拡大し、娘—息子—父の関係だけでなく父—母間の関係も含んだ家族ないし擬似家族の関係を内容に加えている。

若かりしときヨンホの母を愛した老人はデチャンが非倫理的なやりかたで利益をむさぼりだめにしてしまった会社を立て直すためにヨンホを後継者として教育する。デチャンが国内市場を破壊しかねない外国製品の輸入を積極的に行なっている低級な資本家として描かれているのとは対照的に、老人は頑固に自分の原則を貫く資本家である。この老人はヨンホの養父の役割を担っているのである。

ミンギョの父イングはミンギョとふざけあったりする仲だが、ときおり彼女を困らせてしまう。『窈窕淑女』は主人公と

ライバル（デチャン・イング・老人）

デチャン(SUNY社長) 父 ←→ 息子 ドンギュ(SUNY副社長)
経済力に惹かれる ↑↓ 結婚を望む
イング（行商人）父 ←→ 娘 ミンギョ(主人公、スチュワーデス)
愛 ↑↓ 貧しさを嫌う
老人(SUNY会長)擬似父 ←→ 息子 ヨンホ(相手役、餅屋)
↑愛 ↑↑支える
スヨン(スチュワーデス) ヨンホの母
ヒュンタク(友人、SUNY社員)
ヘジン(ヒュンタクの妻)
テソン(友人、SUNY社員)

ライバル（ドンギュ・ミンギョ・ヨンホ）

表2 「窈窕淑女」の主要登場人物相関図

相手役の恋愛関係にスポットライトをあてるが、(擬似)家族関係を消去しはしない。さらに、職場は主人公と相手役がオ能を試し、夢を追求し、愛を確認する場所として描かれている(表1、2)。

(2) 語りの戦略

『やまとなでしこ』も『窈窕淑女』も、お金はないが温かい心をもった男性を通じて真実の愛の価値に気づくようになる貪欲な女性の物語である。どちらの主人公も経済力と地位を持ち自分たちの夢をかなえてくれる男性と結婚するというシンデレラ・コンプレックスを持っている。

完璧な男性から声がかかるのを待ちわびている伝統的な受身のシンデレラとはちがって、彼女たちは自分たちから積極的に探しに出る。『やまとなでしこ』は彼女が貪欲な人生観を持った理由は子供時代に貧困にあえいだからだと視聴者に説明するが、『窈窕淑女』では主人公の過剰な物質主義についての説明はほとんどない。

『やまとなでしこ』では、貧しい男性にはまったく見向きもしない彼女の冷淡さの背後にある思いを子供時代の辛い思い出のフラッシュ・バックを多用することで描き、視聴者の同情を喚起する。ロマンチックな歌がベールに隠された彼女の心を代弁し、視聴者の注意を彼女の心の微妙な変化に向けさせる。桜子の拝金主義はこの連続ドラマのほとんど終わりまで続く。

他方、『窈窕淑女』のミンギョは父の借金を返すためにさびれた居酒屋で皿洗いをする。彼女が借金を返済するやいなや、彼女と父は居酒屋の金を奪って逃走する。この出奔は連続ドラマの冒頭でコミカルに描かれ、物語全体のトーンを形作っている。

彼女のどうしようもないまでの金銭への欲望の背景にある事情はほとんど説明されず、ミンギョは虚栄と気取りに満ちた女性としてしか描かれていない。軽妙でコミカルな調子を保つために、貧しい者と富める者のギャップや貧しさへの憎悪、貨幣崇拝、女性が男性を経済力のみではかろうとすること、男性が女性の美しさのみに目が奪われていることなどに物語がおよぶ際、語りは深刻さを和らげる。『窈窕淑女』は主人公の欲望の内面的な描写を多角的に深めようとするのではなく、もうひとつの主要プロット、チャトマン流に言えば「核」を導入する。『やまとなでしこ』が視聴者に純粋な恋愛物語を伝えるのに対し、『窈窕淑女』はあくまで「トレンディ」・ロマンチック・コメディなのである。

『やまとなでしこ』は桜子の物語に寄り添い、人物中心の、比較的簡略化された物語展開を図っているが、『窈窕淑女』は恋愛物語と成功物語のふたつを語っている。『窈窕淑女』が提示するのはふたつの三角関係、すなわちヨンホーミンギョードンギュ、ミンギョーヨンホースヨン間の関係だ。『やまとなでしこ』は似たような三角関係を持っているように見えるが、焦点は桜子と欧介の関係にある。『やまとなでしこ』は桜子がお金で買うことができない大切なものを理解すると同時に欧介が夢を復活させる過程を描いている。悪者は誰もいない。『やまとなでしこ』では欧介が徐々に桜子の人生観や結婚観を変化させるのと対照的に、『窈窕淑女』ではヨンホがミンギョの物質主義やドンギュと戦うという筋立てになっているのだ。

『窈窕淑女』は連続ドラマの途中で恋愛物語に終止符を打ち、後半は無邪気なヨンホの成功物語となる。ドンギュとスヨンが悪役となりヨンホのプロジェクトを陥れようと謀り、この結果ヨンホとミンギョは別れてしまう。ヨンホはミンギョへの愛を保つためにドンギュと競い、ヒョンタクとテソンのいるプロジェクトチームを落胆させることなく老人の期待に応える。父、擬似父、主人公と相手役の母、友人はヨンホとミンギョの恋愛関係および成功に深く関与している。

『窈窕淑女』の後半は、『やまとなでしこ』の翻案というより『Mr Q』や『トマト』、『陽気な娘の成功物語』など脚本家リー・ヘミョンによって書かれた従来のトレンディ・ドラマの翻案である。これらのドラマは恋愛物語と成功物語を軽快に描き、善を報い悪意を懲らしめる。

一六話を満たすために『窈窕淑女』は『やまとなでしこ』の内容を脚本家のかつての人気の高い作品の主な特徴と組み合わせようとする。異なるドラマの人気のある部分をコラージュすることで、もうひとつのヒット作を狙っているのだが、これらの要素は革新的でうまく織りなされたドラマを構成するほどこなれてはいない。

登場人物	語りの企図	導入	展開	結末
司	桜子との結婚を望む。	桜子の結婚相手候補のひとり。	桜子の婚約者。	桜子との結婚ならず。
桜子	裕福かつ彼女の痛みをとりはらってくれる男性を求めている。	桜子の結婚相手候補のひとり。	合コンの女王。司の婚約者。	真実の愛の価値に気づき、拝金主義者でなくなる。
欧介	桜子を深く愛する。	貧しい魚屋。桜子と恋に落ち、愛を取り戻そうとする。	さらに貧しくなるが桜子を心から愛し学問を再開する。	数学者になり桜子と結婚する。
若葉	欧介に片思い。	欧介に魅力を感じる。	欧介に印象付けようとする。	友人。

表3　『やまとなでしこ』における主要登場人物の語りの企図とプロットの流れ

登場人物	語りの企図	導入	展開	結末
ドンギュ	ミンギョとの結婚を望み、SUNYの後継者の座を狙う。	ミンギョの結婚相手候補。	ミンギョと結婚する努力を惜しまない。ヨンホをつぶそうとする悪役となる。	競争に負け、ミンギョを失う。
ミンギョ	裕福な男性と真実の愛を求める。	合コンの女王。ヨンホに魅了される。	ドンギュとは結婚しないことを決断し、ヨンホのプロジェクトを助ける。	ヨンホと結婚する。
ヨンホ	ミンギョを深く愛する。	貧しい餅屋。ミンギョと恋に落ちる。欧介に魅力を感じる。	ミンギョらの助力を得てドンギュに勝つ。	競争に勝ち、天文学者となり、ミンギョと結婚する。
スヨン	ヨンホに片思い。	ヨンホに魅力を感じる。	ヨンホの恋人になろうとする過程で悪役となる。	自分のしたことを後悔する。

表4　『窈窕淑女』における主要登場人物の語りの企図とプロットの流れ

やまとなでしこ	窈窕淑女
欧介は徐々に桜子の人生観や結婚観を変える。	ヨンホはドンギュやミンギョの物質主義と争う。
悪役なし。ドラマチックな出来事はほとんど起こらず。	悪役、ドラマチックな出来事の存在。
ひとつの核：欧介の純愛と桜子の動揺の詳細な表現。	ふたつの核：男女の三角関係と成功物語。
相手役の母は恋愛空間には深く関与しない。	主人公および相手役の父、擬似父、母は恋愛関係に深く関与している。
純愛物語	「トレンディ」なロマンチック・コメディ

表5　語りの比較

どちらのドラマも主人公が相手役と結婚するというハッピーエンドを迎える。このような終わり方は結婚の伝統的なイデオロギーに従っており、男女関係の基層をなす伝統的な価値を存続させている。

しかし、このハッピーエンドは文脈としては異なっている。『やまとなでしこ』の桜子は最終的に貧しい欧介との結婚を選んだときシンデレラ・コンプレックスから自らを解放するのだが、『窈窕淑女』ではミンギョは会社の後継者として有能なヨンホと結婚してシンデレラになる。ヨンホは、温かい心、競争力、道徳を備え、ドンギュよりもふさわしい人間であることが証明されるのだ。ヨンホは学問を続けるために社長としての人生はあきらめるのだが、彼はもはや貧しくはない。『窈窕淑女』の結末は、善悪についてのドラマの伝統だけでなく、典型的なジェンダー関係を再生産している。

『やまとなでしこ』は伝統的なドラマの構造というよりは、登場人物の感情面での変化にしたがって場面を組織し、人物を中心にすえたエピソードを提示している。主人公の身振りのひとつひとつは服飾コードとともにスペクタクルの場を提供する。視聴覚イメージは主人公と相手役の気持ちや身振りを細かく捉える。ステレオタイプ化されたジェンダー役割ではなく、相手役の男性は優しさを見せ、主人公は長らく切望していた物質主義的な幸せをあきらめるのである。

他方、『窈窕淑女』はジェンダー関係の伝統的な二元論的イメージに適合しようとする。それは『やまとなでしこ』の弱々しい相手役を有能な男に変身させる。また、コミカルな調子を保つこと、主人公の物質主義をシリーズの半ばで終わらせてしまうことによって、主人公の物質主義についての世間の批判を避けようとしている。『窈窕淑女』は原作の異質で、馴染みのない要素を徹底的に削除している。しかし、『窈窕淑女』は原作の人物中心の物語を最良の形で用いようともしないし、それを創造的にローカルなテクストに変形させることもしない。結局『窈窕淑女』は低視聴率であったし、批判の的となった。[11]

5　視聴者の受容

日本のポピュラー・カルチャーの韓国への非公的な流入にともなって、日本の大衆文化のファンクラブが多数形成され、現代の日本の大衆文化についてのさまざまな情報の受容にあたって重要な役割をはたした。

日本のテレビドラマは放送やインターネット・コミュニティの多くで禁止されているけれども、多くのインターネット・コミュニティは日本のテレビドラマについての情報を共有していた。とくに、一〇代や二〇代の若者は日本のテレビドラマの積極的な受容者／消費者となり、年輩の人々とは異なった越境的な感受性をみせている。

『窈窕淑女』の公式ホームページ[12]の掲示板から視聴者受容のデータを収集した際、メッセージを寄せた多くの視聴者はすでに『やまとなでしこ』を見ていた。『窈窕淑女』が『やまとなでしこ』を宣伝したとき、日本のドラマの愛好者たちは大いに興味を掻き立てられた。掲示板のメンバー——とくに『やまとなでしこ』を見た人——の多くは『窈窕淑女』に否定的な態度をみせている。これはさまざまな文化的態度に由来しているだろう。

次に、二〇〇三年八月一三日から同年の一〇月一三日にかけて掲示板に書きこまれた三万九三〇〇メッセージ中、一一〇〇のメッセージを分析してみたい[13]。

これらのメッセージは四つのグループに分類することができる。

第一に、原作と比べて貧弱な翻案を批判するもの、第二に原作と比べて翻案を支持するもの、第三に原作に言及することなく翻案を批判するもの、第四に原作に言及することなしに翻案への好意を示すものである。

放送の第一週目に、一般の視聴者とともに、日本のドラマの愛好者の多くが落胆と批判を示した。分析のために抽出した書き込みの四〇％以上がこの第一週に寄せられたものだが、そのうち八〇％が否定的な見解を述べている（表6参照）。その後、何通かのファンレターにくわえて、ドラマの恋愛関係に関して書き込みが増えたが、批判的なものが多かった。

メッセージ		数（割合 %）
「やまとなでしこ」をすでに見た者	批判的	167 (35%)
	好意的	34 (7%)
「やまとなでしこ」を見ていない者	批判的	217 (45%)
	好意的	64 (13%)
		計 482 (100%)

表6　『窈窕淑女』放送第1週目に寄せられた書き込み

二つのドラマを比べることができた視聴者はさまざまな見地から落胆を示している。『窈窕淑女』が原作に忠実であるとはとてもいえないとして批判し、日本のテレビドラマの文化的優位を主張する者も何人か見られた。また原作の長所を説明し愛好ぶりを示した者もいた。

他方、『窈窕淑女』は原作を創造的に翻案ないし再解釈していないと述べる者も多く見られた。このグループの視聴者は『窈窕淑女』が「模倣」であり、「文字通りの翻訳」であり、原作を「あまりにも後追いしすぎており」、「国籍不明のドラマ」または「韓国の視聴者の好みに合わないドラマ」を制作していると書いている。

このドラマは「原作の長所と短所を理解することなく」原作の設定をぎこちなく変化させたと言われている。『窈窕淑女』が日本に輸出されるだろうという報道を耳にした人の多くは、この輸出によって韓国のドラマの否定的なイメージが生まれるのではないかと危惧した。

『窈窕淑女』は韓国のドラマでもなければ日本のドラマでもない、恋愛物語でもなければ喜劇でもない。原作の改悪は日本の視聴者を大いに落胆させるだろう。『窈窕淑女』が韓国のドラマの衰退の引き金になるのではない

か……（ID: ehdtkfjehr, 二〇〇三年八月一四日）

原作を見たことがある人の多くは感情面および文化面で相違があると認めている。たとえば、ストリップ・バーでのスチュワーデスとの面会、ラブホテルの頻出、洋服のブランド名の提示、大袈裟な演技などは韓国のテレビでは認められないだろう。

「日本人の感情を考えてみるとき日本のドラマは面白いけれど、原作を韓国のドラマとして真似するのは不当だ」（ID : sulsa, 二〇〇三年八月二五日）と述べた人もいた。『窈窕淑女』は韓国の視聴者の感情の構造をほとんど反映させることなしに、下手に原作の設定と登場人物を翻案しているとして批判されたのである。『窈窕淑女』の弱点が原作に忠実でないことからくるにせよ、忠実な翻案ではあるが感情的文化的相違への配慮がないことによるにせよ、『窈窕淑女』は視聴者から温かい反応を得ることはできなかったのだ。

原作を見ていない視聴者は、ミスキャスト、「不自然な」演技様式、物質主義という内容、また「不用意に構成された」語り、「現実」、「子供じみた」会話、「陳腐な」視覚イメージ、「日本式の」会話、ジャンルの「あいまいさ」などを批判した。主人公の物質主義を嫌悪して、「貧困は嘘よりも悪い」と書いた人もいれば、何人かのスター俳優を除いて、ドラマの楽しみを何も与えていないという意見もあった。ふたつのドラマを比較した後原作を見た人たちと同様、『窈窕淑女』の作劇上の問題に注目することによって、韓国のドラマの限界を述べた。

掲示板の書き込みは韓国の視聴者が国境を越えたドラマの翻案をいかに受けとめているかを例証して

くれる。日本のドラマの安易な翻案は厳しい批判に直面した。この事例では、視聴者は国内で受容しやすい翻案と同時にトランスナショナルな水準を満たす競争力のある生産システムを望んでいる。『やまとなでしこ』を見た人の多くが原作を好んでいるが、韓国と日本のドラマの文化的な違い、そしてなにがトランスナショナルに共有しうるか、されないのかも気づいている。

6　まとめ

日本のテレビ文化はさまざまな非公的なルートを通じて韓国にやってきたわけだが、韓国の大衆文化のなかに広く、深く根をおろしてきた。不正模倣行為から正式な翻案まで日本のテレビ文化は積極的に韓国に持ち込まれた。

この日本のテレビ文化の流入は、「地元の」文化に対する日本のテレビ文化の一方的な押し付けというよりは、ローカルな場で起こっている文化的混淆の複雑な過程なのである。正式な翻案だけでなく不正翻案のために韓国のテレビ番組は日本のものに酷似している。

この過程はまた韓国の番組の混淆した文化的特殊性を形づくってもいる。メディア産業や技術発展の条件、大衆文化の消費の特性といった韓国のローカルな文脈はトランスナショナルな文化的翻案の過程を形成した。

九〇年代以降、韓国の放送産業はグローバル・スタンダードに達する競争力の高い番組を生産しようとした一方で、グローバルな文化製品とくに日本の大衆文化製品を鑑賞し、比較し、評価できる消費者が成長してきた。トランスナショナルな翻案はより文化的な自意識を備えたものとなったのだ。

韓国の放送産業が競争力に一段と注意を払うようになった九〇年代を通じて、多数の韓国のプロデューサーは、日本の文化製品を、放映するにふさわしくかつ費用効果の高い製品として参考にするようになった。しかし、模倣行為はプロデューサーの期待を満たすとはかぎらない。なぜならトランスローカルな翻案が通じるためにはその社会、あるいは国境内にある「感情の構造」において共有された意味や価値体系に適合しなければならないからだ。

ローカルな語り手たちは外国の文化製品を用いたとしても、常に注意深く、これらの製品が視聴者と通じ合うための修正を施している。文化の流用／奪用、排除、変形はトランスナショナルな翻案の内部に存在しており、ローカルな意味体系との出会いにおいて、多くの「成功」と「失敗」が生じる。

『窈窕淑女』は韓国の視聴者の期待に応えることができず、厳しい批判に直面した。この番組と原作の語りとを比較することによって、文化的奪用、排除、そして変形がいかにして文化の境界を横断して起こったかが見えてくる。『窈窕淑女』は原作の内容を奪用し、韓国のトレンディ・ドラマの作劇上の伝統のなかにそれを混ぜ込んだ。韓国の作劇上の伝統にとって、原作のあからさまに物質主義的なヒロインや弱々しい相手役はなじみはないが革新的な登場人物である。『窈窕淑女』は原作のプロットを拡大して、ローカルな作劇上の伝統にかなうように登場人物を変形し、人気はあるが陳腐な話を付け加えた。

鳴物入りで放送されたトランスナショナルな翻案は、テクストの異質な要素を不用意に寄せ集めた消化不良の文化製品になってしまった。文化製品の異なった条件や作劇上の伝統、文化的意味体系の考慮なしに、「リメイク」は望ましい結果をもたらさないのだ。

ほとんどの韓国人視聴者は韓国と日本の番組が混合されたテレビ番組に無意識にさらされている。日本のテレビ番組の規制のために、彼らは自分たちが見ているものの国籍を知る機会がほとんどないのだ。『窈窕淑女』は正式にリメイクを公表したため、韓国の視聴者はそのドラマの起源についての知識を持って視聴した。特に、日本のドラマの愛好者は自分たちの「解釈」共同体の垣根を越えて、公の場で比較し評価する機会を持ったのだった。

韓国の視聴者の多くはトランスナショナルな翻案である『窈窕淑女』の内容を嫌った。原作に魅力をおぼえた視聴者もいたが、文化的相違を見極めようとするものもいた。このドラマについての意見を交換したとき、彼らは文化混淆の過程に気づき、声をあげることでこの過程に積極的に参加するようになった。彼らはグローバルな文化消費や文化的差異についての体験を話しはじめたのであり、これは日本の大衆文化が韓国で受容され、消費され意味づけられる様相を描くもうひとつの例となっている。

日本のテレビ文化の流入にともなって、韓国のテレビは日本のテレビに「文化的に近接」するようになった。しかし、この流入は文化的差異や異質性を減ずる画一化を意味するわけではない。具体的なローカルな文脈における文化実践に条件づけられた、混淆の複雑な過程が存在している。『窈窕淑女』を通じて、さまざまな文化実践が相互に関わりあいぶつかりあって、混淆的なローカル製品を形作っていることが見て取れる。

注

1 Wang, et.al. (2000); Iwabuchi(2003); Sinclair, Jacka & Cunnington(1996)を参照。
2 Sartre, J. (1965: 189-190)
3 娯楽番組をひとつのジャンルとして定義することは容易ではない。本論ではこの用語は娯楽を目的とするさまざまな種類の番組を指している。この中にはクイズ番組、トーク・ショー、コメディ番組、ホストが司会を務めるバラエティー番組などが含まれる。
4 盗作の事例の調査には韓国統合ニュースデータベースシステム（KINDS、http://www.kinds.or.kr/）のデータベースを使用した。
5 いわゆる韓国の「トレンディ」ドラマは「ビデオ世代の嗜好を満足させる」、「新世代のスターに依存している」、「繊細で快活」、「視覚イメージを強調する」、「早いテンポで陽気な背景音楽を用いる」、「最新のファッションをとりいれる」といわれている。
6 四五分九回、六〇分二回からなる約五二五分。
7 七〇分一六回からなる約一一二〇分。
8 Chatman, S. (1978)
9 同右(1978: 126)
10 Leitch, T. (1986: 157)
11 TNSメディア韓国によると、一三・九％ではじまった『窈窕淑女』の視聴率は一七・九％で結末を迎えた。後半の視聴率はそれよりも低い一〇・七％であった。
12 http://tv.sbs.co.kr/yojo/sub9.html
13 書き込みは一〇行以上で、好意、意見または批判が盛り込まれており、一〇〇人以上がクリックしたものを分析の対象として選んだ。

参考文献

Bhabha, H. (1994). *The location of culture*. London: Routledge.

Chatman, S. (1978). *Story and Discourse: Narrative structure in fiction and film*, Ithaca, NY: Cornell University Press.

Iwabuchi, K. (ed.) (forthcoming). *Feeling Asian Modernities: Transnational consumption of Japanese TV dramas in East/Southeast Asia*, Hong Kong: University of Hong Kong Press.

Korean Broadcasting Institute（韓国放送研究所）(1993) *Studies on Plagiarism of Domestic TV Programs* (Kooknaebangsongeui oikookprogram mobanghyunhwang boonseok Yeonkoo), Seoul: Korean Broadcasting Institute.

Korean Broadcasting Institute（韓国放送研究所）(1999) *Copying Practices of Broadcasting Programs:Present conditions: and Countermeasures* (Bangsong Program moobangeui hyunhwangkwa daeeungbangan). Seoul: Korean Broadcasting Institute.

Leitch, T. (1986). *What stories are: Narrative theory and interpretation.* University Park: Pennsylvania State University Press.

Sartre, J. (1965). *The philosophy of Jean-Paul Sartre.* (Robert Cumming, Ed.). New York: Random House.

Sinclair, J., Jacka, E., & Cunningham, S. (eds.)(1996) *New patterns in global television.* New York: Oxford University Press.

Wang, G. et. al (eds.) (2000). *The New Communications Landscape*, London: Routledge.

http://www.kinds.or.kr

http://tv.sbs.co.kr/yojo/sub9.html

Ⅲ

日韓ドラマのアジアの受容

8

アジアの方程式？　日韓テレビドラマ比較

梁旭明　澁谷智子　訳

はじめに

王さんがヒュンダイの車を運転して家に帰ると、妻は『オールイン』をＶＣＤで見ていた。娘は妻と一緒にテレビを見ながら、サムスンの携帯電話で友達としゃべっていた。夕食の時間だったが、息子は、お気に入りのインターネットゲーム『レジェンド』を何時間もやっていて、まだコンピュータから離れようとしなかった。そのゲームは、とても流行っている韓国のネット上ゲームの一つで、中国では特に人気があった。[1]

この話は、マレーシア人の日常生活の一コマである。ここには、この三年間にアジアに吹き荒れた「韓流」の広がりが映し出されている。韓国のメディアや文化商品は、一九九九年頃にものすごい勢いでアジア中に広まった。それは、あまりに突然で急激だったので「韓国ブーム」と呼ばれた。

こうした韓国の成功に驚かされた人は少なくなかったが、韓国の人気ドラマのプロデューサーたちもその中に含まれた。アジアの多くの文化は、長いこと、日本の文化商品の影響を受けてきたが、「とにかく韓国のものならなんでも」という事態の始まりは、アジアの衝撃波として現れたのである。

その成功の理由が問われる中で、韓国ドラマがいかに日本ドラマに対抗したのかを見るため、そして「アジアの方程式」なるものの存在を調べるために、多くの人たちが韓国ドラマと日本ドラマを熱心に比べようとした。その一方で、このブームの衝撃を不思議に思い、それがハリウッドに対抗するアジア地域のメディアのグローバル化／流通の新しい動きを表しているのだろうかと思う人も多かった。

本章では、日本ブームと韓国ブームを、流通、生産、消費といった面から、比較分析していきたい。ここでは、まず、アジアの「韓流」現象の広がりを概観していく。そして、テクスト分析を用いて、日本ドラマと韓国ドラマの視覚的意味や文化的意味を比較する。また、中国、台湾、香港における韓国ドラマの受容や消費の類似点、相違点を詳しく検証し、こうした地域で韓国ドラマが流通に成功した理由として安易に文化の近似性という概念をあげることを問題にしたい。

ここでは、主に、中国、香港、台湾の大学生（男女を含む）に焦点を当て、彼らの韓国ドラマの受容の仕方を見ていく。こうした視聴者の比較研究が、アジア地域のメディアのグローバル性の力学を複雑にしている政治的・経済的・文化的環境における、テレビと視聴者の解明に役立つことを期待したい。

アジアにおける「韓流」の広がり

「韓流」は、韓国メディアや文化商品の流行という現象とその反響を指す言葉である。それは、韓国の映画、テレビドラマ、Ｋポップ（Ｋ‐ＰＯＰ）、ファッション、化粧法、アクセサリーから、電気製品、携帯電話、車にまで及んでいる。

この流行は、主にアジアや東南アジア地域を中心としているが、いくつかの製品は、ヨーロッパやラテンアメリカにまで広がっている。韓流は、それ以前に起こった日本製品の「ブーム」と比べられる。しかし、後で詳しく見ていくように、韓流は突然始まったという点で、日本ブームとは異なっている。

大雑把に言って、「韓流」は一九九八年後半頃に現れ、二〇〇二年頃にそのピークに達した。韓流の影響は今も全体的に見られるが、韓流は、異なる地域で異なるブームを起こした。ここでは、テレビドラマを中心に、ブームの広がりに焦点を当てるところから始めたい。

一九九〇年代の半ばまでに、韓国のテレビドラマは、台湾、中国、東南アジアに輸出された。台湾における『愛とは（What is Love）』と『火花（Fire crack）』の驚くべき成功とともに、ますます多くの韓国ドラマが台湾でＶＣＤにされ、香港に輸出された。

韓国ドラマが香港に入るには二つのルートがあった。一つは、台湾からの（海賊版の）ＶＣＤという形。もう一つは、中国からの北ルートで、これもほとんどがＶＣＤの違法コピーによるものだった。

韓国でのランキング一位を記録したＫＢＳ（韓国放送公社）作品『秋の童話（台湾と香港でのタイトルは、『エンドレス・ラブ』）』は、台湾、中国、香港を吹き荒れ、それぞれの地域で高いランキングを記録した。その売上は、中国、台湾、インド、ヨーロッパ、アルゼンチン、ブラジルで一位となったのである。最新のヒット作『オールイン』は、シンガポールで九六万米ドルの興行売上を見せた。これは、その前に記録を保持していた『人魚姫』（ＭＢＣ）の倍にあたる売上である。二〇〇一年から二〇〇二年のアジア地域における韓国ドラマの売上は五八・八％上昇し、一七七〇万米ドルとなった。

「韓流」の形成――韓国におけるテレビドラマの歴史

韓国政府や韓国のプロデューサーへのインタビューの中で、筆者は、韓国文化の輸出の中心となった人々でさえ、韓国ブームを「驚き」とか「予期せぬできごと」と感じているという印象を受けた。彼らは、アジア文化における状況／メディアや経済環境を反映した、このブームの広がりに驚いたのかもしれない。

しかし、韓国政府や韓国の産業のこの十年の試みを見れば、この空前の文化現象を説明する、一連の体系的な制度的戦略が認められるだろう。筆者が思うに、韓流は、グローバル化した消費文化によって輸出に対するローカルな要求が煽られた時期に、計算された偶然と戦略的輸出が融合したものだった。

韓国のメディアは、テレビドラマの制作を「韓流」の源に仕立てる段階にたどり着くまでに、長い道のりを歩いてきた。それは、メディアが政府に管理され検閲されていた、長い閉鎖的状況を反映している。そこでは、メディアは、独裁政権のための明白なイデオロギー機能を果たしていた。

しかし、一九八八年の夏季オリンピックの放送は、韓国に、衛星放送時代のメディアの国際化の必要を気づかせた。それはまた、世界の注目が初めて韓国に集まった時でもあった。一方で、ケーブルテレビや衛星テレビの発達は、韓国に、外国メディアに対する制限の緩和を強いた。

一九九〇年代半ばにかけて、韓国は、貿易のさらなる自由化と共に、映画やテレビ番組の輸入の緩和を進めた。外国のテレビ番組は、一九九八年には、韓国の総生産量の三〇％に増えた。[2] 国内の番組制作の方は、外国投資の援助とケーブルテレビの急成長を受けて、地上波でもケーブルテレビでも、増えた需要を満たすために強化する必要がでてきた。それは、国内の視聴者が、よく作られた多様な外国番組を見るようになって、それに比べるとありふれていて画一的な国内の作品に対して、ますます不満を抱くようになったためでもあった。こうした国内の番組制作の要望を満たすために、独立した制作会社が奨励され、その結果、二〇〇〇年までには、こうした制作会社の数は一〇〇社にまで増えた。

アジアの経済危機は、韓国の経済政策だけでなく、経済が生き残り発展していくための手段に対する見解も変えた。韓国は、落ち込んだ経済を立て直すため、対外貿易を頼みにする必要性を悟った。一方で、海外からの輸入品の流入は、韓国に、海外市場へと拡大することで対抗しようとする意識を抱かせた。このことは、国内の生産を向上させるさらなる理由にもなった。九〇年代後半は、国内テレビ番組の輸出の急増によっても特徴付けられる。海外市場における韓国の競争力を高めるために、番組制作は多様化していったのである。[3]

近年、戦略的産業としての文化産業やメディア産業の重要性は、ますます認識されてきている。経済分野では、こうした産業は、韓国経済の生き残りと進展に必要な、海外からの主要な収入源の一つとなっている。政治的なレベルでは、メディア商品の成功は、経済を活性化させるだけでなく、韓国の国際イメージを強めていくとされている。

韓国の文化産業を強化しようという努力は、政治インフラの洗練された設定にも見られる。文化観光省には、メディアと文化の振興に関わるさまざまな局面を監督するために、いろいろな部門が設けられている。それは、政策レベルから、技術や技術伝達の管理、文化の中身の開発、こうした文化内容を普及するための戦略など、さまざまな部門にわたっているのである。[4]

文化産業の育成に対する政府の力の入れようをアピールする特別な部署もある。この部署で、政府は、「文化的創造力を強化する」こと、「文化的創造性に基づいて文化産業を育成する」こと、「世界規模の情報と知識を推進する」ことを約束している。

また、政府は、文化観光大臣に、『オアシス』(二〇〇二年)と『ペパーミント・キャンディー』の作品で知られる著名な映画監督、イ・チャンドンを任命した。一九九八年の『シュリ』の未曾有の成功の後には、映画産業を伸ばすための資金もつぎ込んだ。民間企業からの資金提供を奨励するために、民間企業からの資金を集めるのに成功した映画企画には政府が同じ額の資金を払うという計画もあった。たとえばハナ銀行資金は、民間企業からの資金援助の一つのタイプだった。[5]

しかし、韓国のローカルなメディア産業から見れば、こうしたうわべの取り組みは、「本当に助けを必要としている」中小企業を助けるには十分ではなかったし、結局成功しなかった企画に資金提供することで、「違うバスケットに卵を入れて」しまっていた。また、政府の投資が行き過ぎることへの懸念もあった。つまり、韓国が「長い時間をかけて抜け出した」検閲と管理の状態に戻ってしまいかねないという懸念である。

それでも、映画企画を存続させるための資金がなかなか手に入らなかった頃には、資金面での政府の援助は重要であった。政府からの援助がごくわずかな国に比べて、韓国政府の資金援助額は特筆すべきである。

（海賊版）ＶＣＤの売り上げと成功のきっかけとなったテレビ

さて、ここから、韓国ドラマの消費の特徴について日本ドラマの消費と比較しつつ議論を進めて行きたい。

韓国ドラマには、ローカルな消費に合わせて、中国語の字幕がつけられた。香港における韓国ドラマＶＣＤの輸入には、二つの主要ルートがあると言われている。一つは台湾（ここで中国語の字幕のほとんどがつけられる）、もう一つは、中国からの北方ルートである。

日本ブームの時と同じように、ＶＣＤは韓国ドラマをグローバル化させる主な源となった。[6] ＶＣＤがもつ録画という特徴は、地上波放送が押し付ける時間的制約から、視聴者を解放するといわれている。ＶＣＤを手早く早送りしながら見ることで、特に勤め人や大学生といった視聴者の自由は高まる。それだけでなく、ＶＣＤは、視聴者がドラマに浸る度合いも高めると見られている。視聴者は、ドラマ全体を一気に見たり、巻き戻しや早送りを使って自分の好きな場面に戻ったりできるからである。

また、十代の若者たちが一人で家にいてドラマを見るようになり、テレビを「奪回」した結果、自由と転覆の意識も強く出てきている。このように、日本ドラマも韓国ドラマも、「オルタナティブな」、さらには「価値転覆的」でさえあるような視聴を確実にしたと見られている。

しかし、韓国ブームと日本ブームの大きな違いの一つは、韓国ドラマの視聴は「地上波」によるものが多かったことである。ＶＣＤの売り上げの落ち込みや日本ドラマの教訓もあってか、地元のテレビ局は、かなりの量の韓国ドラマを購入した。

香港では、特に香港ケーブルテレビが、韓国ブームを起こした重要な源と見られている。香港ケーブルテレビは、韓国ブームの初頭にあたる一九九九年に『イヴのすべて』を、二〇〇〇年に『秋の童話』を購入した。

地上波のテレビ局であるＡＴＶは、韓国ドラマの輸入にかなり依存し、それらをゴールデンタイムに放送した。ＶＣＤによる視聴に加えた、韓国ドラマの放送は、韓国ドラマが見られる光景を様変わりさせている。テレビ放送の形が年配の視聴者（テレビにもっとも忠実な視聴者たち）や中高生に受ける一方で、VCDは、テレビ放送を見る頃にはまだ職場にいたり社会活動をしたりしている勤め人や大学生に好まれている。

「方程式」の消費――韓国ドラマと日本ドラマの比較解釈

1 「都市」の魅力

日本の人気ドラマと同じように、韓国ドラマのほとんどは、都市――おそらくはソウル――に設定されている。高いビルや大勢の人が行き交う通り、混雑した交通をもたらしている公共の交通機関（地下鉄やバス）、都市の夜をライトアップするネオンは、こうしたドラマに多く見られる。ドラマはこうした都市を中心に物語が展開する登場人物たちを描いている。

こうした都市風景は、視聴者の多数派である都市の人びとにとっては見慣れた現実の風景であるが、それらが醸し出すアウラは、都市に住む人々にも地方に住む人々にも、一定のファンタジーを供給している。

「現代性（モダニティ）」の表象は、ローカルな視聴者に対して「新奇さ」を発する。それは、流行の消費商品がもつ「新奇さ」のイメージに似ている。この同種の「トレンディさ」は、特有のジャンルとさえみなされてきた。そのため、韓国のプロデューサーはこの方程式を新しいドラマに取り入れて「韓国トレンディ・ドラマ」の波を作り、それは、アジア市場において成功をおさめたのである[7]（特に、視聴者のかなりの割合を占めている地方在住の人々にとって、それはもっともらしいものだった。これらのドラマは、新奇さ、うっとりするような魅力、おしゃれさ、若さと結びついた、「都市」を提示した）。

2　美しい舞台設定と音楽

しかし、海外でもっとも人気を博したドラマ『秋の童話』の場面のいくつかは、田舎を舞台にしている。[8]『秋の童話』が与えているより重要なファンタジーは、アンケート回答者がいつも最初にふれる、ドラマの美しい風景と関わっている。それは、ほとんど人工的ともいえる風景である。みずみずしい緑の野原を自転車で走っている若い頃の二人。色づいた花壇の中で最愛の人に寄りかかる瀕死のヒロイン。そして、命が尽きて、夕日の美しい浜辺を恋人に抱えられて運ばれていくヒロインの姿。

こうした風景は、多分に様式化され練り上げられた映画撮影術を提示している。美しい背景の凝った使い方は、商品化されスペクタクル化された我々の社会における、美学化されたライフスタイルの徴候となっているのである。

さらに五感を癒すかのように、美しい舞台設定は、美しい音楽に満たされている。『秋の童話』は、音楽を甘美に／贅沢に使っていること（「愛のロマンス」のような西洋クラシックも含む）によって高く評価されている。それは、このドラマを、さらに忘れがたいものにしているのだ。音楽を使うのは、こうした「トレンディ」ドラマの特徴でもあり、つまりはテレビドラマの様式化にもなっている。実際、こうしたドラマのオリジナル・サウンドトラックのCDアルバムの発売も始まり、それは、韓国ブームにおける副次的な文化商品となった。

韓国ドラマの美学化は、文学のレベルでも見られる。この調査に答えてくれた香港の人々は、ドラマの中の「詩的な」表現に特に強い印象を受け、次のように言っている。

「韓国人には、色を表すたくさんの言い方がある。たとえば、さまざまな濃さの緑とか。また、「アイ・ラブ・ユー」と言う以外に方法がない香港ドラマと違って、韓国人は、愛情を表すのに多くの比喩を使う。それは、彼らが脚本を書くのに多大な努力をしていることを示している」。

3　ロマンス

詩的で想像に富んだ愛情の表し方は、韓国の恋愛ドラマを他の国の恋愛ドラマから際立たせている。海外市場で流通しているほとんどの韓国ドラマは、恋愛ドラマである。ロマンスは、テレビドラマにおける普遍的なジャンルとなっている。それは、視聴者の日常生活における空想化された恋愛の魅力や、テレビドラマと視聴者の関係を映し出している。

筆者の行ったアンケートでは、回答者がもっともよく見ているのは恋愛ドラマであり、その半数は物語の筋を魅力的と感じていた。しかし、彼らは、韓国ドラマは他のドラマと違うやり方で恋愛を描いているという点で、韓国ドラマを好んでいるようだった。

七〇％の人は、韓国ドラマは恋愛関係を「繊細に」描いていると見ていた。フォーカス・グループのインタビューでは、「韓国ドラマは香港ドラマよりも愛情を表す方法がいろいろある」と答えた人が何人かいた。

日本ドラマは若いカップルの恋愛に焦点を当てるが、韓国ドラマは、孝行愛や兄弟愛、友情など、もっと多様な関係性を描いている。さらに、韓国ドラマは、こうした関係性を、より細かくより感傷的に描くことができると見られている。

回答者たちは、韓国ドラマを見る時には、「いろいろと考えさせられる」と語った。若い視聴者は、恋愛の空想的な特質ゆえに、韓国ドラマを好んでいた。「(ドラマは) 若い女の子たちが夢見たいと思っているものを与える。そういうのは時代遅れだってわかってはいるけれど、もし本当にそうなったら、素敵だと思う」。

韓国ドラマ（や日本ドラマ）は、若い視聴者たち（特に女の子たち）にとって、先生のような役割を果たしているのだ。女の子から女性になっていこうとする彼女たちは、恋愛経験がまだ少なく、テレビのロマンチックな要素に対して、目を輝かせるのである。[9]

4 アイドル性

美しい音楽と背景に加えて、韓国ドラマは顔立ちの美しい人物で飾られている。韓国ドラマは数々の美しい俳優や女優を宣伝していて、ソン・ヘギョ、ウォンビン、ソン・スンホン、キム・ヒソン、シン・ヒョンジュン、イ・ビョンホンなどは、台湾や中国や香港でも、憧れの的となっている。

おそらく、アイドルは、韓国ドラマを成功させたもっとも重要な要因となっている。筆者が、香港、中国、台湾の視聴者に対して行ったインタビューでは、韓国ドラマを見る第一の理由は、主役を演じる俳優や女優だった。アイドル性は、視聴者に、同じアイドルの出る次の韓国ドラマを選ばせてさえいる。特定のアイドルに対するこうした忠誠心は、韓国ドラマの売上を保証し、メディア会社がトレンディ・ドラマを制作するときの配役の方針にも影響を与えている。

恋愛というジャンルを強調し、美しい背景や音楽やアイドルで飾ることは、韓国ドラマを売れさせるための鍵／方程式となっているようである。こうした特徴は、日本ドラマの場合にも見られるのだが、それは、グローバル化した消費文化の始まりとも関わっている。グローバル化した消費文化は、商品の美学をさらに助長している。言葉よりも視覚的なものを重視するということは、「よく見えなければならない」というプレッシャーを典型的に示している。

5　メロドラマ

日本ドラマの中の恋人たちは、多くの誤解やぶつかり合いはあっても、最終的にはすべての障害をどうにか乗り越えて完結する。日本の恋愛ドラマがこのように明るいトーンのハッピーエンドで視聴者を甘やかすのに対して、多くの韓国ドラマは、報われない愛や家族間の対立や失恋などにあふれている。

特に韓国ドラマでは、悲劇が決定的な特徴になっているようである。そこでは、主人公たちは、しばしば病に冒され、死んでしまったりもする。これに対して、次のような意見があった。「登場人物たちは、しばしば白血病に苦しまなくてはいけない。ヒロインは意識を失って倒れて、その次のシーンは、白血病という診断を受けて入院している場面になる」。

『秋の童話』では、血液の病気に苦しむ、青白い顔のソン・ヘギョが出てくる。『美しき日々』でも、チェ・ジウ（ヒロイン）が死に至る謎の血の病にかかるが、その病気についてはドラマでは何も説明されない。韓国ドラマでは、不治の病に加えて、死もしばしば念入りに演出される。

『秋の童話』のもっとも忘れられない場面の一つは、ソン・ヘギョが死んでいくシーンである。彼女は最愛の恋人ソン・スンホンに背負われて運ばれていく。その後、悲しみに取り乱したソンは、かつて自分と彼女が通った母校へ戻ろうとして、トラックにはねられて死んでしまう。スローモーションで、彼は空中に何メーターも投げ飛ばされ、続いてその満ち足りた顔がクローズアップされる。そして視聴者は、ヒロインが死ぬ前の時点に戻った回想シーンを見ることになる。

死のほかにも、恋人たちがほんの一瞬で行き違いになり、（誤解や第三者の割り込みによって）別れを余儀なくされるというのは、視聴者の心を間違いなくかき乱す、人気のある見せ場である。こうした時間や空間の切断は、さらに超現実的な設定にまで広げられている。そうした設定では、異なる時代に属する二人が恋に落ちるのだが、彼らは自然の掟に打ち勝つことができない。

メロドラマは、さまざまな文化のソープ・オペラに共通する昔からのジャンルであり、特定の文化に固有のものではない。ある回答者は「みんななぜあんなに時代遅れの物語の手法に夢中になっているのか、理解できない」と語った。しかし、メロドラマにあふれた韓国ドラマがなぜ成功したのかは、固有の要因もあるが、どちらかといえば環境的な要因が大きいことを示している。

中国、香港、台湾の視聴者たちは、韓国ドラマに多く出てくる悲劇や陰謀では、メロドラマが凝った展開をしていると見ていた。韓国ドラマにおける巧みな悲劇の演出を、韓国文化に固有な理由と結びつける人もいた。すなわち、韓国の歴史には多くの悲劇が見られ、そのために韓国の人々は「恨（ハン）」という深い悲しみの哲学を発達させたというものである。深い悲嘆を意味する「恨」は、韓国の歴史や哲学を豊かにしていると見られている[10]。

韓国ドラマにおける「メロドラマ」と韓国文化に深く根ざしている「恨」の関係については、さらなる研究が必要とされる。その研究の成果は、テレビドラマにおいてどの程度まで「文化のディスカウント」がなされているのかを明らかにするだろう。しかし、もしかすると、それは慎重なマーケット戦略の結果にすぎず、今日の社会経済環境とテレビ視聴者の構成において、単にメロドラマが文化的に意味があるというだけのことなのかもしれない。

韓国のテレビのプロデューサーたちは、韓国ドラマの成功の理由や成功の方程式について、それぞれ異なる見方をしているようである。一部のテレビプロデューサーたちは、ドラマの成功を「驚き」とみなしており、海外の視聴者を意識して「グローバルな方程式」でドラマを作ることに特に注意を払う必要はないと考えていた（注意すべき点だが、プロデューサーたちは、海外市場はドラマ視聴の一〇％にすぎないと公言している。彼らのドラマ制作は、主に国内の視聴者に向けられている）。

しかし、若いテレビプロデューサーの中には、収入源としての海外市場の魅力を意識する人も増えている。韓国のテレビドラマでしばしばメロドラマが取り上げられるのは、海外市場への反応の現れである。こうしたプロデューサーたちは、メロドラマは海外の視聴者に求められていると述べている。

あるプロデューサーは次のように語った。「台湾の視聴者は、特にメロドラマに夢中です」。同じように、彼らは中国や香港や台湾の視聴者たちは、アイドルという要因を重視すると気づいていた。「中国では、見た目の美しい顔を見たがり、「スターの追っかけをする」という点で、文化的に似たような面があるようです。中国の人たちは、同じアイドルを追いかけ、それが韓国ドラマを選ぶときの重要な基準になっています」。

彼らはまた、海外の視聴者は、一般的な道徳観やメッセージの込められたシンプルな物語を欲するという結論に達していた。しかし、彼らによれば、韓国の視聴者はもっと複雑な物語と社会に関連したテーマを期待するという点で、ほかのアジアの視聴者と、文化的に異なる面が見られるという。

こうした韓国対「その他」という解釈は自然に見えるかもしれない。しかし、きちんとした根拠の有無にかかわらず、それは、ローカルなドラマの「グローバル化」という本質的な現象を指し示している。ドラマを制作する側は、彼らが「売れる」と思うものに従って、ローカルなドラマをパッケージ化している。すなわち、その文化特有の匂いを取り除き、もっと普遍的なジャンルに大衆化して煽っているのである。

受け手の側から見れば、それは、「グローバルな」視聴者が輸入ドラマに期待するものを、今日の社会的・文化的な文脈の助けを借りて反映している。さらに重要なことに、それは、メロドラマが日常生活の中で果たしうる役割を示している。

筆者のインタビューに答えた中国と香港の人々は、「他に選択肢がないから」韓国ドラマを見るのだと語った。多くの人は、自分の国のドラマでは、韓国ドラマがかきたててくれるような感情に浸れないという理由で、韓国ドラマを好んでいた。

メロドラマがなぜローカルな人々に受けるのかという理由は、メロドラマの普遍性に加えて、ローカルな視聴者の構成にも関わっている。少なくとも、中国や香港では、午後九時からのゴールデンタイムにテレビの前にいる視聴者の大多数は主婦である。

日本ドラマと韓国ドラマの受容のされ方の一つの違いは、韓国ドラマはさまざまな年齢の女性（一〇代から三〇代～五〇代の女性まで）を惹きつける傾向があるという点である。こうした違いをもたらしている理由の一つは、韓国ドラマは地上波でテレビ放送されるものが多く、テレビ視聴者の人口統計的な変化の影響を受けやすいということだろう。

年配の女性は、韓国ドラマがメロドラマ的な傾向を持つために、韓国ドラマを好むのかもしれない。メロドラマが引き起こす感情の高まりによって、年配の女性たちは、家族愛が尊重されシンプルな関係性がまだ可能である世界に浸ることができる。関係性がますます複雑になってきている現代世界では、ヒーローとヒロインがお互いだけを思い合うおとぎ話的な恋愛は、新鮮なのである。

三〇代のある女性は「無邪気な／未熟なやり方で視聴者の心を掻き乱せる、こんなあからさまな（粗野な）タイプのジャンルは、他のドラマには見られない」と語っている。特に中高年の視聴者にとって、韓国ドラマは「ものごとがかつてそうであった」頃を思い出させてくれるものになっている。それは、メロドラマのような昔からのジャンルが、今日の日常においても、なぜ、どのように、機能しているのかを説明してくれる。つまり、これらは、テレビドラマが与える幻想の世界の要素となって、ノスタルジーを掻きたてるのである。

ノスタルジーは、不況時には、視聴者の日常において重要な役割を果たすと見られている。それは、経済不振からくる社会変化をうまく処理するからである。いまだにアジア経済危機から完全に回復していないように見える香港(や台湾や日本)といったアジアの国では、人々はまだ、不況のために悪化している社会環境を立て直そうとしている。そのような事情で、メロドラマ的なトーンの強い韓国ドラマが、無垢な関係をも含む「古き良き時代」へのノスタルジーを視聴者に引き起こすのかどうかについては、いろいろと論じられてきている。

メロドラマはまた、この困難な時代の中で、人々に感情をほとばしらせるはけ口にもなってきた。世界を不安で打ちのめした9・11症候群については、多くのことが論じられている。そうした不安には、未来に対する悲観や「敵」に対する妄想、陰鬱さや否定的な見通しが込められている。

韓国のメロドラマに豊富に見られる、汚れのない熱烈な恋愛は、近年積み重なった終末感をやわらげる、カタルシスを提供しているのだ。このように、メロドラマは、とても興味深い文脈的意義を持っており、ローカルな日常生活においてテレビドラマが果たしている役割を確証しているのである。

韓国の成功の理由に挙げられる文化的近似性

韓国ドラマの成功は、しばしば日本ドラマの成功と比較される。中国の新聞では、次のように書かれている。「韓国ドラマは、家族関係や親孝行や兄弟愛に重きを置く、伝統的な儒教的価値観が豊富であるために、好まれている」。

中国の人々は、日本ドラマに対しては現実離れしていると批判的だが、韓国ドラマはもっと現実に忠実であると感じている。「日本のドラマは、若い人たちに退廃や怠惰を説いている。それはとても非現実的だ。でも、韓国ドラマの方は、リアリティを大事にしている」というわけだ。

文化的な近さは、韓国ドラマがアジアで広く同時期に人気を得た主な要因とみなされてきた。南アメリカやヨーロッパでは、韓国ドラマは主に中国人コミュニティでのみ流行っている。しかし、こうしたテレビドラマが輸出する側の文化をどれほど伝えるかについては、議論がなされてきた。そこでは、「文化のディスカウント」や「文化の匂い」といった概念が見られる。

この問題に関して著名な批評家である岩渕功一は、ドラマの中にある「匂い」を単に論じる代わりに、こうしたドラマに積極的に「匂いをつけている」のは視聴者であることを主張している。[11] 岩渕は、台湾の人々の日本ドラマの受容を分析する中で、それを日本と台湾の経済的な不均衡と関連づけた。彼は、文化的な近さを論じる代わりに、台湾の視聴者が日本ドラマを目指すモデルとして「近くしている」ことを論じている。

ローカルな視聴者による「グローバル」なテレビドラマの受容は、二つの地域の社会的経済的環境と相関関係があるということには、筆者も賛成である。筆者はこの論をさらに延長して、韓国ドラマの成功を説明するのに安易に持ち出される「文化的近似性」の単純すぎる定義に挑もうと思う。韓国ドラマを「アジアの」ヒットにしたのが「近似性」であるかどうかは論じないにしても、筆者が見ていくように、「文化的近似性」という名の下に隠されている複雑さは引き出す必要がある。

(a) **容貌の近さ**

台湾や香港の人々は、アメリカのドラマやホームコメディーに比べて、韓国ドラマ（や日本ドラマ）を好んでいる。それは、「彼らは我々のように見える」からである。「黒い髪に黒い目。私たちは、皆、アジア的な容貌をしている。彼らはライフスタイルも似ている」。そういう事情で、台湾、香港、中国の人々は、似た美の概念を共有しているのかもしれない。

しかし、中国や香港の視聴者とさらに細かく話してみると、彼らは、日本のアイドルや韓国のアイドルについて、異なる嗜好を持っているのがわかる。香港の人々は、韓国の女優の容貌を「少し風変わり」と感じ、日本風の顔を好んでいる。一方、中国の人々は、韓国の女優を美の鑑とみなしている。容貌（や民族上）の類似は、視聴者が登場人物たちに一体化するのを容易にする。人々は、ロマンチックな幻想に浸ったり、登場人物の生き方の選択や決定に共感したりする。こうした一体化は、言語的な近さから来ていることさえありうる。中国語と韓国語と日本語は、言語構造に違いはあるものの、お互いに似ている。漢字は今でも韓国語や日本語で使われている。また、韓国の名前は中国の名前に似ており、韓国語と日本語は文法的な構造が似かよっている。

(b) 行動面／態度面での近さ

b・1 儒教的価値観

中国の新聞が、韓国のドラマは儒教的価値観に富んでいると書くとき、それは単に親孝行を重んじることだけを意味しているのではない。それは、年配者や目上の人に対する態度の類似、家父長制(女性の従順も含めて)、成功をめざしてがんばることを強調する点なども意味している。

ここでは、類似性は、価値観、道徳、さらには世界観や人生の目的までをも指している。それらは、登場人物たちの決断や反応を導く指針となっており、視聴者は、そこに共感し、自らを重ねるのである。こうした類似性はいくつかの儒教的価値観から来ているが、タイやシンガポールやベトナムといった他のアジア文化に影響を与えている仏教や道教の体系から来ていることも多い。こうした地域でも韓国ドラマは人気を博している。

b・2 保守主義

インタビューに答えた人の多くは、韓国ドラマの恋愛描写の繊細さを味わうのが特に好きだと答えた。ある人は次のように一つのシーンを語った。「主人公は、ヒロインが傘を持ってこなかったのを心配して、彼女がいる本屋の外でずっと待っている」。

視聴者たちは、イライラしながらも、ドラマの登場人物たちの抑えられた感情に浸るのを楽しんでいる。「登場人物たちがなんであんなに自虐的なのか、時々わからなくなる。お互い愛し合っているのは明白なのに、どちらもその思いを口にしない。むしろ、脇に立って、物事のなりゆきを見ていようとする」。アジアの人々は、自分の感情や愛情、性的嗜好、自分自身を表現する局面では、控えめで保守的だとみなされがちである。このような見方は、オリエンタリスト的で間違っていることもありうる。しかし、こうした保守主義が韓国ドラマを好む視聴者たちに共通の特徴となっているとは言えるだろう。

(c) 同時間性

筆者は、同じような経済状況はそれぞれの近代化の段階が似ていることを暗示するという意味において、文化を輸出する側と輸入する側の経済状態の間には相関作用があるという主張には、何らかの真実があると思っている。国の経済と社会文化環境に直接関係がある範囲では、香港、台湾、中国の視聴者は、韓国ドラマの中で描かれる都市背景、職業生活、都市のライフスタイルといった社会状況に自らを重ね合わせることができる。

一方で、同時間性の問題は、近代化をいかに西洋化の機能として見るかということとも関わっている。それは、日本ブームよりも韓流の場合に、興味深く現れている。韓国ドラマは一般に、中国、台湾、香港、そして最近では日本でも人気がある。しかし、これらのドラマに対しては、「ペースがのろくて、退屈してしまう」との批判もある。これは特に香港の視聴者に当てはまるが、香港ドラマをよく知っている上海の視聴者にも、こういう批判をする人が多い。

こうした地域では、香港ドラマ、台湾ドラマ、中国ドラマが出回っているので、人々はそれぞれのドラマに、ペースについての順をつけているようである。「日本ドラマと香港ドラマはテンポがよくてペースが早いが、韓国ドラマは遅い。でも、台湾ドラマは一番見づらい。」筆者は、経済的に発展している都市の人々は、ペースの遅いドラマを退屈と感じるのだと考えている。そうしたドラマは、彼らの都市のペースよりも遅いからだ。したがって、一体化の機能を果たしている同時間性という点から見れば、香港の視聴者が日本ドラマの方を好むのは、発達レベルの近い経済がもたらしている社会文化環境の近さのためと説明できるだろう。

このことは、日本が不況に苦しんでいるここ近年の日本ドラマの消費について、興味深い問題を提起する。同じ問いは、韓国経済が発展の兆しを見せている時期に韓国ドラマが成功しているという相関関係にも向けられるかもしれない。岩渕は、日本が台湾よりも近代化していて経済的に進んだ地位にいるために、台湾の視聴者は日本ドラマを「近くしている」のだと論じた。

経済動向と視聴者のテレビ消費の相関関係については、まだあまり研究されていないが、アジアで韓国ドラマが流行った理由の一つとして、アジアの国々の経済が同じような社会環境を有していたという同時間性が挙げられるかもしれない。筆者は、日本ドラマが消費されるのはそれを目指したり流用したりしたいという視聴者側の欲求によっているという意見に賛成だが、同じことから、韓国ドラマは近代化が遅れている地域（中国の田舎など）の視聴者に、好まれるのかもしれない。

一九八八年頃の日本ブームの衰退は、日本経済の落ち込みと時期が重なっているように見える。しかし、これは、今後解明していかなければならないことである。ドラマ輸出の高まりや衰退を説明する上で、グローバルな消費者文化がもたらしたトレンド追従の自然なサイクルや、ある国の経済とドラマ人気の直接的な相関関係が、もっと重要な役割を果たしているのかどうかは、今後の研究の課題である。

一方で、テレビドラマは憧れを掻きたてる源とも見られている。関連するもう一つの問いは、近代化と西洋化のつながりである。台湾の視聴者は、日本を見るのと同じようなまなざしで日本ドラマを高く見ているが、中国の一部の人々は、日本ドラマは「西洋化されすぎている」と批判している。植民地主義や政治に敏感な中国の人々は、日本ドラマをあまりに現実離れしていると感じるのだろうか？　それとも、それは、日本が自らの「アジアらしさ」を失うほどに近代化されてしまったように見えるからだろうか？

同時間性の問題をさらに複雑にするのは、岩渕が論じたように、香港のポップスターを好む日本のファンは「ノスタルジー」を感じていることである。ここでは、香港は、より「アジアらしい」特徴を保ちながらも、経済活動においては日本よりも弱いと見られている。

韓国ドラマに対する台湾、香港、中国の人々の見方が異なっていることは、視聴者のテレビドラマの受容やそれに対する期待が多様であることを示している。同時間性は、アジアにおけるテレビドラマのトランスナショナル化の重要な条件とされているが、筆者は、それは単に、外国のローカリティーにおいてドラマを読みやすくするための基本原則を与える「参照枠組み」を立てているだけだと論じたい。

しかし、視聴者は、次々に変化する多様な解釈をとるようになってきているため、ドラマの中から、自分の目指すあり方だけでなく、同一化やノスタルジーも見出そうとするのかもしれない。こうしたさまざまな見方は、ドラマを受容する過程で同時に出てくることもある。このように、同時間性は、次々に変わる見方を導く文化軸を提供しているのである。

日本ブームと韓流の事例研究は、テレビドラマと原産国の関係を、ドラマを受容するローカリティーの経済発展や近代化の各段階と重ねて考える、豊かな材料を提供している。ローカルな視聴者のさまざまな解釈の可能性のほかに、韓流が暗示するのは、韓国ドラマが、一部の視聴者を憤慨させる不可欠な要素を持ちながらも、それをある人々に受けさせる、興味深い方程式のバランスをどうにか作っているという点である。

これらのドラマは、「近代化」の表象としての都市のシーンが豊富である一方で、家族的価値観の描写にあふれ、「アジア化された近代」の例を提示している。一方で、そのゆっくりとした速度は、早いテンポの現実の中でノスタルジーを必要としている人々（しばしば年配の視聴者）にアピールする。しかし、それは退屈している若い視聴者をも、その視覚的豊かさやアイドルの配置、純真さや激しさにあふれたロマンスで、どうにか惹きつけている。

このように、韓国ドラマは、昔からあるメロドラマの形式と、違う層の視聴者に必要な要素をもつロマンスを組み合わせることで、「すべての人に何らかのものを与えること」に成功している。それは、多くの場合は女性であるものの、若い人にも年配の人にも、都市の人にも地方の人にも、経済発展の異なる段階にある各文化にも、何らかのものを与えているのである。

(d) (反)植民地的感情

もう一つの環境要因は、テレビドラマの視聴がいかに政治的なものになるかを浮き彫りにする。韓国のプロデューサーや中国の視聴者に対する筆者のインタビューの中では、何人かの人が、第二次世界大戦時の日本占領の過酷さにふれながら、日本ドラマより韓国ドラマを好むのは、前者が「日本のもの」だからと語った。

歴史から来る憎しみや執念は、一部のテレビ視聴者(やその親)の間で今なお、つのっており、日本ドラマに対する敵意となっている。こうした日本ドラマと比べた時の有利さは別にしても、韓国ドラマは、同じように植民地化された過去をもつ国に対して一部の人々が感じている連帯感を、いくらか享受しているように見える。しかし、こうした論じ方は、香港の視聴者にはあまり見られない(ある男子学生は、日本の占領は自分のドラマの選び方に影響を与えていると語ったが)。

ナショナリズムに限りなく近い政治意識は、作品そのものを越えたテレビドラマの消費に影響を与えている。植民地の問題を別としても、ナショナリズム/愛国主義的な意識は、インターネット上のニュースグループのやりとりの中で、かなり露骨に現れている。

ニュースグループでは、哈韓族《ハーハン》(韓国文化ファン)、哈日族《ハーリー》(日本文化ファン)(この二つは必ずしも互いに相容れないわけではない)、そして反‐哈韓族《ハーハン》(反‐韓国文化ファン)の間で、言葉による戦いが猛烈に繰り広げられている。

「韓流」は、ローカリティの一部の人々の間で、国家主義的な反応を掻きたて、ナショナリズムという、メディアのグローバル化の必然的な副産物をさらけ出した。ナショナリズムは、商品の輸出に対して良くも悪くも作用しうるものであり、それは、視聴者の政治意識にかかっている。

(e) 韓国ドラマの脱政治化された性格

政治的感性は、韓国ドラマにさらに有利に働いている。中国の新聞は、韓国ドラマの人気の理由を説明し、家族的価値観や商業世界の競争に焦点をあてたこうした作品は、政治的に無臭であると述べた。このことは、上海テレビ局のプログラム・ディレクター（SMGの一員）とのインタビューからも確認できる。そのディレクターは、韓国ドラマは「政治的に無臭であるために、管理上の審査をうまく通り抜けられているようだ」と認めた。検閲は、テレビ局の中では特に厳しく、さまざまな番組の中でも、ドラマは（ニュースやドキュメンタリーに次いで）かなり細かく見られる分野とされている（この点についての詳細は、中国のテレビ局の検閲状況に関する発表の中で述べている）。

(f) 文化的距離

ここまでは、韓国ドラマの成功の理由とされる「近似性」に関して、詳しく論じてきた。

しかし、筆者は、韓国ドラマをローカルな視聴者に受けさせているのは、その「近さ」と同時に、その距離であると考えている。今まで論じてきたように、さまざまなローカリティの人々は、恋愛ファンタジーにうっとりできるドラマ空間と、ドラマが自分たちにいろいろなことを考えさせてくれるという点で、韓国ドラマを好んでいた。

三〇代のある香港女性は、自分が香港のドラマが嫌いなのは、「香港の俳優や女優があまりに現実的に見えてしまうから」だと語った。「私たちが芸能人の私生活をよく知っている香港では、俳優たちに何も神秘的なところがない。でも、韓国の俳優たちは、距離がある」。

筆者は、グローバル化したドラマは、ファンタジー空間を広げる機能を果たしていると考える。外国の視聴者の心理的空間を拡張し、異国の風景や人々の容貌やライフスタイルにうっとりと浸らせるのは、文化の近さよりも、文化の違い／距離なのである。

結論　「アジア」の方程式の「アジア的」解釈？

日本ドラマと韓国ドラマの消費の比較分析は、アジアにおけるメディアのトランスナショナル化の要因とされる文化的近似性について、興味深い例を見せてくれる。

筆者は、文化的な近さが、日本ドラマや韓国ドラマの輸出の成功の基本的な足がかりになっていることを認めている。また、文化的な近さは、こうしたドラマの成功がなぜアジア地域に限られたのかを説明していると思う。日本ブームも韓国ブームも、流通と宣伝がうまくいった結果であるということも、重要である。

しかし、「韓流」が台頭して日本ドラマに打ち勝ったのは、単に「適切なタイミングで適切な場にいた」結果であろう。トレンディ商品の「自然なライフ・サイクル」は、必然的な衰退を日本ドラマにもたらし、韓国ドラマに参入の機会の窓を与えたのである。

しかし、「韓流」は、日本ブームに比べて、もっと練られた流通戦略やプロモーション戦略を見せているようだ。あらゆるメディア商品や文化商品——映画、テレビ、ファッション、ポピュラー・ミュージックから携帯電話、電化製品、自動車に至るまで——における、突然で多方面にわたる宣伝は、韓国のあらゆる商品に相乗的宣伝効果を作りだす外国市場で、区分を横断した衝撃を強調している。

ドラマの内容に関しては、日本ドラマも韓国ドラマも、ロマンスや都市の魅力といった、お決まりで必須の「グローバル化」の方程式を備えている。しかし、どことなく「韓国の方程式」とみなされる、ゆっくりとしたペース、理想化された職業、激しい運命的なロマンス、悲劇——しかしアイドルいっぱいの美しい設定でコーティングされパッケージ化されている——は、アジア独特の方程式を提示しているように見える。それらは皆、ドラマの「望ましさ」を強めている。このように、韓国ドラマは、日本ドラマが成功しそびれたアジア地域で受け入れられるための、必然的に混交化した方程式を備えているとみなされている。

「アジア化されながらも理想化されたノスタルジー」と商品化された憧れが混ざったこうした方程式は、ノスタルジーやカタルシスや逃避としてのファンタジーへのニーズが高まっているアジアの（さらにはグローバルの）文脈の中で、社会・経済的妥当性を与えられている。

もし韓国ドラマの中の「アジア性」を主張しなければならないとしたら、それは、容貌の近さ、家族的価値観の強調、ドラマに豊富に見られる繊細で「保守的な」愛情や性の表現になるかもしれない。おそらく、韓国ドラマが近隣のアジア諸国にもたらしているのは、異国風の設定における、ノスタルジー、ロマンス、「中国らしさ」、しかし商品化されたアイドルの混交化であろう。

この「近くて遠い」「メロドラマ的幻想の構造」は、「ある部分はファンタジーである部分は現実」という、メディア体としてのテレビドラマ独特の特徴に交差する。最近、「決まった」成功の方程式に従ってドラマを制作することへのプレッシャーが増しているのを受けて、韓国のテレビプロデューサーたちは、既に懸念を語っている。それは、韓国ドラマが「画一化」して大衆化してきており、最大限の輸出売上を保証するために、メロドラマやロマンスといったもっとも共通の方程式に落ちてきているという懸念である。韓国のテレビドラマがその制作を「グローバル化」していくにつれ、どのような方向性をとるのかを見ていくのは興味深い。

日本ドラマと韓国ドラマの比較解釈からは、テレビ視聴者の解釈位置が、テレビドラマに対するそれぞれのニーズに基づいて、次々と変わっているのが確認できる。今まで論じてきたように、視聴者は、異なる時間と空間における同一化やファンタジーやノスタルジーを掻きたてるテレビドラマに、逃避やカタルシスや共感を見出している。

「韓国の方程式」は、こうしたアジアのさまざまな文化の人々のそれぞれの時や感情に、なんとかうまく訴えている。この方程式では、文化的近似性や同時間性は、ファンタジーやノスタルジーや同一化を促進する枠組みであり、触媒として機能している。次々と変わるこのようなニーズのために、日本ドラマと韓国ドラマは、個人個人の感情とニーズに基づいて、異なる年齢やジェンダーの人々を惹きつけるのである。

しかし、「アジアの視聴者」の分節化を当然視する「アジア的解釈」を主張するのは難しいだろう。筆者は、それを過度に否定するよりも、むしろ、今まで見てきたような韓国ドラマの分析に基づいて、「韓流」の出現は、アジアの文化、さらにはアジア以外の文化における、テレビドラマの解釈に独特ないくつかの特徴の解明に役立つと論じたい。

それでも、実証されなければならないことは、数多く残っている。第一に、読みにおける「アジアらしさ」の概念については、必ずしも国境によって定義されるのではないアジア文化にまで、調査を広げる必要がある。韓国ドラマは主にアジアの都市で人気を得ている。筆者が同時間性の「枠組み」について説明してきたように、そうした都市は、近代化と都市化の「雰囲気」や「匂い」をよく知っているため、ドラマが受けるのである。このことは、ドラマのトランスナショナル化に必要な条件とされている「文化的近似性」や「同時間性」の問題——特にこうしたトランスナショナル化の文化的意味——の解明に、役立つかもしれない。

第二の点として、いわゆる「儒教的」価値観は、非常に一般化されているが、韓国ドラマの保守性と同様に、いくつかのアジア文化の特徴に重なるものである。「アジア的解釈」と言ってしまうと、解釈を一般化してしまいかねない。その危険性は、「サブ・オリエンタリズム」にも似ているだろう。いずれにせよ、保守性や家族的価値観の強調が本質的に「アジア的」であるとする主張に関しては、さらなる研究がなされる必要がある。

日本ドラマと韓国ドラマについて論じられるようになったのは、近年本格的になってきた「アジアらしさ」の探求の議論と時を同じくしている。メディアのグローバル化に関する議論に照らして、こうしたドラマの台頭は、「メディアのアジア化」を意味すると数多く主張されてきた。

こうした主張は、「アジア的近代性」は、「アジア的性格」をもった、いくつかのアジア経済先進国の成功を指し示すという主張とかみ合っている。この「アジア的性格」とは、強力な中央集権政府、共同体としての家族の強調といった、本質的な「アジア文化的特質」を持ち続けていることを指している。シンガポール、マレーシア、そして今日の中国における韓国ドラマの流行は、アジア的近代性のパワーの確証に、ここ近年拍車をかけてきた。アジア的近代性のパワーは、経済や文化の発達の点から、アメリカやヨーロッパの支配的なヘゲモニーに挑みうるかもしれない。

韓国ドラマがハリウッドのメディア商品の競争相手となるほどに海外で成功するかどうかは、今後の研究課題だが、メディア商品の「アジア化」という概念についても、同様の注意を向けていくべきであろう。韓国ドラマの人気は、(いくつかの)アジア文化におけるメディア商品の増大を例証しているだけであり、メディア商品の流通可能性の要因を示しているにすぎない。

それでも、各国にとって教訓となるのは、経済的または政治的に生き延びていくための手がかりの一つとしての、文化経済の重要性である。さらに興味深く、重要なのは、グローバル化した消費者文化の始まりが各文化の主権やアイデンティティに与えた衝撃に関する議論は、これから増えていくということである。

いずれにせよ、この論文が、「文化的近似性」、「文化のディスカウント」、「文化の匂い」といった用語をさらに問題化できたのであればよいと思う。こうした概念は、サブ・グローバル化するエスノスケープ（民族性がもたらす景観）やコモ（商品）スケープ（商品文化のもたらす景観）においてメディア商品が流通するにつれ、より重要になってくるだろう。そのようなエスノスケープやコモスケープの中では、さまざまな文化が、近くて遠い状況を保ちながら、ある部分はファンタジーである部分は現実といった、テレビドラマのメディアスケープと重ねられるのである。

注

1 Variety, Nov 8, 2000.
2 Moeran (2000: 73)
3 Bridges (1993: 89)
4 韓国の文化観光省のホームページ http://www.mct.go.kr/
5 Variety, Oct 19, 1999.
6 Leung (2002: 68)
7 Leung (2003: 85)
8 筆者は以前に書いた論文の中で、いかに田舎のイメージが都市の視聴者に「かつてそうであった」場所という想像を与え、都市に住む人々にノスタルジー的な幻想を引き起こしているかを論じた Leung, ibid.p.88.

9 Leung (2002: 74)

10 Son (2000: 46)

11 Iwabuchi (2002: 26)

参考文献

Abercrombie, & B. Longhurst (1998), *Audiences*, London: Sage Publications.

Barker, Chris (1999), *Television, Globalisation and Cultural Identities*, London: Open University.

Bridges, Brian (1993), *Japan and Korea in the 1990s*, London: Edward Elgar.

Curran, James and Park, Myung Jin (eds) (2000), *De-Westernizing Media Studies*, London: Routledge.

Iwabuchi, Koichi (2002), *Recentering Globalization: Popular Culture and Japanese Transnationalism*, Durham: Duke University Press.

Kim, Samuel (2000), *Korea's Globalization*, Cambridge: Cambridge University Press.

Leung Yuk Ming Lisa (2003). 'Sleeping Forest and Walter Benjamin's Urban Dream: Gender and Memory in Japanese Dramas'. *The Journal of Narrative Theory*, 33.1 (Winter 2003). US: Eastern Michigan University Press, pp.81-97.

——(2002),'Romancing the Everyday: Hong Kong Women Watching Japnaese Dorama'. *Journal of Japanese Studies*, Vol. 22, No.1. London: Taylor & Francis Group, pp.65-75.

Moeran, Brian (2000), *Asian Media Productions*, London: Curzon Press.

Moores, Shaun (1993), *Interpreting Audiences: the Ethnography of Media Consumption*, London: Sage Publications.

Son, Chang Hee (2000), *Haan of Minjung Theology and Han of Han Philosophy*, New York: University Press of America.

あとがき

毛利嘉孝

あらゆる本がそうであるように、本書もまたいくつもの偶然の重なり合いから生まれている。

最初の偶然は、編者である毛利が『冬のソナタ』を見たことである。たまたま出張時に東京にある実家に宿泊した時のことである。母は前回の放送時に一部すでに見ていたらしく、風景がきれいで、音楽もいい、そして、なにより主人公の男の子が素敵なのだと私に熱っぽく語り、一緒に見ることを勧めた。

ドラマはそれなりに面白く、続きも気になったので、結局年末年始に再び実家に帰った時に母が撮ったビデオで通して見ることになった。しかし、興味を持ったのはドラマの中身以外のことである。考えてみれば、高校卒業後すぐに実家を出たので、母とこのように一緒にドラマを見た経験は本当に久しぶりだった。そもそもテレビドラマについて母と話をする機会などこれまで全くなかった。

普段からテレビの俗悪さを必要以上に嘆き、また韓国に対してあまりいい印象を持っていなかった母が、ペ・ヨンジュンの魅力や『冬ソナ』のすばらしさについて熱心に語るようすに、実をいえば最初少し当惑した。いったい何がそんなに彼女を惹きつけたのだろうか。これが、『冬のソナタ』と私の出会いであり、関心の始まりである。

第二の偶然は、毛利と延世大学のキム・ヒョンミが七月に福岡で『越境的文化変容：福岡⇔ソウル』というワークショップを開催したことである。

このワークショップは、三回目である。二〇〇一年と二〇〇三年にすでに二回、ソウルで九州大学と延世大学と共同でワークショップを開いている。特に二〇〇三年はワールドカップ直後ということもあり、サッカーに絞ってシンポジウムを開催した。

ソウルで二度開催したので、今回は福岡で、ということになった。二月にインドの別の会議で私とヒョンミは話し合い、テーマを例年通り「大衆文化」とし、七月に開催するところまで決めていたのだが、四月になっても私は具体的なトピックを絞り込めずにいた。

そこに『冬ソナ』ブームである。聞けば、延世大学にも韓国における日本ドラマの受容について報告してくれそうな院生がおり、ヒョンミも日本大衆文化の受容について書いた論考があるという。こうなれば、渡りに船だ。福岡のワークショップは文化の交流とドラマを中心に考えることになった。

本書の中の、毛利、平田、李、柳川、キム、パクの六本の論考は、このワークショップの発表が基になっている。もっとも準備が周到だった延世側の発表に比べ、九大側は付焼刃である感も否めなかったので、ワークショップの発表から本書までの間に大幅な書き直しがなされている。

ところで、ワークショップは、基本的には大学院生を中心とした若い研究者の交流であり、それ以上のものではなかったのだが、社会貢献ということもあり一部公開にし、大学外の参加者も呼びかけた。

結果的に、事前に新聞等で好意的に報道されたこともあり、このワークショップは大きな関心を集めた。公開シンポジウムは、定員が少なかったこともあるが、多くの人の申し込みを断らなければいけない状況になってしまった。このことは、あらためて私自身に、本書がテーマとしている日韓における お互いの大衆文化の受容という問題に対する関心の高さを認識させることとなった。韓国から参加した研究者も『冬ソナ』ブームに驚き、同様の印象を持ったと思う。この反応の大きさは三つ目の偶然である。いずれにしても、日韓文化変容の現状分析の必要性を痛感することになった。

延世大学とのワークショップの一週間後、私は沖縄・琉球大学の「カルチュラル・タイフーン」という会議に出席していた。そこで、岩渕功一に出版企画の相談をした。「まえがき」にも記したように、岩渕はこの研究領域のパイオニアであり、かつ信頼できる研究者である。もっぱらサブカルチャーや若者文化を対象としていた私が、テレビの重要性を考えるようになったのは、岩渕との交流によるところが大きい。この出版企画には欠かせない存在だと当初から考えていた。

オーストラリアで夏を過ごす予定の岩渕は、無理なスケジュールにもかかわらず、OKをくれ、さらに、岩渕自身が温めていた別の出版企画の話を私に投げかけてきた。それは、二〇〇四年二月～四月に岩渕がコーディネーターをつとめた第13回JAMCOウェブサイト国際シンポジウム「『日本』を越える日本のテレビドラマ：そのトランスナショナルな意味と影響」のリー・ドンフーと梁旭明の報告原稿を基にした出版の企画である。

二人の論考は、本書の企画趣旨の根幹をなす議論でもあり、一読して即座に出版企画を合同で行おうということになった。本書に収められた彼女たちの論考は、その時の発表原稿を再録したものである。岩渕が奇しくも同様の企画を持っていたことが、この本を成立させた第四の偶然である。


つらつらと本ができあがっていく経緯を記しているが、実はここで語っている「偶然」はこうして本が完成してみると、ひとつの必然のような気がしてくる。こういうと正確ではないかもしれない。もっと大きな「偶然」によって仕組まれているような気がしているのだ。

それは、今回は参加していない延世大学のチョ・ハン・ヘジョン（趙韓惠浄：日本語で読める文献としては『韓国社会とジェンダー』(法政大学出版局)と上野千鶴子との対談『ことば届くか』(岩波書店)がある)との出会いである。

最初に毛利がヘジョンと会ったのは、まだロンドンで大学院に属していたので、もう十年近く前である。その後、九州大学で開催された二〇〇〇年の「インターアジア・カルチュラル・スタディーズ」会議で再会したのをきっかけに、九大と彼女が所属する延世大学社会学科と定期的なワークショップを行うようになった。彼女の提案である。

始めたころは、これがどちらに向かうのか、どのような成果があるのか率直にいうと私は全くわかっていなかった。多分ニブかったのかもしれない。延大側は常に準備がよくなされており、九大側はいつも「前日一夜漬け勝負」のような報告が続いた。今でも本当のところどのように思われていたのか不安である。

その成果は、一部英文学会誌で発表されたことはある (**Inter-Asia Cultural Studies Journal 'Beyond FIFA World Cup', 2004 vol. 5-1, Routledge**) が、日本語としてまとめたのは今回初めてである (サッカー会議でなされた日本側の報告の一部が掲載されたものに『W杯の熱狂と遺産』黄順姫編 (世界思想社) があるが、日本側の論考を中心としており若干性格を異にする)。

このように本にまとめてみてあらためて、日本と韓国との間に議論のための共通の知的な基盤が生まれつつあることを痛感した。JAMCOシンポジウムからの論考は、ワークショップから生まれたものではないが、しかしトランスナショナルな問題意識がいろいろなところで共有されていることを、やはり示すものだった。こうした雰囲気は、実はそれほど古いものではなく、この数年の間に醸成されつつあるものである。

ヘジョンが共同のワークショップを持ちかけてきた時、どの程度こうした成果を見込んでいたのかはよくわからない。少なくとも私にとっては、本当に偶然の始まりだが、今ではその時にすでにこの本の出版や、日韓の文化変容、日本文化の韓国での開放や『冬ソナ』ブームまでもプログラムされていたようにも思えるのだ。

さて、いくつか編集にあたって採用した方針を記しておきたい。

まず文体であるが、基本的にはアカデミックな研究論集であることを前提としつつも、テーマから考えても少し広がりを持った読者を想定し、読みやすさを寄稿者には心がけてもらった。段落換えも短めに押さえ、専門的用語は文中で若干の補足説明を加えてもらった。もし専門の研究者で、いささかくだきすぎているとか、説明がくどい印象を受けたとすれば、それは、編者の依頼によるところが大きい。

人名の表記について、韓国に住む人の韓国名についてはカタカナ表記、日本に住む人の韓国名については漢字表記を採用した。カタカナ表記の発音は可能な限り通例にしたがうか、本人に確認したが、どうしてもわからない場合は朝鮮語ネイティヴに確認を依頼した。また香港で教鞭をとる梁旭明には漢字表記を採用した。

これは議論が分かれるところであるが、最近の韓国の俳優はほぼメディアではカタカナ表記で統一されているということもこの基準の採用の理由である。また日本で研究を行う韓国人研究者である李智旻などは、日本の論文の著者名義などでは漢字使用が多いということも考慮した。韓国の地名表記については漢字表記を用いた。

註釈は簡素化し、すべて論考の末尾に回した。またハングル表記は省略した。もし原典を当たる必要があるとすれば、多くの場合英語版かハングル語版のオリジナルが存在するので、そちらを参照してほしい。

最後に、本書の成立のためにお世話になった方々や組織に感謝の意を記しておきたい。

本書のきっかけとなった九州大学・延世大学ワークショップ『越境的文化変容：福岡⇕ソウル』は、毛利の所属する九州大学比較社会文化研究院のリサーチコア・プロジェクト「アジアの現代文化研究」の一環として行われ、学内の「教育研究プログラム・研究拠点形成プロジェクト（P&P）」である「九州の思想」の一部として財政的な支援をいただいた。

プロジェクト・リーダーでもあり、討論にも参加していただいた九州大学の清水展と司会等運営に協力していただいた杉山あかしの両先生にはワークショップの成功の多くを負っている。その財政的・精神的なバックアップに対して深くお礼を申し述べたい。

先に述べたように、リー・ドンフーと梁旭明の二人の論考は、第13回JAMCOウェブサイト国際シンポジウム「『日本』を越える日本のテレビドラマ：そのトランスナショナルな意味と影響」（主催・(財)放送番組国際交流センター（JAMCO）、共催・独立行政法人・国際交流基金）で発表された原稿を再録したものである。再録を許可していただいた(財)放送番組国際交流センター及び独立行政法人・国際交流基金には格別の感謝を表明したい。この二論考と岩渕の論考は、ワークショップの外からの重要な視座を提供している。

寄稿者に感謝をするというのは、このような編著においては、内輪ボメのようであまり格好のいいものではないが、それでも、あえて平田由紀江、李智旻の二人には感謝をしておきたい。ワークショップの準備から運営、そして本書の翻訳・編集にいたるまで超人的な働きをしたことは記しておくべきだろう。編者の怠惰さは、二人の働きによって補われている。

最後に、私自身にとって三度目に仕事になるせりか書房の船橋純一郎さんにあらためてお礼を言いたい。船橋さんは、編集者であり、同時に各論考の最初の読者である。そのコメントは厳しいものもあるが、おおいに励まされた。七月の半ばににわかに持ち上がった企画が驚異的な速度で実現したのは、なによりも船橋さんのおかげである。最初にこの本が偶然の重なりあいによってできていると書いた。こうした無理なお願いを相談できる船橋さんを私が知っていたということは、幸運な、そして何にも代えがたい偶然かもしれない。

執筆者・訳者紹介

毛利嘉孝（もうり よしたか）
九州大学大学院比較社会文化研究院助教授。1963年生まれ。専門は社会学・文化研究。メディアと都市空間における政治と文化の関係を考察している。著作に『文化＝政治』（月曜社, 2004年）、共編著に『テレビはどう見られてきたのか』（せりか書房, 2004年）など。

平田由紀江（ひらた ゆきえ）
延世大学校大学院社会学科博士課程在学中。1973年生まれ。社会学・文化研究。共訳書に、岩渕功一著『トランスナショナル・ジャパン－アジアをつなぐポピュラー文化』（岩波書店、2001）の韓国語版（もう一つの文化、2004）がある。

李智旻（り ちみん）
九州大学比較社会文化研究院博士後期課程。1975年生まれ。専門は社会学・メディア研究。戦前海外にて発刊された邦字新聞に興味がある。修士論文は「戦前朝鮮にて発刊された日本語新聞」。

岩渕功一(いわぶち こういち)
早稲田大学国際教養学部助教授。専門はメディア・文化研究。著書に「トランスナショナル・ジャパン」（岩波書店　2001年）、編著に「グローバル・プリズム」（平凡社、2003年）、「越える文化、交錯する 境界」（山川出版, 2004年）など。

柳川素子（やながわ もとこ）
九州大学大学院比較社会文化学府修士課程在籍中。1980年生まれ。福岡の音楽団体 .F（ドットエフ）で活動中。専攻は、社会学、文化研究、情報社会論。現在は、技術・社会の変化と文化（特に音楽）との関係について関心を持っている。

キム・ヒョンミ　Kim Hyun-Mee
延世大学校社会学科・文化ジェンダー大学院課程副教授。1963年生まれ。専門は社会学、社会人類学、ジェンダー、文化研究。フェミニズム的視点から女性労働問題、大衆文化や消費文化、ファン文化や若者文化を論じている。

パク・ソヨン　Seoyoung Park
延世大学校大学院 文化学協同課程卒業。1979年生まれ。文化研究・文化人類学。都市空間における文化政治学とグローバリゼーションに興味がある。修士学位論文のテーマは 「居住民の経験を通して見た上岩洞（サンアムドン）の歴史的変化」

リー・ドンフー　Lee Dong-Hoo
韓国仁川大学マスコミュニケーション学部助教授。これまで韓国における国境横断的な番組翻案や新しいメディア文化についての論考を発表している。グローバル時代におけるメディアの流通や新しいコミュニケーション技術の文化的影響、メディア論などに関心を持っている

長尾洋子（ながお ようこ）
和光大学表現学部専任講師。1970年生。専門は文化地理学。広義の文化政策と「民俗」の連関、メディアが日常的リアリティの密度を形作っていく過程に関心を持つ。論文に「身体を獲得する芸能、芸能に幻／現出する自画像」（『文化の実践、文化の研究』せりか書房, 2004年）など。

梁旭明　Lisa Y. M. Leung
香港嶺南大学カルチュラル・スタディーズ学科助教授。これまでに国際的女性誌のローカル化や中国の衛星テレビチャンネルのグローバル化などに関する論文を発表。最近は、アジアにおけるメディアと文化商品の流れに焦点を当て、ジェンダーと比較文化の両方の手法を取り入れ、香港における日本や韓国のトレンディドラマの視聴者調査も行っている。

澁谷智子（しぶや ともこ）
1974年生まれ。東京大学大学院総合文化研究科博士課程在学中。専門は、比較文化学、社会学、障害学。訳書に『聞こえない親をもつ聞こえる子どもたち』（現代書館）など。手話の魅力にはまっています。

日式韓流 ——『冬のソナタ』と日韓大衆文化の現在

2004年11月25日　第1刷 発行

編　者　毛利嘉孝
発行者　佐伯　治
発行所　株式会社せりか書房
　　　　東京都千代田区猿楽町2-2-5　興新ビル303
　　　　電話03-3291-4676　振替00150-6-143601
印　刷　信毎書籍印刷株式会社
装　幀　工藤強勝

ISBN4-7967-0259-8